续约
与增购

ToB和SaaS企业
持续高增长的方法和实践

Renewals
and Upselling

田俊松 著

机械工业出版社
CHINA MACHINE PRESS

图书在版编目（CIP）数据

续约与增购：ToB 和 SaaS 企业持续高增长的方法和实践 / 田俊松著 . -- 北京：机械工业出版社，2025.5.
ISBN 978-7-111-77960-5

Ⅰ. F272.3

中国国家版本馆 CIP 数据核字第 202566RN19 号

机械工业出版社（北京市百万庄大街 22 号 邮政编码 100037）
策划编辑：杨福川　　　　　　　　责任编辑：杨福川　李　艺
责任校对：赵　童　张雨霏　景　飞　责任印制：刘　媛
三河市宏达印刷有限公司印刷
2025 年 6 月第 1 版第 1 次印刷
170mm×230mm・20.75 印张・325 千字
标准书号：ISBN 978-7-111-77960-5
定价：89.00 元

电话服务　　　　　　　　　　　网络服务
客服电话：010-88361066　　　　机 工 官 网：www.cmpbook.com
　　　　　010-88379833　　　　机 工 官 博：weibo.com/cmp1952
　　　　　010-68326294　　　　金　书　网：www.golden-book.com
封底无防伪标均为盗版　　　　　机工教育服务网：www.cmpedu.com

PRAISE
赞誉

在经济大环境不断变化的背景下,能否维系好和老客户的合作关系,对于软件公司来说已经变成一个生死攸关的问题。针对这个问题,俊松在这本书中提供了一个理论+实践的解决方案。推荐软件行业的从业者都读一读这本书,相信会有诸多启发。

——王戴明,"ToB 老人家"主理人,
《SaaS 产品经理从菜鸟到专家》作者

这是一本深度剖析客户服务与管理的实战宝典。俊松结合自己多年的实战经验,通过丰富的案例详细阐述了如何在 SaaS 系统服务中精准把握客户需求,实现从续约到增购的全面升级。这本书不仅介绍了客户交接与服务流程的重要性,还深入探讨了如何通过销售承诺、价值交付、信息教练等手段建立稳固的客户关系,使服务成为客户的刚需。无论你是企业销售、服务人员还是管理者,这本书都能给你带来宝贵的启示和实践指南,助力你在激烈的市场竞争中脱颖而出,实现业务的持续增长。强烈推荐给每一位致力于提升客户服务水平和销售业绩的朋友!

——沈爱翔,订单来了创始人 & CEO

服务的价值可以从两个方面进行考量:一方面是能为客户创造实际价值,从而帮助公司获得客户的信任;另一方面是能为公司带来直接效益,通过客户的续约与增购来巩固其对公司的信任。这正是客户成功经理工作的两大核心目标。俊松在这本书中,针对这两大目标提供了详尽的讨论和深刻的见解。他对如何深入理解客户的真实需求、如何赢得客户关键决策者的信任、如何有效缩短回款周期等问题进行了细致的分析和梳理，提供了一套清晰的行动指南，以便读者从中汲取智慧，找到提升工作成效的策略和方法。

——蔡中，阿里云原客户成功总监

这本书聚焦 SaaS 企业对于 B 端客户的全生命周期管理实战指南，以"道、法、术、器"为框架，系统拆解续约、增购、团队管理等核心场景。俊松深度融合《孙子兵法》的战略思维与贝壳 ACN 等商业模型，提供从人群心理洞察、团队标准化流程到一线人员日常工具模板的全链条解决方案，助力企业实现客户价值深度挖掘与可持续增长。

——Jacky，Adobe 大中华区客户成功负责人

SaaS 的本质是续约与增购，这是很多人都懂得的道理，但在近些年国内 SaaS 行业的落地实践中，鲜有真正站在长期视角围绕底层逻辑来践行的。这本书从道、法、术、器的维度，从客户需求这一本质出发，对续约与增购进行了由浅入深的拆解，既有方法论的支撑，也有具体实战场景的指引，无疑是 SaaS 创业者、管理者、一线从业者的实战宝典。相信这本书会陪伴 SaaS 行业一起稳步前进！

——王品，轮动科技创始人 &CEO

FOREWORD
推荐序

  俊松加入明源云时，恰逢明源云的 SaaS 产品——明源云客进入了一个关键的高速发展阶段。当时，随着客户量的激增，明源云面临的最大挑战是如何在业务量增长的同时，保持甚至提升服务质量。在云客业务层面，明源云的目标是为各区域公司提供卓越的产品与技术支持，确保各区域公司能够满足市场需求。而在各区域公司层面，明源云要求各区域公司迅速地建立起成熟且稳定的客户成功体系，以确保产品与服务能够满足甚至超出客户的期望。

  在这样的契机下，俊松带着丰富的行业经验和对客户成功事业的热情加入了明源云的重庆公司。他从"重视每一个销售承诺"做起，带领团队对服务目标、策略、计划进行了系统化管理，并帮助重庆云客成功地搭建了一套高效的客户成功体系。这些措施不仅提升了客户满意度，也为云客赢得了客户的尊重和信任。

  在得知俊松打算将明源云在客户服务方面的宝贵经验编撰成书后，我内心充满了喜悦。这也唤起了我对于明源云初创时期的珍贵回忆。在明源云成立之初，我们的创始团队就坚定地树立了"以客户为中心，专业制胜"的核心价值观，并据此制定了"服务营销"的经营策略。这一策略的核心在于，通过提供高价值的服务来赢得客户的信任，将一次性的合作转变为持续且健康的合作，将客户关系深化为合作共赢的利益共同体。

  俊松是行业中少有的将提升 ToB 行业服务质量视为使命的践行者。他热爱这份事业，对客户服务充满热情，也喜欢向客户兑现销售承诺后的满足感。他的这本书也正是在这样的热情下创作而成的。

他告诉我，他希望通过文字的力量，将过往的成功与失败的经验转化为可操作的管理模型，以便读者能够迅速地吸收并应用到工作中。在阅读本书时，你会发现，全书没有枯燥的大道理，有的只是俊松经历过的真实案例以及他的换位思考。

在阅读这本书时，读者将被引导进行深入的思考："客户为何选择我们？""客户为何持续地选择我们？"这种思考是对商业本质的回归，它从客户决策的动机出发，探索如何为客户创造真正的价值。这不仅是对客户关系的管理，也是对客户服务目标、策略与计划制订方法的深刻反思。

此外，俊松在书中将企业服务、客户成功等成本项目与续约、增购等收入项目紧密地关联起来，将公司的每一次服务投入转化为可量化、可评估的指标，使得服务投入更加精准和高效。这种模型的建立，不仅为读者提供了一个可衡量服务效果的新工具，也为服务管理者提供了一种新的视角，使得服务投入与业务成果之间的联系更加直观和紧密。

在传统的续约管理模式中，管理者往往只能以续约率、续费率等结果指标作为服务投入的考量，这是一种成本追溯的管理模式，属于管理的"黑箱"。然而，服务的质量管理、续约的效率管理属于精细化管理的范畴。因此，如何加强过程管控、设立过程指标便成了续约管理的关键。俊松在书中针对以上问题进行了重点描述，对如何建立反馈机制、如何进行过程管理等内容感兴趣的读者可以反复阅读，并从中找到属于自己的答案。

我为本书写序，也是有感于俊松对行业、对客户成功的热情。他对我说，希望将明源云在客户服务中好的做法向行业普及，让更多的同行能够从明源云经过验证的客户服务体系中获得启发，成为以服务和专业制胜的优质服务商，也让行业的发展更加健康与理性。

因此，他利用"道、法、术、器"的哲学结构，以通俗易懂的方式全面地解构了续约管理的复杂性，使其成为一个人人都能看得懂、学得会的管理模型。

最后，我衷心地推荐这本书给所有希望在 ToB 领域取得成功的读者。我相信，通过阅读本书，你将获得宝贵的洞见，并能够将这些洞见应用到实际工作中，实现业务的持续增长与成功。

明源云创始人 & 董事长　高宇

PREFACE
前言

为何写作本书

得益于过去 40 余年经济的快速发展，我们有幸一直处于一个增量市场中。因此，我们的思维方式、战略布局以及企业管理体系几乎都是围绕这一增量市场的逻辑来构建的。然而，随着经济增长的放缓，我们不可避免地进入了一个全新的阶段——存量时代。在这个时代，整个 ToB 领域都将面临一个共同的挑战：**如何深度挖掘老客户的价值，促使他们持续购买与增购更多的产品？**

遗憾的是，许多 ToB 公司似乎尚未意识到这一变化。虽然这些公司口头上宣称"客户成功""以客户为中心"，但实际上仍将绝大部分资源投入到新客户的开发中，忽视了对现有客户服务质量的提升。

在过去十余年的企业服务实践中，我深刻体会到，ToB 企业若未能有效地提升服务客户的质量，将对客户及整个行业造成深远的负面影响。当前市场上存在的以次充好、违背销售承诺、忽视服务价值、销售与服务脱节等问题，不仅损害了客户利益，破坏了市场秩序，也对企业自身造成了不可估量的损害。

这些问题最终导致整个 ToB 领域逐渐演变为一个互害型市场，使得置身其中的企业陷入价格战、欺诈、连续亏损的恶性循环之中。

当然，也有一些公司已经意识到存量市场的重要性，并寄希望于通过提高服务质量来提升市场竞争力，但又受限于市场上缺乏系统化的"续约与增购"的管理理论与课程，因此，只能在探索中逐步成长。这给不少企业带来了大量的成本浪费。

正是这些挑战，使我将个人愿景定位为：提升 ToB 领域的客户服务质量。

我最终选择了通过传播知识来实现这一愿景。2024 年，我用一年的时间，精心整理了我十多年的行业经验和个人见解，完成了本书。

本书不仅总结了我过去的经验，也展望了企业服务的未来发展。我希望通过本书，更多企业能够认识到存量时代的重要性，并掌握续约与增购的策略和方法，以便在激烈的市场竞争中脱颖而出，最终实现可持续发展。

本书的特色

本书是一部非常务实的著作，围绕"如何通过续约与增购实现更高收入"和"如何以更低成本服务客户"这两个核心主题展开。这两个主题不仅是企业经营的关键，也是提升企业竞争力的重要途径。

同时，本书又是一部非常重视理论深度的著作，通过借鉴哲学的智慧，将续约管理按照"道、法、术、器"的结构层层剖析，旨在帮助读者将"以客户为中心"的理念内化于心，使之成为日常工作的本能反应。

在阅读本书的过程中，读者将获得一次深刻的"以客户为中心"的体验。我在创作本书的过程中始终坚持"以读者为中心"的原则，不断自问："如果我是读者，我期望从书中获得哪些内容？"这样做可以减少不必要的自我吹捧、晦涩难懂的专业术语和英文缩写，以及那些高高在上、脱离实际的故事。因此，我选择站在读者的立场，采用更加通俗易懂的语言和更加贴近实际工作场景的案例来阐述续约与增购的策略和方法，以便读者在阅读完本书后能够产生共鸣，发出"哦！原来还可以这样！"的感慨。

最后，本书秉持实用主义精神，以"只有解决了客户的问题，才不辜负客户的投入"为目标，为读者带来如下价值。

1）解决续约与增购管理不系统的问题：本书不仅关注单一问题，而且还提供了一套系统化的解决方案，帮助读者从多个角度和层面提升公司的续约与增购能力，包括低成本运营、高效团队建设、促使客户按原价续约与按时续约、促进客户增购等。

2）解决理论与实践关联性弱的问题：本书不仅提供理论支持和案例分析，还详细讨论了如何制定战略、如何构建服务体系、如何选拔和培养人才，以及如何设计能够激发客户增购欲望的产品，以帮助读者在实际工作中有效地运用这些理念和方法。

3）全面满足不同层级的需求，包括：
- **CEO**：本书通过"道、法、术、器"的层层解析，为 CEO 提供了清晰的老客户运营框架，帮助他们解决战略方向上的困惑，从而制定出"低成本、高成果"的战略决策。
- **管理层**：本书深入阐述了如何构建高效的服务体系以及如何提升人效以实现营收目标的理论，解决了管理层在续约与增购管理上的难题。
- **一线员工**：本书清晰地解释了续约和增购工作，通过实践指导来帮助一线员工解决执行过程中的各种问题。

本书读者对象

在撰写本书的过程中，我设想了四位读者，他们是我创作本书的目标读者，也是本书希望服务的对象。

第一位是 ToB 公司的 CEO。CEO 是企业的灵魂，也是连接企业各个系统的核心。他们面临着企业发展中的各种压力，而老客户的续约与增购则是企业发展的基石。如何留住老客户并获取更多收益、如何低成本建立高效的老客户服务与运营团队、如何找到合适的管理者、如何为老客户设计热门增购产品等都是他们非常关注的问题。本书将逐一解答这些问题。

第二位是负责续约与增购的管理人员。这个人可能是一个或多个事业部的负责人，也可能是负责整个公司的老客户运营与产出的客户成功负责人、COO、销售 VP 等。他们责任重大，需要在战略与业绩之间架起桥梁，并带领团队实现续约与增购。在履职过程中，建立高效的续约与增购协作机制、组建和管理团队、找到合适的人才、以更低成本实现更大成果是他们重要的任务。这些问题在本书中都有解答。

第三位是续约与增购的一线执行人员。一线执行人员涉及客户成功经理、交付团队、销售人员、项目经理、运维人员、客户服务以及运营团队。其职责是通过服务客户来完成续约与增购任务。在履职过程中，他们会面临客户关系管理、客户需求的挖掘与满足、商务谈判、内部协调与资源获取、个人成长等诸多挑战。本书将逐一解答他们关心的这些问题。

第四位是投资机构的投资人。在评估 ToB 企业的投资潜力时，除了进行财务和市场分析外，还需要了解公司维护老客户、持续续约与增购的能力。然而，如何准确评估这一能力一直是困扰投资人的难题。本书提供了一个独特的评估框架来帮助投资人识别和分析目标公司在续约与增购方面的潜力，以便做出更明智的投资决策。

本书主要内容

本书分为两篇，即续约篇与增购篇，旨在帮助读者系统地掌握续约管理和增购策略方面的知识与技能。

续约篇（第 1～5 章）深入探讨了如何通过精细化的续约管理体系提升续约率。其中，前四章构建了续约管理的完整方法论，而第 5 章则是关于该方法论的应用。

第 1 章聚焦于续约的"道"，即核心原则，引导读者从客户的角度出发，深入思考客户选择续约的动机与障碍。

第 2 章阐述续约的"法"，即管理策略，为从 CEO 到一线员工的每位团队成员提供了一套统一的业务管理和复盘方法，确保团队始终朝着正确的方向前进，保证每次服务都能对结果产生积极影响。

第 3 章阐述续约的"术"，即执行战术，目标是实现"到期续约、原价续约"以及指导一线员工将公司战略转化为具体行动。

第 4 章介绍续约的"器"，即支持系统，详细阐述公司如何为一线团队与客户的互动提供支持，使续约变得简单而高效。

第 5 章专注于如何灵活运用"道、法、术、器"，让管理者不仅了解理想的续约管理体系，还能将其应用于实际工作中。

增购篇（第 6～8 章）详细阐述了如何通过增购管理体系实现商机的挖掘与转化率的提升，根据增购产品的生命周期（从设计到销售），提供了系统化的指导。

第 6 章探讨如何设计增购产品，以"客户视角 + 公司经营视角"相结合的方式指导产品设计，帮助 CEO 和产品负责人理解增购产品与首款产品的区别，从而避免在选择增购产品时陷入误区。

第 7 章讨论如何构建增购协作机制，总结了将被动服务团队转型为主动服务团队的经验，深入阐述了"服务 + 销售"协作模式的优势及操作方法。

第 8 章详细阐述如何管理增购协作体系，以"低成本"为原则，借鉴贝壳 ACN 模式的经验，深入讲解了在 ToB 场景中构建增购协作体系的方法。

致谢

完成本书我要感谢许多人。

首先，我要感谢为本书撰写推荐序的明源云董事长高宇。若没有高宇 20 多年来坚持以专业制胜和以客户为中心的理念，我很难在明源云深入学习到关于服务客户和企业管理的精髓。在评价一家卓越的 ToB 公司时，我们不能仅仅关注公司的规模和利润，还要考量其对客户和社会的贡献。显然，在过去的 20 多年里，明源云就是这样一家卓越的公司。对于地产行业而言，明源云通过优质的产品和服务解决了行业快速发展中的诸多问题，还帮助许多地产公司提升了管理能力。对社会而言，明源云解决了"一房多卖""公平交易"等购房难题，为地产公司和购房者提供了公正的交易环境。

其次，我要感谢明源云战略委员会成员、西南区域董事长程康。他在过去 20 多年里从 0 到 1 创立并发展了西南明源，积累了丰富的企业管理经验。他慷慨地将这些宝贵的经验传授于我，为我完成本书提供了极大的帮助。

再次，我要感谢明源云客的产品负责人杨建培。建培在产品设计领域拥有丰富的经验和独到的见解。他主导设计的多款产品，成功实现了亿元级别的年度经常性收入（Annual Recurring Revenue, ARR），成为业界的爆款产品。在本书第 6 章中，建培为我提供了极具价值的建议和专业的指导，帮助我构建了增购产品设计的核心框架，使我能够更加完善地呈现相关内容。

此外，我要感谢那些为我提供案例和修改建议的朋友，他们是：姚千姿、汪希、王撼宇、徐勇、张毅、徐晖杰、王维维、程茜、程柏森、张柯、罗顺杰、莫永龙、陈壮、陈锦、罗佳瑶、谭卫（排名不分先后）。

最后，我要感谢我挚爱的妻子郭沁，没有她的鼎力支持，便不会有本书的完稿！

田俊松

目录

赞誉
推荐序
前言

续约篇

|第 1 章| 续约的"道"：客户为什么要续约　2

1.1　如果你是客户，你会因为什么而续约　3
　　1.1.1　了解客户购买的原因，才能明白客户续约的理由　5
　　1.1.2　掌握客户需求的"里"，才能满足客户需求的"表"　11
1.2　如果你是客户，你会因为什么而不续约　19
　　1.2.1　"事"的限制因素：客户需求决定论　21
　　1.2.2　"人"的限制因素：客户高层的一票否决权　25
　　1.2.3　"财"的限制因素：满足客户的价格要求，客户才会续约　32
1.3　本章小结　36

|第 2 章| 续约的"法"：如何做客户才会续约　38

2.1　第一步：完成销售承诺　39

  2.1.1 什么是销售承诺与客户预期 41
  2.1.2 运用价值交付方法论兑现销售承诺 44
  2.1.3 如何应对销售过度承诺 52
2.2 第二步：建立"信息教练" 55
  2.2.1 何谓"信息教练" 56
  2.2.2 识别"信息教练" 57
  2.2.3 发展和使用"信息教练" 58
2.3 第三步：赢得客户信任 60
  2.3.1 巧用信任公式赢得客户信任 60
  2.3.2 从了解客户到理解客户 65
2.4 第四步：成为客户"刚需" 70
  2.4.1 哪些产品容易成为客户"刚需" 70
  2.4.2 如何将服务变为客户"刚需" 73
2.5 第五步：完成签约并回款 76
  2.5.1 与流程发起人建立良好关系 77
  2.5.2 回款流程管理 78
2.6 客户服务中的特殊情形 79
  2.6.1 半途接手客户如何开展服务 79
  2.6.2 如何处理即将到期但不活跃的客户 81
  2.6.3 产品尚未成熟该如何服务 83
  2.6.4 如何在产品同质化情况下抵御竞争对手挖走客户 84
2.7 本章小结 86

第3章 续约的"术"：做到什么程度客户才会续约 89

3.1 从医生的看病方式中学习解决客户问题的方法 90
  3.1.1 从医生看病的原则中学习解决客户问题的原则 90
  3.1.2 从医生看病的逻辑与流程中学习如何制定解决方案 92
  3.1.3 从医生对病历档案的使用中学习客户档案的使用方法 93
3.2 以客户为中心构建客户全生命周期管理制度 96
3.3 交付期目标：赢得客户信任 98

		3.3.1	重视"首次亮相"：塑造专业形象	98
		3.3.2	确定交付目标：理解客户并识别问题	100
		3.3.3	设计交付方案：以客户为中心制定交付方案	104
		3.3.4	系统培训上线：系统的"亮剑"时刻	106
		3.3.5	交付验收：让采买决策者脸上有光	109
	3.4	成长期目标：兑现销售承诺		110
		3.4.1	兑现功能方面的承诺：提升客户应用黏性	111
		3.4.2	兑现结果方面的承诺：解决客户业务问题	115
		3.4.3	应对客户投诉	122
	3.5	成熟期目标：赢得关键人的信任		124
		3.5.1	如何赢得一级关键人的信任	124
		3.5.2	如何赢得二级关键人的信任	132
		3.5.3	合作升级：从单一部门合作到跨部门合作	133
	3.6	续约期目标：按期续约和原价续约		135
		3.6.1	在客户规则内"跳舞"	136
		3.6.2	回款、回款、回款	140
	3.7	本章小结		141

第 4 章　续约的"器"：如何利用公司资源实现续约　　144

	4.1	构建解决客户问题的资源体系		145
		4.1.1	与产研团队合作，让客户体验最好的产品	146
		4.1.2	利用行业专家资源，成为客户"刚需"	150
		4.1.3	利用更专业的生态资源，解决更具专业性的问题	158
	4.2	构建赢得客户高层信任的资源体系		162
		4.2.1	客户高层管理：高层互动与创始人 IP	162
		4.2.2	客户高层经营：市场部的行业运营策略	165
	4.3	构建具有谈判优势的资源体系		167
		4.3.1	攻：将续约培育为客户的需求	167
		4.3.2	守：构建实时监控与快速响应的管理机制	173
	4.4	本章小结		175

| 第 5 章 | "道、法、术、器"的应用：管理者如何高效管理服务团队 | 177 |

- 5.1 管理的目标：以更低的成本获取更大的成果 178
  - 5.1.1 目标：人效是管理者的试金石 178
  - 5.1.2 连接：企业文化决定了成本管控的基本面 180
  - 5.1.3 要素：用员工需求激励员工行为 181
- 5.2 人效管理：知彼知己提升人效 183
  - 5.2.1 知彼：盘点客户所需服务 184
  - 5.2.2 知己：盘点团队成员能力模型 188
  - 5.2.3 将服务事项与团队能力模型巧妙结合 194
- 5.3 成果管理：运用续约的"法"与"术"管理成果 196
  - 5.3.1 优秀的管理者会规划好航线，引导团队顺利抵达目的地 197
  - 5.3.2 续约率管理的关键在于续约漏斗 200
- 5.4 公司所处的阶段不同，适用的管理方式也不同 203
  - 5.4.1 孵化阶段：精兵强将跑出 PMF，克服"我们真的能成吗？"的担忧 204
  - 5.4.2 成长阶段：抢占市场并建立品牌，克服"时间紧任务重"的压力 207
  - 5.4.3 成熟阶段：持续开发新产品，克服"工作难度增加"的焦虑 212
  - 5.4.4 衰退阶段：成功构建第二增长曲线，克服"未来在哪里"的迷茫 218
- 5.5 本章小结 220

增购篇

| 第 6 章 | 增购产品设计 | 224 |

- 6.1 增购产品的设计原则：先胜而后战 225
  - 6.1.1 风险最小化：善于作战者，立于不败之地 225

6.1.2　成本最小化：设计一款各方面成本都较低的产品　　230
　　6.1.3　市场最大化：增购产品需具备足够大的市场空间　　234
　　6.1.4　善意最大化：科技向善才能走得更远　　235
6.2　增购产品的选择：离钱越近，越容易成功　　237
　　6.2.1　寻找增购产品范围：从研究客户预算科目着手　　237
　　6.2.2　合理的开发顺序是成功的关键　　245
6.3　增购产品的调研：如何获取真实的客户反馈　　248
　　6.3.1　调研不仅仅是提问　　248
　　6.3.2　客户服务驱动产品设计　　250
6.4　本章小结　　251

|第 7 章|　增购商机的挖掘与转化　　253

7.1　改变认知：服务团队"愿意做"　　254
　　7.1.1　客户行为中的心理活动　　255
　　7.1.2　客户接受服务时的心理活动　　258
　　7.1.3　最佳拍档：服务人员挖掘商机，销售人员转化商机　　260
7.2　转变思维：服务团队"敢于做"　　262
　　7.2.1　警惕傲慢情绪，别让优势变为劣势　　262
　　7.2.2　摆脱自满，不断提高专业水平　　263
　　7.2.3　克服抵触情绪，服务人员懂点营销更具优势　　266
7.3　改变行动：服务团队"知道如何做"　　267
　　7.3.1　大 B 端客户增购商机挖掘五步法　　269
　　7.3.2　小 B 端客户增购商机挖掘五步法　　277
7.4　本章小结　　284

|第 8 章|　增购业务的团队协作管理　　287

8.1　他山之石：向贝壳 ACN 模式学习　　288
　　8.1.1　贝壳 ACN 模式的成立背景　　288

		8.1.2 贝壳 ACN 模式的运营机制	290
	8.2	构建适合自己的增购协作体系	297
		8.2.1 体系建设的关键：优秀的建设者与优质的体系模型	297
		8.2.2 目标统一：最大的挑战在于公司是否敢于投入	300
		8.2.3 相互理解：服务人员与销售人员高效协作的前提	304
		8.2.4 公正透明：解决团队信任问题	308
	8.3	本章小结	311

续约篇

"世上至少有两种游戏。一种称为有限游戏，另一种称为无限游戏。有限游戏以取胜为目的，而无限游戏以延续游戏为目的。"

这是詹姆斯·卡斯（James P. Carse）《有限与无限的游戏：一个哲学家眼中的竞技世界》的开篇，也是我对续约的理解。

续约是一场无限的游戏，旨在使游戏持续进行。

本篇将以哲学中的"道、法、术、器"的概念为框架，深入解析续约的流程与过程管理。

CHAPTER 1 第 1 章

续约的"道"：客户为什么要续约

在哲学中，我们常说的"道"就是顺应自然，是凡事都在自然法则与规律下运行的哲学。这种顺势而为的智慧，为我们寻求更低成本、更小风险的行事方式提供了指导。

将"道"的哲学运用于续约管理中，是指洞察客户续约的本质，并以此为基础制定策略的经营哲学。它是我们在选定业务方向、搭建业务体系、组建业务团队和构建业务流程时所参考的原则，也是我们在制定服务战略、服务内容和管理客户关系时所践行的信条。

具体而言，续约的核心理念就是我们最熟悉的"以客户为中心"。然而，我们常说的"以客户为中心"过于笼统。究竟什么才是真正的"以客户为中心"？怎样才能做到"以客户为中心"？这些问题并没有清晰的界定。因此，无论是管理层还是执行层，在实际应用中都难以利用这一理念来指导具体的业务。

为此，我将"以客户为中心"替换为一个更具指导意义的说法：如果你是客户，你会怎么做？在本章中，我将在这一语境下从客户续约决策的正反两方面进行阐述，帮助读者深刻理解客户为什么会选择续约，以及出于什么原因而不续约。当我们弄清楚这两点后，才算是真正理解了何谓"以客户为中心"，从而知道针对客户续约我们应该如何行动。

这两个方面如图 1-1 所示。首先是"如果你是客户，你会因为什么而续约？"，从客户的角度思考当初为何选择与我们合作，从而反观客户为何愿意续约。当我们理解了这个"道"后，就知道如何制定服务内容。其次是"如果你是客户，你会因为什么而不续约？"，从客户的角度思考客户最重视的是什么，从而反观客户为什么不续约。同时，需要重点考虑影响续约决策的人都有谁，以及他们对续约的影响究竟有哪些。当我们理解了这个"道"后，就知道如何制定服务策略了。

01　正：客户为什么续约？
知道客户为什么续约，就知道了服务客户的内容
- 客户的需求是什么？客户为什么会产生这些需求？
- 客户传递的需求是什么？如何精准把握客户的需求？

02　反：客户为什么不续约？
知道客户为什么不续约，就知道了服务客户的策略
- 客户不续约的风险有哪些？这些风险是如何产生的？
- 应该优先解决哪些不续约风险？

图 1-1 续约的"道"

1.1 如果你是客户，你会因为什么而续约

你是否曾经思考过：续约对我们来说如此重要，而对客户而言意味着什么？客户续约的真正原因是什么？是因为我们提供了卓越的产品和服务，还是因为我们的价格足够具有竞争力？是因为我们赢得了客户高层的认可，还是因为客户没有找到更佳的选择？

为了回答这些问题，我们可以尝试转换视角。假设现在你是客户，并且在年初购买了一项订阅制的产品或服务，现在租期到了，供应商询问你是否要续约。此时，你会如何考虑？

首先，你是否会考虑供应商是否履行了最初的销售承诺，并且满足了你购买时的需求？这需要对过去一年的服务质量进行回顾和评估。

其次，你是否需要基于当前的经营状况，判断是否仍有持续使用该产品或服务的必要？例如，如果你的业务发展不顺，计划关闭，那么续约的必要性可能就降低了；相反，如果业务发展顺利，甚至增长迅猛，那么继续使用产品的需求仍然存在。

最后，你是否会评估供应商目前是否仍然是满足该需求的最佳选择？例如，你可以再次进行系统选型，分析各供应商的方案。

简而言之，当你决定是否与供应商进行续约谈判时，需要考虑以下三个核心问题。

- 该供应商是否满足了购买时设定的需求？
- 当前业务状况是否仍需继续使用该系统？
- 该供应商是不是持续满足需求的最佳选择？

你应该注意到，这三个问题实际上都围绕着一个共同的关键词——需求。

需求是构建客户续约意愿的基石，是驱动客户所有行动的原动力。因此，若要提高客户的续约意愿，作为产品与服务提供方的我们，必须坚定地关注客户的需求。

首先，我们必须切实理解客户的需求。这里所说的"切实理解"，并非仅仅从销售人员那里获取转述的信息，而是作为服务人员的我们，通过亲自深入调研和分析，获取对客户需求的深刻洞察。这包括直接倾听客户的心声与观察客户的行动，从而深入理解客户的业务流程、政策环境、市场数据和发展趋势。

然而，客户的需求通常是复杂且多层次的。要准确理解这些需求，我们必须认识到需求的双重性：表面需求（需求的"表"）和深层需求（需求的"里"）。需求冰山模型如图 1-2 所示。

表面需求，即需求的"表"，通常指客户明确表达的需求，或我们能直接观察到的需求。这些需求通常与我们的产品或服务密切相关，例如产品功能、价格、服务标准等。在销售和服务过程中，这些需求是客户常常提到的重点。然而，这些需求往往仅是客户问题的表象，并非客户真正需要解决的问题。

需求的"表"
- 显性的，客户直接表达或者我们可以直接观察到的需求。

显性

需求的"里"
- 隐性的，客户未直接表达，也不易被发现，并且需要进行严谨的调研、分析才能挖掘的需求。

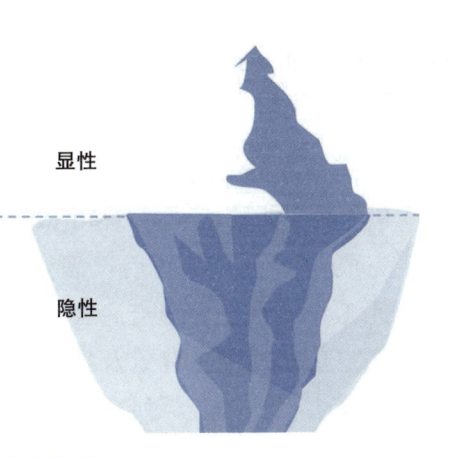

隐性

图 1-2　需求冰山模型

深层需求，即需求的"里"，通常指客户未明确表达但是真正希望得到满足的需求。例如，一个小孩说他想吃蛋糕。如果这时你继续询问他为什么想吃蛋糕，他可能会告诉你他饿了，而想吃蛋糕只是因为恰好经过了蛋糕店，他便想到了用蛋糕来填饱肚子。在这种情况下，给予他蛋糕、包子或者面条，都能够满足他的需求。

在这个例子中，想吃蛋糕就是需求的"表"，而肚子饿了才是需求的"里"，即真实的、深层的需求。我们可以看到，深层需求是驱动客户提出表面需求的根本原因。

因此，在面对客户提出的需求时，我们不能仅仅停留在表面需求的层面，而应深入探究客户提出此需求背后的动机，以及他们真正期望解决的问题是什么，是单纯的"想吃蛋糕"，还是更深层的"肚子饿了"？

1.1.1　了解客户购买的原因，才能明白客户续约的理由

作为一名合格的服务人员，我们的主要职责是深入挖掘客户的需求，识别出客户当初选择我们的原因。

在这个过程中，有一句格言始终影响着我："如果给我一小时去解答一个关乎生死的问题，我会用 55 分钟去深刻理解这个问题的本质。一旦清楚了问题真正问的是什么，剩下的 5 分钟足以给出答案。"

挖掘客户的深层需求就是理解客户业务问题的本质。只有弄清楚客户为什么会产生这些需求，才能为客户提供真正有效的解决方案。为了确保需求

挖掘的准确性，我们需要设置两个阶段性的工作：一是服务人员与销售人员的客户交接工作，二是服务人员对客户进行调研，向客户验证需求。

1. 销售人员传达客户需求

以客户采购某款 SaaS（Software as a Service，软件即服务）系统为例。

完成与客户的签约后，需要进行销售团队与服务团队之间的客户交接，此工作通常在客户交底会议上完成。在此会议上，销售人员将他们掌握的客户信息、需求背景及项目细节传达给服务团队。服务团队随后会指派专人负责包括客户调研、培训、系统上线及提供持续服务在内的一系列任务。

然而，调研多家 SaaS 公司的结果显示，这一关键环节在一些公司中却流于形式，只是走个过场。普遍存在的问题包括：客户信息不够清晰与全面、服务策略缺乏针对性。

如果你是公司的管理者，无论你们公司是否存在此类情况，你都应重视并加强这一环节的管理，将其视为确保服务质量的首要任务，从而确保内部客户交接的有效性。

这一环节不仅是简单地让服务人员了解如何服务客户，同时也是提升服务人员"第一印象"的关键。

要知道，"第一印象"对于后续服务至关重要。它不仅关乎我们与客户的默契程度，还直接影响服务的成本和效率。

不知你是否曾遇到过客户这样抱怨："同样的话到底要我重复几次，我已经向你们的销售人员介绍了我们的情况，现在又要向你（客户成功经理/交付）再介绍一遍，你们内部难道没有沟通吗？"

我曾在某次与客户初次沟通时遇到过。当时我非常尴尬，以至于我现在已经忘记后面交流的具体场景，只记得当时我在心里默默下定决心："这样的错误，我绝不会再犯。"

之后，我开始严格执行交接表，确保所有的交接事项都记录在案，准确详尽。

表 1-1 是我在从事地产 SaaS 工作时常用的地产客户交接表，该表可供交接大型企业客户时参考。

表 1-1 地产客户交接表

序号	分类	内容		说明	情况介绍
1	公司简介	公司背景		项目和公司名称： 公司发展历史：	
2		公司规模	现有项目	当前项目数量： 体量： 区位： 类型： 销售进度： 储客情况：	
3			未来项目	公司未来发展情况：	
4		销售目标		近两年销售预算及完成情况：	
5		信息化建设		目前使用了哪些系统： 有无 IT 部门或 IT 部门话语权如何：	
6	关键人分析	关系地图	组织架构	团队的组织架构： 决策层分析： 各部门利益分析：	
7			支持者	支持者重点分析：	
8			反对者	反对者重点分析：	
9	内部规则	采购决策		签约的决策者是谁及签约采购流程是什么： 续约流程是否一致：	
10		企业文化		客户倡导什么： 客户抵制什么： 大家做事风格是什么：	
11		注意事项		对关键人有什么特别需要注意的： 内部政治敏感词是什么：	
12	合同描述	立项原因		本次合同是怎么来的： 谁发起的立项： 核心原因是什么：	
13		产品范围		合同文件对照讲解	
14		项目范围		合同文件对照讲解	
15		回款情况		是否有回款： 回款时间是多久：	
16		销售承诺		销售特别承诺了客户哪些：	
17		关于续约		是否有谈到续约的事情：	
18	客户需求	项目需求		关键人提出的业务管理需求和进度要求：	
19		关键人需求		关键人的个人需求是什么：	
20		应用目标		系统应用目标：	

(续)

序号	分类	内容	说明	情况介绍
21	客户需求	客户预期	如获客力提升、转化率提升、发展更多渠道……	
22		客户期望	如走访其他客户、营销峰会演讲、视频号宣传……	
23	经营规划	后续商机	如何协助和配合：	
24		干系人经营目标	关键汇报要到××总：	

此交接表包含 6 个类别共 24 项内容，包括了客户的公司简介、关键人分析、内部规则、合同描述、客户需求以及经营规划，适用于大多数 SaaS 公司的业务形态。

- 公司简介：了解客户的公司情况，这有助于我们理解客户的每个需求的背景。
- 关键人分析：了解客户内部关系以及支持者和反对者的情况，这有助于规划人脉经营。
- 内部规则：了解客户的内部采购决策、企业文化和注意事项，这有助于在服务客户时减少错误。
- 合同描述：了解客户签订合同的细节和销售承诺，这有助于我们设定服务目标和计划。
- 客户需求：理解客户需求，制定合适的解决方案。
- 经营规划：了解客户增购商机和增购决策者情况，这有助于提高增购效率。

表 1-2 展示了我在服务诊所 SaaS 过程中常用的诊所客户交接表。该表可在交接小型企业客户时参考。鉴于诊所客户的特殊性，参考时仅需关注客户基础信息、销售过程以及诊所环境信息。

表 1-2 诊所客户交接表

	名称：		诊所级别：	
基础信息（必填）	购买版本：		诊所类型：	
	诊所医生数：		诊所科室数：	
	诊所地址：		诊所药房数：	
	诊所性质：		诊所角色：	

(续)

诊所环境信息（必填）	诊所面积及楼层数：		是否有叫号系统：	
	是否可直播：		当前直播频次：	
	是否有等待区：		是否有停车场：	
销售过程（必填）	客户购买原因：			
	急需解决的问题：			
	给客户的承诺：			
	股东情况：			
	客户期望：			
	对接人情况：			
诊所周边情况（选填）	A小区情况：	住户数量： 入住率： 预估人口： 人群结构：		
	B小区情况：	住户数量： 入住率： 预估人口： 人群结构：		
	酒店或商场情况：	消费能力： 人群结构：		
	交通情况：	公交站名称及距离： 地铁站名称及距离：		
	邻近商铺情况：	商铺类型及营业时间：		
竞品信息（选填）	邻近诊所情况：	诊所级别： 诊所类型： 距离： 规模：		
	邻近医院情况：	医院级别： 医院类型： 距离： 规模：		
附件	店铺照片（必填）	正面全景、左右邻铺、街道、室内		
	店铺平面图			

相较于复杂的大B端客户交接表，小B端交接表要简单得多，仅包含3个必填项和2个选填项。必填项包括门店信息、股权关系、客户需求。选填项包括客户市场情况、竞品分析等，用于挖掘增购商机。

小B端必须进行增购，这样可以解决单次交易金额低和客户流失率高的问题。如果在交接时无法完成选填项内容，那么在后续服务中服务人员也需全面了解。

- 门店信息：地点、角色、性质、照片等。
- 股权关系：股东人数、股东间的关系与分工等。
- 客户需求：客户期望、需求、购买背景、关键角色等。
- 市场情况：客流量、收入范围、周边常住人口和流动人口规模等。
- 竞品分析：周边竞品信息及竞争态势。

2. 到客户处验证客户需求

在完成客户交接后，我们将在销售的协助下与客户建立初步联系。

对于大 B 端客户，建议首次会面采用线下面对面的形式。俗话说"见面三分熟"，面对面的交流可以增加双方的信任感和亲密度，从而更好地挖掘客户需求的背景。

对于小 B 端客户，可以通过线上会议进行交流，但务必确保开启摄像头。一定要珍惜"面对面"交流的机会，使客户感受到我们的真诚和亲和力。这一点是拉近客户关系的小技巧，对于接下来的服务也会大有裨益。

在首次与客户沟通前，我们需核实销售团队传递的客户信息，并依据交接表内容与客户确认相关细节。我们应认真倾听客户需求，对模糊之处进行追问，即使客户表现出不耐烦也要坚持，以清晰掌握客户需求为目标。另外，无须过多担心客户责备，只要我们的询问基于充分的准备，并秉持对客户负责的原则，客户就能在交流中感受到我们的真诚和责任感。

在沟通过程中，最大的挑战在于询问客户较为隐私的问题。例如，大 B 客户的内部规章、小 B 客户的股权结构等。这些问题涉及许多客户可能不愿透露的信息，通常情况下，他们会认为这与服务无关。此时，我们需保持足够的耐心来向客户解释获取这些信息的原因。我们需要告知客户的对接人，掌握内部规则是为了减少服务中的失误。而了解客户的股权关系则是为了识别股东之间的协作需求，从而帮助客户实现各股东的目标。

除了与客户的对接人进行确认外，我们还应重视一线调研。我们需要对客户的一线员工以及客户的客户进行调查，进一步验证和分析客户的深层需求。

如果是行业 SaaS 公司，可以结合行业现状和区域特点来分析客户需求。

如果是通用 SaaS 公司，则可以结合客户所在行业内其他客户的需求，或其他行业客户的类似需求进行对比分析。

1.1.2 掌握客户需求的"里"，才能满足客户需求的"表"

销售和客户对接人的口头描述仅让我们了解了需求的"表"，而需求的"里"需要我们进行深入分析。从本质上来说，这种深入分析的过程是一个不断追问"为什么"的过程。举个常用的例子：

市场里有三家水果店，一位老太太前往市场购买李子。第一天，她来到第一家水果店，店主听说老太太要买李子，便大力推销自家的李子，称其又大又甜，然而并未成功销售。随后，老太太走进第二家水果店，店主多问了一句："需要什么样的李子？"老太太回答说想要酸李子。这一次最终达成了一斤的交易。

第二天，老太太去了第三家水果店，店主很会做生意，除了询问需要哪种李子（表层需求）外，还随口问了一句："为什么要买酸李子？"老太太答道："儿媳怀孕了，想吃酸李子。"最终，店主在了解到老太太真实的采购目的（深层需求）和使用场景（儿媳怀孕想吃口味酸的水果）后，不仅卖出了酸李子，还为老太太提供了更为全面的水果采购方案（补充多种维生素），从而售出了更多水果。

同样，在服务客户的过程中，如果我们仅仅满足于了解客户"需要李子"或"需要酸李子"这一表层需求，而忽视了背后"为什么需要"的问题，可能会错失解决客户真正问题的机会。

与"买李子"类似，还有一种称为 5Why 分析法的技术，如图 1-3 所示。这是一种用于分析根本原因的技术，最初由丰田汽车公司的创始人之一丰田佐吉提出，并由丰田生产系统的设计者大野耐一进一步发展和完善。该方法通过连续问五次"为什么"（或更多次，直到找到问题的根本原因）来追溯问题背后的系统性原因。

5Why 分析法是丰田生产系统中问题解决培训的核心内容。在实际应用中，它鼓励问题解决者避开主观或固执己见的假设，从结果出发，沿着因果关系链深入挖掘，直至找到问题的根本原因。

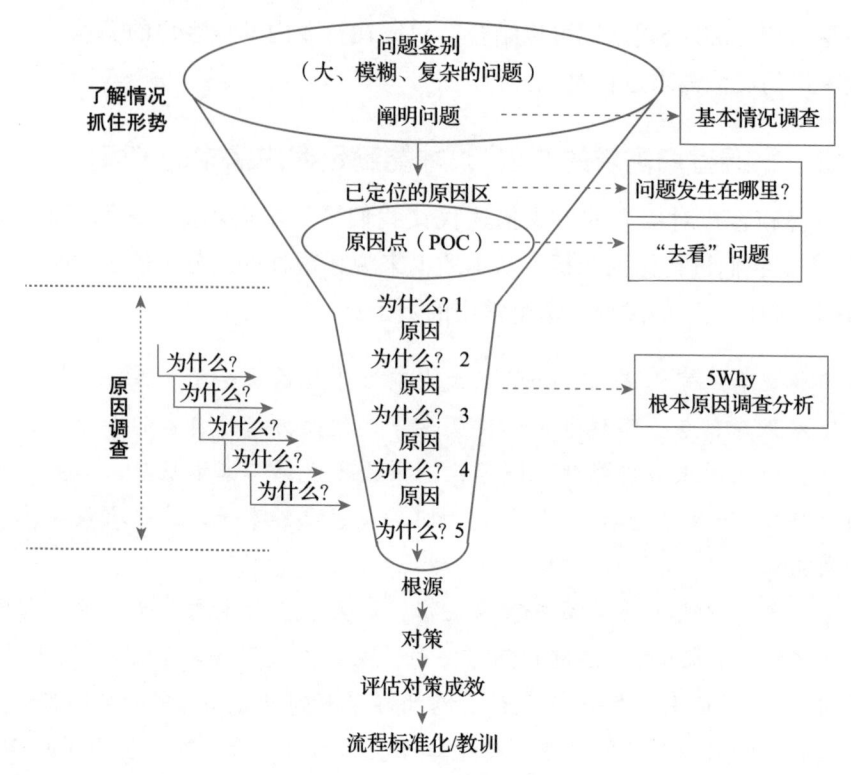

图 1-3　5Why 分析法

例如，如果一台机器停止运转，你可以这样问：

1）为什么机器停止工作了？因为它过热了。

2）为什么机器会过热？因为冷却系统失效了。

3）为什么冷却系统会失效？因为冷却液不够。

4）为什么冷却液不够？因为未定期检查和补充冷却液。

5）为什么未定期检查与补充冷却液？因为未制订或遵循维护计划。

通过这种连续提问，不仅能够发现问题的根源并采取相应措施以避免问题重现，还可以减少解决问题的成本。

除了以上分析方法，我们在分析客户需求的"里"时，还可以从企业需求和决策者需求的维度进行归纳总结。

这两类需求，一类为公，一类为私，几乎涵盖了企业需求产生的所有可能性，既可以相互独立，又可以彼此关联。它们是客户购买的动机，也是我们快速探寻需求背后原因的方向。

1. 公：因企业运营产生的客户需求

以购买系统软件的场景为例。因公产生的系统软件需求通常有以下 4 种。

（1）基于业务正常运营而产生的需求

该需求意味着企业在开展经营业务时必须使用系统，如若缺少系统将难以保证企业的正常运营。这种需求驱动的采购行为主要分为两种情况：一是受到政策的强制规定，必须采用系统；二是业务流程的复杂性超出了人力处理能力，必须借助系统来确保运营顺畅。

1）**政策要求**。

政策通常是基于某项政府监管需求而制定的。政府要求企业若从事此类业务，必须实时上传数据，在政府的监督下合法合规地开展活动。在这种情况下，政府部门会发布强制性文件。例如，近年来应急管理部门推动的"安全生产责任保险"业务，要求保险公司建立投保系统，并将投保信息实时传输给相关部门。

面对因政策要求而产生的购买需求，客户最关心的是系统能否完全满足最新的政策要求。对他们来说，持续符合政府的监管标准并保持业务的顺利运营是首要任务。

因此，在为此类客户提供服务时，服务流程需要周密且专业。

首先，企业需要确保所提供的解决方案全面符合政策要求，助力客户实现合法合规的运营。

其次，在公司层面应设置专人负责研究政策，掌握政策制定的背景及要解决的社会问题。此外，应通过培训或其他方式将这些研究传递给每一位服务人员，使他们在服务客户时，比**客户更熟悉政策细节**。只有这样，服务人员才能更有效地指导客户，从而赢得客户信任。

最后，公司高层还需要时刻保持与政策制定部门的密切沟通。这有助于及时把握政策动向的变化，从而为客户提供更具前瞻性的服务，确保他们能够在政策环境变化时迅速适应。

2）**业务复杂性**。

业务复杂性是指在日常运营中需要处理大量信息的业务场景，尤其是在高峰时段，可能每分钟需处理数十甚至数百条信息。若无有效的信息系统支持，这类业务场景的运营可能会立即陷入瘫痪。典型例子包括医院的管理信息系统、物流与快递公司的供应链和订单管理系统、零售业的收银系统等。

对于那些因业务复杂性而寻求系统支持的客户而言，系统的稳定性是他们最为关注的核心。他们最担心的就是系统宕机，这会导致业务中断，从而造成无法估量的损失。在为这类客户提供服务时，我们必须重视系统的稳定性和品牌的声誉，要制定完善的风险预防机制和应急方案。

曾有一家服务数千家小 B 端客户的 SaaS 公司经历过一次长达数小时的宕机。该事件对公司声誉和业务产生了极为严重的影响，不仅直接导致了客户因无法进行正常收款而大规模投诉，也间接威胁了公司正在进行的融资活动。这给管理层带来了巨大的压力，他们不仅需要采取措施安抚受影响的客户，还需竭尽全力说服投资者，以确保公司的融资不受宕机事件的影响。

可以看到，无论因政策还是业务复杂性产生的需求，本质上都是客户对无法正常经营而产生的恐惧。这种恐惧使客户变得非常谨慎，并对我们提出严格要求。客户期望我们帮助他们识别潜在风险、防范风险，并制定有效的应急机制，从而确保业务连续性和稳定性。

（2）基于企业战略而产生的需求

理查德·鲁梅尔特在《好战略，坏战略》一书中提到："战略是什么？战略是为应对重大挑战而设计的政策和行动的结合。战略不是目标，而是解决问题的方法。制定战略的关键在于找出企业的关键问题，并通过行动加以解决。"

通常情况下，每家公司都会在年底制定来年的经营目标。然而，目标的实现并非易事，这需要公司有明确的策略和行动计划。这些策略和行动计划构成企业战略，引导团队识别挑战并找到克服困难的方法。与此同时，这些战略也会转化为企业的需求，驱使他们在市场上寻求合适的解决方案来支持其战略的实施。

我曾经服务过这样一位客户，该公司的领导意识到公司存货过多，便立即采取了措施。他设定了一个明确且紧迫的目标，要求营销和运营部门协同合作，在两年内彻底解决存货积压的问题。为了实现这一目标，两个部门决定进行市场创新，通过强化老客户的运营、拓展新的销售渠道以及构建内部销售团队之间的协作机制来解决库存问题。

然而，要有效地实施这些策略，需要一个信息化系统。这个系统能够将老客户运营、新渠道商的拓展、内部销售协作进行有效整合，实现流畅的一体化运营。

因公司战略而产生的需求通常是为了满足领导层提出的任务。然而，这些任务往往具有一定的挑战性，与采购决策者的能力密切相关。因此，在面对有这类需求的客户时，服务人员需要具备很强的引导能力。

（3）基于市场营销效率而产生的需求

提升销售效率是行业内最普遍的需求，也是客户最愿意投入资金的领域。针对这种类型的客户需求，可以依据 4P 营销理论对需求进行分类，以确定企业需要解决的是哪一类问题。如图 1-4 所示。

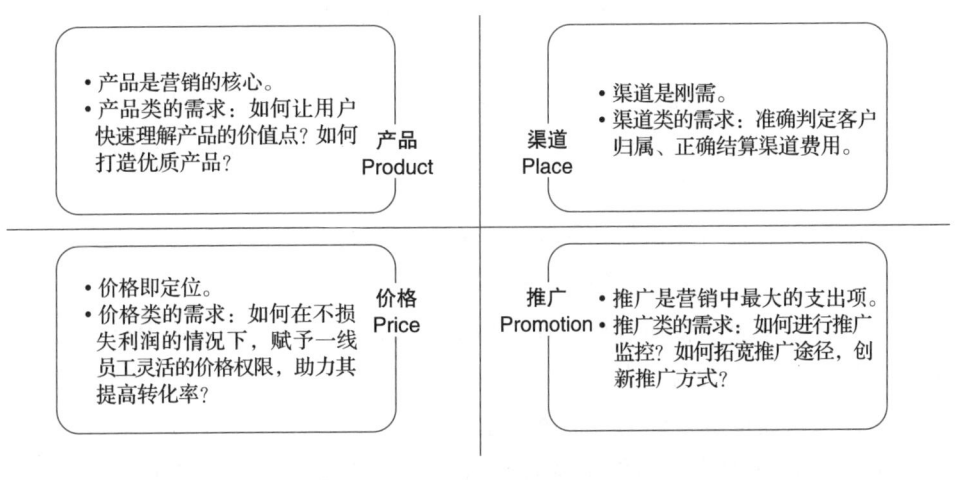

产品 Product	渠道 Place
• 产品是营销的核心。 • 产品类的需求：如何让用户快速理解产品的价值点？如何打造优质产品？	• 渠道是刚需。 • 渠道类的需求：准确判定客户归属、正确结算渠道费用。
价格 Price	推广 Promotion
• 价格即定位。 • 价格类的需求：如何在不损失利润的情况下，赋予一线员工灵活的价格权限，助力其提高转化率？	• 推广是营销中最大的支出项。 • 推广类的需求：如何进行推广监控？如何拓宽推广途径，创新推广方式？

图 1-4　4P 营销理论需求分析方法

1）产品。

产品是营销的核心。一款出色的产品不仅可以提升销售转化率，还能够有效降低营销成本。因此，对于客户而言，打造一款高品质的产品，并迅速让消费者感受到产品的优越性和价值，便成了至关重要的事。

在打造优质产品的过程中，客户通常会有产品设计与生产以及产品价值展示的需求。例如，在房地产销售中，VR 看房技术就是一种展示产品价值的创新工具。它通过提供沉浸式的看房体验，使消费者能够在购买前直观地感受到房产的实际情况和潜在价值。

2）价格。

价格即定位，这是营销中极为关键的因素。尤其是在销售转化过程中，有时即便是细微的价格差异也可能成为影响客户最终决策的决定性因素。

因此，为了提升销售转化率，企业在销售过程中通常需要采取灵活的定价策略。例如，在电商行业中，满减、优惠券、限时秒杀等策略被广泛用于激励消费者的购买行为。而在零售行业中，会员管理也是实现差异化定价的重要手段。通过等级和积分管理系统，为会员提供个性化的价格优惠，从而增强顾客的忠诚度。

基于此，利用系统来管理一线的销售行为与商品流转的需求便应运而生。明源云公司正是从帮助房地产客户解决"一房一价"和"底价管理"等价格管理需求出发，逐步发展成为房地产行业的信息化领军者。

3）渠道。

渠道是营销的刚需，是企业快速触达客户的途径。对于新成立的公司而言，在从 0 到 1 的阶段，通过渠道快速接触客户并销售产品，往往是最优选择。当然，也有一些公司，即使成立多年，也仍然依赖渠道商的销售能力来完成产品销售。与自建销售团队相比，利用渠道进行销售不仅更具成本效益，而且风险更低，是一种更为经济的选择。

同时，有些公司仅通过出色地"扮演"渠道商的角色便成长为行业巨头，如贝壳、美团、携程等。其优势在于掌握了大量终端消费者资源，能为产品制造商提供快速接触目标消费群体的途径。

渠道可以分为线下和线上两种形式。线下渠道通过渠道商的销售网络，协助客户实现销售目标。线上渠道则依靠渠道商的网络流量和粉丝基础来推动销售。然而，与线上渠道商拥有完整的信息化手段不同的是，在与线下渠道商合作时，企业常常面临一个非常棘手的问题：如何准确判定客户归属？

这就是我们常说的"判客"。企业在与线下渠道商合作时，如果无法准确判定客户归属，那么合作双方就难以保持稳定。在这样的背景下，就催生了对渠道管理工具的广泛需求。这些工具帮助企业更高效地管理渠道合作，从而确保客户归属的准确性并促进合作的顺利进行。

4）推广。

以前人们常说酒香不怕巷子深，然而，如今情况发生了改变，随着互联网技术的迅猛发展，推广效率显著提升，市场上的声音也日益嘈杂，这使得消费者受到的干扰愈发严重。因此，如今变成了"酒香也怕巷子深"，若未进行有效推广，即使产品再出色，也难以触达目标客户。

在获客成本不断攀升的背景下，推广已成为营销预算中的主要支出，也是令所有企业感到困扰的问题。为了提高推广效率，企业在推广监控、拓宽推广渠道、创新推广方式等方面产生了迫切需求。例如，近年来流行的微信商城、营销小游戏裂变等，都是企业为提升推广效率而采取的创新手段。

最后，在服务营销效率产生的需求时，客户非常关注 ROI（Return On Investment，投资回报率），倾向于按结果付费。这是由于客户承受着营销费率的压力［营销费率=（营销支出/总销售额）× 100%］。

（4）基于降低成本而产生的需求

因追求降低成本而寻找解决方案的客户主要分为两类：一是劳动密集型企业，例如物流和快递行业；二是资本密集型企业，如地产和金融行业。

- 劳动密集型企业面临显著的人工成本压力，迫切需要降低人工成本。这类企业的 ROI 相对容易计算，因为成本与产出之间的关系较为直接。
- 资本密集型企业每天处理大量资金流动，其成本控制的关键在于防范支付风险，任何错误支付或多付的情况都可能造成重大损失。支付风险的防范可以分为内部和外部两个方面。内部支付风险涉及绩效发放的准确性和报销的合理性。外部支付风险包括合作伙伴选择前的招投标管理、合作过程中的采购订单管理以及合作后期的应付与实付数据管理。

为了满足客户降低成本的需求，通常需要对客户的流程进行重构，通过流程优化和减少管理步骤来提高效率，从而降低企业的成本和风险。目前市场上满足这类需求的系统非常多。比如，财务软件、ERP（Enterprise Resource Planning，企业资源计划）、供应链系统、项目管理、OA（Office Automation，办公自动化）系统等。

2. 私：因决策者个人原因产生的客户需求

因决策者个人原因产生的系统软件需求通常包括以下几项：

（1）决策者的个人偏好

有时，项目的发起可能仅仅源于公司领导或部门负责人的一句话。例如，领导听说某位朋友的公司采用了某个系统，回到公司后便立刻安排采购。或者，看到某个竞争对手的领导在用手机处理业务，就觉得自己也需要类似的工具。

对供应商来说，能够直接满足这样的需求是一种幸运。因为一旦满足了这样的需求并赢得认可，后续的合作就会变得很顺利。

曾经有一家房地产公司的领导提出了一个特别的需求：希望能在他的办公室里安装一块可以播放歌曲的数据大屏。他要求这块大屏不仅能实时显示每日销售数据，还能在当天的销售业绩达到预算支出后自动播放音乐。

需求也可能来自具有采购决策权的部门负责人。他们可能在前公司已经习惯了使用特定的系统来管理业务，因此在新公司也希望继续使用。如果我们是其前公司的系统供应商，那服务过程将相对简单；如果不是，我们就需要更加注重与部门负责人的沟通，确保系统上线能够满足他们的期望，并提供不逊于竞品的体验。

这类需求的核心在于满足高层的期望。在服务此类客户时，解读高层的日常讲话、会议发言等相关内容至关重要，这有助于我们更深入地理解他们的需求和期望，进而提供更加精准的服务。

（2）决策者的职业发展需求

在个人职业发展过程中，职业经理人通常会面临三大核心需求：避免犯错、达成绩效指标和获得他人的认可。

首先，避免犯错。对于绝大多数职业经理人来说，避免犯错是首要需求，比完成绩效更为重要。因为绩效不佳可能仅导致个人收益减少，而犯错则可能导致失去工作，尤其是对于内部关系复杂、管理制度严格的企业来说。在这种环境中，职业经理人迫切需要借助技术手段，确保工作过程的透明性和数据的可追溯性，以避免责任不清和相互推卸责任的情况发生。

其次，达成绩效指标。绩效指标不仅关系到公司的整体利益，也直接影响决策者的收入和职业发展。因此，通过采购合适的系统和工具来提高工作效率和业绩，就成为一种有效的解决方案。这些绩效指标中，有的与业绩密切相关，比如，利用CRM（Customer Relationship Management，客户关系管理）系统和私域营销策略提高销售转化率；有的与管理任务密切相关，比如，上级领导要求建设智慧工厂、智慧客服等。

最后，获得他人的认可。这是一种深层次的心理需求。心理学中有这样一个观点：每个人都有"被看见"的需求。对于决策者而言，获得公司同事、上级以及社会的认可，感受到自己努力的价值，是一种内在驱动力。如图1-5所示，被认同和尊重是人类的基本需求之一，马斯洛需求层次理论也强调了这一点。

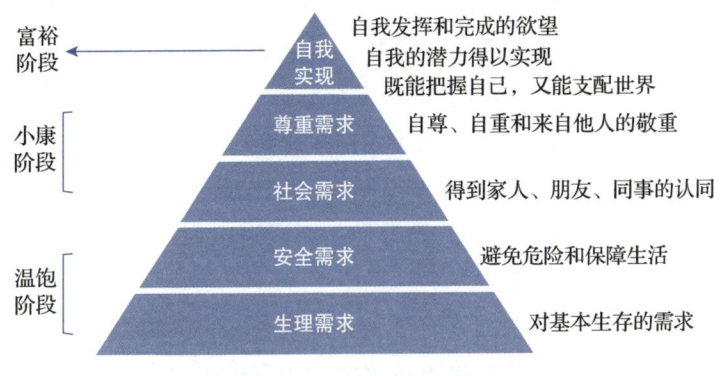

```
富裕阶段 ← 自我实现：自我发挥和完成的欲望
                    自我的潜力得以实现
                    既能把握自己，又能支配世界
小康阶段   尊重需求：自尊、自重和来自他人的敬重
           社会需求：得到家人、朋友、同事的认同
温饱阶段   安全需求：避免危险和保障生活
           生理需求：对基本生存的需求
```

图1-5 马斯洛需求层次理论

至此，我们已经从客户的视角出发深入分析了客户续约与客户需求之间的关系，以及如何正确理解客户需求的"表"和"里"。

掌握这些内容的目的在于开启我们的第三视角，即客观审视我们的工作内容，并对其表现进行公平评估，从而发现优势和需要改进之处。

未来，面对新客户时，我们可以运用这些理论评估客户的购买动机，进而制定更加精准的服务目标和计划，更好地满足客户的期望，提高续约的可能性。

1.2 如果你是客户，你会因为什么而不续约

掌握客户需求的"表""里"，意味着我们了解了客户购买的动机，因此明确了我们需要为客户提供的服务内容。然而，续约管理是一个复杂的过程，仅仅了解服务内容只是意味着我们能够很好地服务客户，并不保证客户一定会续约。为了提高续约的可能性，我们还需要找出另一部分原因，即了解客户为什么不续约。通过探究客户不续约的各种影响因素，以续约为目标地制定服务策略。

这是借鉴了风险管理的逻辑，通过识别客户不续约的风险因素来进行风险控制管理，并制定针对性的服务策略。在这个过程中，我要引入一个重要概念——限制因素。

限制因素是指若系统或某件事缺少某一关键要素，即便其他因素再优秀也无法取得成功。例如，没有酵母，即使拥有再多的面粉，也无法制作出面包；小孩子即便摄入再多的碳水化合物，若缺乏蛋白质，身体仍然无法健康。

在续约的场景中，限制因素是决定续约成功与否的关键条件。如果这些条件未能满足，其他所有优势也无法确保续约结果。

在为客户提供服务的过程中，限制因素是导致续约风险的主要原因。因此，服务人员在刚接手客户时，就需要立即识别出客户的限制因素，并制定相应的策略以满足客户的需求。

综合来看，客户的限制因素有 3 种，围绕着客户最重要的"事""人""财"而展开，几乎涵盖了客户续约决策过程中的所有影响因素。如图 1-6 所示。

限制因素

人
只要未获得客户决策者认可，即使其他方面做得再好也无法续约

财
只要价格未满足客户需求，就无法续约

事
只要未满足客户的购买需求，即使与客户决策者关系再好、价格再优，也无法续约

图 1-6　续约的三大限制因素

- "事"的限制因素：未满足客户的业务需求或业务问题。因此，客户选择不续约。
- "人"的限制因素：未获得客户决策者的认可，导致客户决定不续约。
- "财"的限制因素：未满足客户对价格的要求，客户因此选择不续约。

有些客户会因为单一限制因素而做出决策，而有些客户则基于多重限制因素做决定。例如，有些客户非常关注价格，所有决策都基于价格的高低

再如，有些客户的决策完全取决于高层的态度，如果没有获得客户决策者的认可，即使平时表现再好、价格再低，客户也可能选择不续约。

1.2.1 "事"的限制因素：客户需求决定论

虽然我们一直强调获得客户高层认可的重要性，但对于某些客户而言，把事情办好比获得高层认可更为重要。比如，对于某些大客户来说，客单价仅几万元的产品，其高层可能根本不会关注。我们只需按照对接人的要求，将全部精力投入到把事情做好即可保证续约。又比如，在某些企业中，即使我们与客户高层关系良好，但若未能将事情做好，最终也可能导致续约失败。此外，对于结果导向的公司，如果无法帮助客户实现预期结果，无论我们与客户高层的关系多么良好，或我们的价格多么有竞争力，都不足以确保续约。

在观察"事"是否办好时，我们可以从以下三个方面进行细致分析，这些方面也是评估续约可能性的关键风险点。

第一，客户的购买需求是否得到满足

从客户的视角来看，我们常提到的服务质量就是最初购买时的需求是否得到满足。如果连客户最初购买时的需求都未得到满足，不仅续约无从谈起，甚至还可能损害公司的信誉。

作为一线服务人员，我们承担着识别并满足客户购买需求的重要任务。为有效完成任务，我们首先需要确保与客户开启合作，然后根据客户需求进行有计划的服务。

后续几章将重点探讨如何满足客户的需求，因此在此仅讲述如何开启与客户的合作。

以系统软件为例，影响客户启用系统的原因通常可以归纳为客户因素和销售因素两大类。

（1）客户因素导致不启用系统的四大原因

原因一：新业务推迟。客户购买系统是为了支持新业务的实施，但出于各种原因，新业务推迟，导致系统迟迟无法上线。

原因二：关键人员尚未到位。新业务已启动，但因系统的使用人员未完全到位，导致系统上线时间推迟。

原因三：决策者调任。采购系统的决策者变动，致使系统上线时间延迟。

原因四：价格因素。原先已被认可的价格，因为内部出现异议导致系统上线时间推迟。

原因一与原因二的风险较小，这主要取决于客户的付款情况。如果款项未能全部付清，那么可能存在客户弃用的风险。原因三的风险极大，我们需要密切关注决策者调岗后的变化，并迅速与新的决策者建立联系。原因四虽然鲜有发生，但一旦出现便难以逆转，这通常需要我们深入探究其背后的原因。比如，是否有竞品渗透，或者内部有其他人叫停系统启用。

（2）销售因素导致不启用系统的两个原因

原因一：销售过度承诺。这是行业中比较普遍的现象。销售人员为了完成任务，通过夸大系统价值的方式促成客户购买。

原因二：销售打包销售。此情况仅发生在拥有多款产品的公司中，销售团队通过打包赠送的商务方案推动新产品的销售。在这种情况下，客户并不了解新产品的价值，仅仅基于对销售的信任而选择打包购买。

在应对因销售过度承诺导致客户不启用系统的问题时，我们首先需要区分承诺的类型，评估其是功能层面还是结果层面的承诺。

若是功能层面的问题，我们需要判断客户的态度，看他们是真正需要该功能，还是因感到受骗而不满。若是功能原因，我们应与产品研发团队沟通，确定是否能在后续迭代中实现，并告知客户预计的时间。如果无法实现，应努力寻找替代方案。而如果是因为情绪原因导致的，我们应安抚客户的情绪，并考虑给予适当的补偿。

如果是结果层面的问题，我们需要坦诚地面对客户，说明实际情况并提出可实现的目标。同时，进一步探索客户需求，寻找其他可以满足的点来挽留客户。如果客户仍然不接受，应尊重客户的决定，并进行退款。

另外，对于因捆绑销售而造成客户不使用的情况，我们需要如同售前人员一样，向客户的关键决策者清晰介绍获赠产品的价值，寻找突破机会。

第二，客户的购买需求是否持续

持续确认客户需求的存在是我们在服务后需要密切监控的风险点。在快速变化的市场环境中，即便我们之前已经满足了客户需求，但市场变动可能导致客户需求不再存在。常见情况包括：**企业倒闭、业务部门被裁撤、客户自行研发等**。

要判断客户需求是否依然存在，我们可以关注以下三种情况：

（1）**客户运营状况：客户是否已倒闭或退出该行业**

在我国，5年内倒闭的公司比例为50%，而以SaaS行业常说的单个客户盈利周期3年为例，我国3年内倒闭的公司比例也达到36%。

对于采用SaaS模式的公司而言，因客户倒闭而导致续约失败的情况相当普遍，特别是那些专注于服务小B端市场的SaaS公司。由于小微企业的抗风险能力相对较弱，因此受到的影响更为显著。

除了客户破产外，对某些大型企业来说，还有可能因战略调整而退出特定市场。例如，某集团公司试探性地进入房地产开发项目，在项目完成后即停止房地产业务。又如几年前某互联网巨头进军房产中介行业，试探性地运营几年后，未见成效，便迅速砍掉整个业务线。这种情况对大型集团公司来说并不少见，我们在服务大客户时也经常遇到。

（2）**客户业务状态：客户是否出现业务萎缩或项目结束的情况**

既然有客户因业务扩展而需要使用系统，那么也有客户因业务缩减而选择停止使用系统。通常，这种情况发生在客户业务大幅萎缩、人员大量流失时。这时，客户的人员规模和业务量已经回落到数年前的水平，不再需要依赖系统，而是转而采用传统的纸质管理方式。

以地产行业为例，近年来，受市场环境的影响，营销中心的客流量骤然下滑，许多项目每周到访的客户只有少数几组。对于这些客户而言，使用一套系统来管理自己的客户和销售行为就显得不那么必要了。

我曾服务的一家诊所客户也出现过类似的情况。最初，该诊所购买系统是为了解决患者预约、看诊和取药的全过程管理问题。当时，该诊所每天需要接待数百位患者预约看诊。在使用系统前，这家诊所经常发生患者插队的情况。然而，一年后，由于附近新开了一家诊所，其日均看诊量骤减至一半，原先看病插队的问题也随之消失。为了节省成本，该诊所重新采用了纸质登记的管理方式。

（3）**客户技术状况：选择自主研发而不续约**

尽管因自主研发而不续约的客户比例不高，但其造成的影响通常较为严重。因为具备自主研发能力的客户，往往是KA（Key Account，重要或关键客户）或是在小B端中规模较大的客户。这些客户对业绩的贡献至关重要，一旦失去他们，损失将非常巨大。

这些客户选择自主研发的原因有两方面：一方面是因为他们的业务发展需要更加个性化的产品，另一方面是因为近年来市场上出现了越来越多的公司低价出售源代码。这些软件公司为了争夺市场份额，特意采用低价、源代码交付等竞争方式，进一步加大了客户自主研发的趋势。

因此，对于倾向于自研的客户，我们需要保持高度警惕。一旦发现客户有自研计划，应尽早介入。通过提供定制化解决方案、增强产品功能、提供更优惠的续约条件等方式，来降低客户进行自研的意愿。

第三，我们是不是客户的"刚需"

在满足客户的购买需求并确认这些需求持续存在后，接下来，我们的目标是成为客户的"刚需"。这很重要，因为B端客户通常非常理性。如果我们的产品或服务未能解决其刚需问题，那么续约的可能性将大大降低。

那么，我们如何评估自己的产品或服务是否真正成为客户的"刚需"呢？可以从以下两个关键方面进行评估：

首先，需要评估客户是否依赖我们的系统来管理各项制度。

我们可以从"营销、财务支出、客户服务、企业管理"这四项最重要的企业管理制度展开分析，以评估我们是否与客户的相关管理制度融为一体。

- 营销相关制度：线索分配、客户判定、分销合作、价格管理、会员管理等。
- 财务支出相关制度：资金计划、供应商付款、绩效管理、报销管理等。
- 客户服务相关制度：客户投诉、工单分配、服务质检等。
- 企业管理相关制度：招聘与采购、供应链、采购订单、质量检验与验收、库存管理、安全生产管理等。

这些业务流程是企业日常运营的核心。如果我们的产品没有与客户的核心管理制度紧密结合，那么我们就很难成为他们的必需品，续约风险也会相应增加。

其次，需要评估客户是否在我们的系统上积累了大量有价值的数据。

虽然数据的积累是不可避免的，但并非所有数据都具备价值。我们需要重视数据的质量，避免因操作失误或其他因素造成数据失真。

特别是自2024年1月1日起施行的《企业数据资源相关会计处理暂行规

定》，明确了企业可以将数据资源确认为资产负债表中的资产。那些能够带来经济效益并可用于服务客户的数据，均属于数据资产入表的认定范畴。这为拥有丰富数据资源的企业提供了展示其真实价值和业务贡献的机会，从而提升财务报表的质量。在这样的背景下，协助客户沉淀精确且能够入表的数据显得尤为重要。

面对这一挑战与机遇，我们必须自问：我们是否已经协助客户生成了这样的数据？我们是否具备持续为客户创造关键数据的能力？

这些问题的答案将直接影响我们是否能够成为客户的必需品。只有当我们的服务能够帮助客户实现数据资源的最大化利用，我们才能在激烈的市场竞争中站稳脚跟，并与客户建立长期稳定的合作关系。

1.2.2 "人"的限制因素：客户高层的一票否决权

对于有些客户来说，我们只需把事情做好即可。但有些客户则没那么简单，尤其是对于大型企业客户来说，它们的内部关系极为复杂，做好事情并非唯一的决定因素。面对这样的客户，如果未获得决策者的认可，即使其他方面十分优秀，也无法保证持续合作。这就是为什么服务大 B 端客户的公司特别强调"高层经营"的重要性。

高层经营不仅仅是获取客户高层的认可和喜爱，更重要的是促使他们愿意坚定地支持我们，成为我们产品与服务的受益者。

然而，高层经营是一个复杂而隐蔽的过程。当我们面对"人"的限制因素类型的客户时，该如何评估高层经营是否存在风险呢？

1. 掌握影响续约的五类角色特点

这个世界是由人组成的，无论是 ToC（To Consumer，面向个人）、ToB（To Business，面向企业）还是 ToG（To Government，面向政府），最终的决策都是由个人做出的。因此，无论是在服务客户时还是在续约谈判中，我们都需要关注客户内部人员对我们的评价与认知。

从宏观角度来看，对续约产生影响的角色可分为两类。首先是客户内部人员，包括客户的高层管理者、业务对接人、一线员工和审计人员。其次是客户的外部人员，例如第三方人员。

从微观角度来看，对续约产生影响的角色可分为五类，如图1-7所示。这些角色各自有其独特的需求和关注重点。深入理解这些不同角色的需求，并提供相应的服务，对于我们成功完成续约至关重要。以下是对这些角色及其影响力的详细分析。

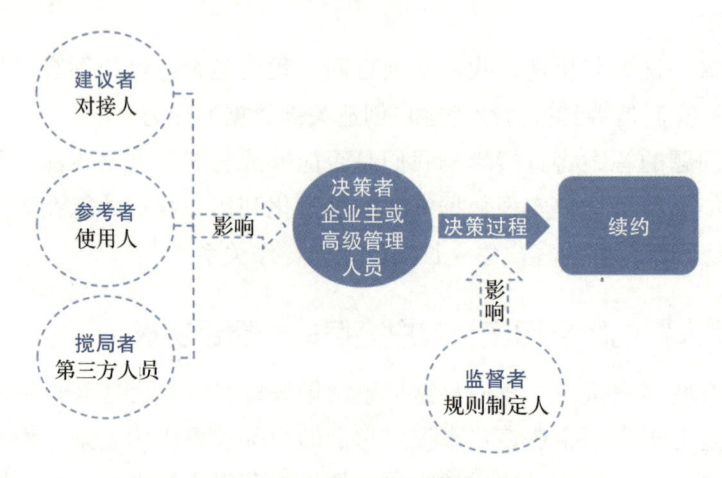

图1-7 影响续约的五类角色

（1）续约决策者：企业主或高级管理人员

企业主或高级管理人员是续约成败的关键决策者。他们的决策会受到多种因素的影响，但最关键的无疑是ROI的合理性和个人KPI（Key Performance Indicator，关键绩效指标）的达成。

因此，我们在努力赢得决策者信任的过程中，应摒弃一切华而不实的念头，把目标瞄准决策者的ROI和KPI压力，确保他们能够从我们的服务中获取足够的回报。这不仅符合公司对他们的业绩要求，也能满足股东的质询。

另外，我们要认识到系统的局限性。系统只是生产工具，生产工具与生产力之间仍有不小的差距。在面对决策者的高预期时，我们应努力将其调整到可实现的范围，并与决策者达成目标的共识。若决策者的预期过高，短期内难以实现，我们可以将目标拆解成若干个小目标，并在每个小目标实现后及时向决策者汇报。

最后，尽管企业之间不存在情感价值，但是决策者有情感价值的需求。在服务决策者的过程中，应重点关注其偏好。我曾听过这样一个故事，某公司的一线服务人员为了更好地服务客户，每天与客户决策者一起跑步，倾听客户决策者的需求和困惑。久而久之，他成为客户决策者非常信任的人。他熟悉客户决策者的偏好，这些偏好最终都反映在服务方案上，使得每次提交方案时都能精准地符合客户决策者的预期，并快速获得通过。

（2）续约建议者：对接人

对接人是续约成败的关键顾问。他们通常是决策者极为信任的人，可以协助决策者实现采购目标。当决策者需要了解系统使用情况和相关反馈时，往往会首先向对接人征求意见。在这种情况下，如果对接人能够提供积极肯定的反馈，那么将极大地推动续约进程，有时甚至成为决定性的因素。

作为对接人，他们通常非常期望我们的系统能够取得成功。这是因为系统的成功与他们的切身利益息息相关。首先，这属于他们的本职工作，他们有责任确保任务的完成。其次，系统的成功是他们的工作亮点。系统工作通常涉及业务升级，如果能顺利完成，那么对于个人而言，将是一个非常出彩的工作表现，并可能为他们赢得领导的表扬或奖励。

然而，我们也可能会遇到不配合或有抵触情绪的对接人。在这种情况下，我们需要保持耐心，先找出对方情绪的根源，优先解决对接人的情绪问题，然后再解决业务问题。我曾在为某保险公司提供服务时，遇到过一位起初对我们非常不信任，但后来因我们的专业而对我们刮目相看的对接人。

这位对接人是分公司的中层管理人员，负责管理一条繁忙的业务线。他的日常工作十分繁忙，需要参与各种会议、协调众多业务事项，还要应对上级的各种检查，几乎没有空闲时间。

当领导要求他与我们共同完成对其下属10余家分公司的系统培训，并在一个月内生成业务数据时，他感受到了巨大的压力。面对在一个月内完成对10余家分公司和数百名员工的培训任务，他清楚这项任务的组织与协调具有极高的难度。他对自己的能力缺乏信心，同时也对我们没有信心。

在刚开始讨论培训方案时，他对我们的态度非常不友好。每当我们提出关键措施时，他总是持质疑态度。这让我不得不探索方案以外的原因。我开始通过其他人了解他的工作情况，也在他工作闲暇时寻找机会与他交流想法。

最后，在综合所有意见后，我向他提供了一份详尽的培训方案："尽管任务时间紧迫且繁重，但仍有可能完成。首先，我认为该任务不能通过线上交付的方式来走捷径，因为系统涉及的业务非常复杂。为了确保系统得到有效运用，我们必须逐一前往现场进行培训。其次，为了节省时间，我们可以先通过线上收集信息，之后再进行线下核实，只需在培训前给我们 2 小时准备培训内容即可。最后，由于您工作繁忙，只需按照每 3 天两家的节奏为我们协调时间，剩余的执行工作由我们负责。"说完这些，我立即将早已准备好的调研大纲交给他，请他转交给各分公司人员。

他虽然半信半疑，但在没有其他更优选择的情况下，他同意了我们的方案。在他协调好各分公司的培训时间后，我迅速拟定了培训计划，并请他确认。

随后，我们展开了一场马拉松式的一家接一家的培训工作。那个月里，我走遍了所有分公司，每完成一次培训，我都会及时总结并向他汇报，而他也会将我们的进展实时反馈给公司领导。最终，我们不仅按时完成了上线前的培训工作，而且系统与业务的融合非常顺利，他也赢得了领导的高度赞扬。

这次成功的合作加深了我们之间的信任和友谊，后续的续约也变得更加顺利。现在，每当有人向他询问我们的服务质量时，他总是像粉丝一样，极力地夸赞我们。

（3）续约参考者：使用人

用户的反馈可为续约决策提供重要参考。他们通常是一线员工，是系统的主要使用者。随着越来越多的决策者开始重视一线员工的使用反馈，用户意见在续约决策中的作用愈加显著。我们熟知的钉钉正是洞察到了这一趋势，并适时调整策略，从仅关注决策者的需求转变为更注重一线员工的使用体验。这一转变为钉钉赢得了大量好评与增长。

对于用户而言，系统的价值主要体现在以下几个方面：

- 提高收入：系统能够为用户提供工作支撑，帮助用户完成艰难任务，提高工作收入。
- 尽职免责：系统能够记录工作过程，帮助用户规避潜在风险，确保其责任履行得到有效证明。
- 易用性：系统设计直观，学习成本低，操作简便，用户能够快速上手。
- 持续优化：系统更新能带来工作效率的持续提升，同时为个人工作提供数据分析和决策支持。

另外，除了客户员工之外，使用者还可能包括客户的客户（尤其在小 B 端客户中常见）。他们的使用反馈同样影响客户是否续约。例如，对于那些连接型产品，客户购买的目的是与其客户建立更好的联系。如果客户的客户反馈产品不好用，那么客户续约的可能性将显著降低。常见的产品有社群工具、直播工具、私域运营工具、微信商城等。

客户希望通过使用这些工具，使其客户能够快速了解产品的信息和价值，并有效维护其客户关系。因此，产品是否能够提供优质的购物体验、便捷的沟通效率，以及能否让用户留下足够多的互动痕迹，都决定着客户是否续约。

以我个人为民宿选购PMS（Property Management System，物业管理系统）时的经验为例，我非常注重客人订房的体验。在H5页面和小程序之间，我坚定地选择了小程序。尽管它在某些方面可能有更多的限制，但它能为民宿客人提供更好的订房体验，仅这一点便足矣。又如，如果我是小鹅通的客户，那么我是否续约，会根据我的客户反馈而定。

（4）续约监督者：规则制定人

规则制定人是续约的监督者，他们对续约的影响极为显著，有些公司甚至直接终止续约的进程。

监督者通常出现在大B端客户中，他们来自公司的采购、审计、法务、IT等部门。这些人是公司运营的底线，负责确保公司的采购活动符合相关法规和政策要求。由于职责所在，他们可能不太关注产品的价值，而是更关心采购过程与价格的合规性。例如，当规则制定人发现续约过程中可能存在不符合管理规定的情况时，他们会及时介入，必要时甚至会暂停续约流程，以确保合规。

我们曾遇到过这样的情形，当时我们与客户的业务部门合作得非常顺畅，他们对我们系统的依赖程度很高。他们的营销推广、渠道管理等核心业务，均由我们提供日常保障，彼此间的合作关系也异常默契。客户对接人甚至表示，我们就像他们聘请的顾问公司一样，能够解决各种疑难杂症。

往年，每次合同到期后，我们通常直接与业务部门对接，完成续约工作。然而，有一年，公司突然改变了采购规则，全面禁止供应商直接与业务部门进行价格谈判，而是改为由业务部门提供采购建议，然后由采购部负责洽谈续约相关事宜。因此，我们不得不面对采购部的各种质疑和考验，那次谈判非常艰难，因为采购部的人员我们一个也不认识，一切都要从头开始。

此外，IT部门的影响力也不容忽视，其政策变化有时直接关乎我们的生存。例如，我们曾服务的一个客户原本已决定不续约，而是改为自行研发系统。但集团 IT 部门突然要求各分公司必须具备数据安全管理机制，在这种情况下，客户因无法在短期内建立这样的机制，最终只能选择与我们续约。因为我们的系统已获得信息安全等级保护三级认证，符合集团 IT 部门的要求。

信息系统安全等级保护，简称"等保"，是我国为加强信息系统安全保护、防范信息安全风险而实行的国家信息安全管理制度。等级保护分为五级，级别从一级到五级，级别越高，安全保护能力越强。

（5）续约搅局者：第三方人员

第三方人员常常成为续约过程中的干扰因素。他们可能是客户聘请的咨询公司的专家或渠道合作伙伴，也可能是某项政策的制定者或客户高层的朋友，甚至可能是我们的竞争对手。这些人由于具备专业知识、拥有影响力或与决策者关系密切，而可能对续约结果产生影响。

例如，一些公司可能会聘请咨询公司提供企业管理咨询。这些咨询公司基于对软件行业的深刻见解，可能会向决策者提出关于系统续约的建议，这些建议通常具有相当的重要性。

例如，当政策制定者修改政策要求时，可能会导致企业对我们系统的需求减少，甚至完全不再需要。

同时，领导的朋友或熟人也可能成为影响续约的因素。他们可能会基于自身使用的系统向领导推荐，从而影响决策者的最终选择。

我们曾经遇到过这样的情况，某企业的第二代总裁接任不久后，因为在某 EMBA（Executive Master of Business Administration，高级管理人员工商管理硕士）课程中认识了某国际软件大厂的中国区高层，便决定更换现有系统，全面采用该国际大厂的产品。此决策对我们造成了巨大冲击，因为我们与该客户的年度合作额高达千万元，系统替换意味着我们将面临不小的损失。

面对这样的搅局者，我们很难进行有效的控制，因为他们处于暗处，而我们在明处。他们对我们续约进程带来的影响是正面还是负面，我们无法预知。当我们意识到他们的存在时，往往事情已经发展到难以挽回的地步。

因此，我们必须采取预防措施，提前布防。这包括与客户建立全面而深入的关系，从高层管理到基层员工，确保在各个层面都有良好的沟通渠道。通过这种方式，我们可以减少第三方搅局者干预续约的可能性。

以上 5 类角色，无论是大型 B 端客户还是小型 B 端客户都有可能出现。在续约管理中，我们必须投入精力对其进行全面识别。首先，识别谁是决策者，围绕决策者进行人物画像和需求分析。接着，找出对决策者的决策结果产生影响的建议者、参考者以及搅局者，并围绕他们制定服务策略。最后，识别监督者，根据监督者的管理要求，对续约过程进行管理，确保其符合客户公司的规章制度和相应管理要求。

2. 评估决策者是否充分理解我们的价值

经济学家赫伯特·西蒙在 1947 年出版的《管理行为》一书中提出了"有限理性"概念。这一概念为我们理解人们如何进行决策提供了深刻见解。西蒙认为，人们在做出决策时，通常依赖于有限且不完整的信息。这种信息的局限性导致决策结果可能并非最优。

这一理论对理解"人"的限制因素非常关键。它提醒我们，如果不能清晰全面地向客户高层传达我们的产品与服务的价值，那么高层领导可能因信息不足而无法理解为何继续与我们合作。在"有限理性"影响下，他们可能做出自认为最正确的决定。这个决定可能是迫使我们降价，也可能是选择不再续约，但无论是哪一种，对我们来说都是巨大的风险。

3. 评估关键人群体的范围和立场

在面对"人"的限制因素型客户时，我们习惯将目标锁定于最高管理者，认为"获得最高管理者认可，就等于获得了成功"。然而，现实情况往往并非如此，尤其是在面对大客户时，这种做法常常难以见效。大客户通常有严格的采购规定，即便是续约采购，也须经过一系列复杂的审批流程。在此过程中，任何一个审批节点都有可能对我们的续约结果产生影响。

因此，在评估高层关系的效果时，我们必须采用一套科学的评估方法。

第一步：评估关键人范围。这一步至关重要，因为错误的识别不仅会导致资源的浪费，还可能使真正的关键人感到被忽视或冒犯。例如，原本只需获得业务部门负责人的认可就能确保续约，但我们却错误地将精力花在了总经理或董事长身上。这不仅会造成资源的浪费，还可能因为忽略业务部门负责人而引发他的不满。

第二步：分析关键人的立场。在确定了可能影响续约的关键人物范围后，我们需要进一步分析他们的立场。虽然有些公司可能会将立场划分得非常细致，但为了便于记忆和操作，我们可以简化为三类：支持者、中立者、反对者。

- 支持者：他们会积极地向我们提供客户内部信息、项目推进建议和各类资源，愿意参与我们的活动，并经常主动地向他人传播我们的价值。
- 中立者：他们对我们没有敌对情绪，不会在任何场合表达对我们的喜爱或支持，但也不会批评我们。
- 反对者：他们明显对我们抱有抵触情绪，不支持我们提出的建议，对我们的产品或服务持不认同的态度。

第三步：识别决策者中的中立者与反对者。在明确了关键人的范围和立场后，接下来需要对每位关键人对续约的影响程度进行排序。对于那些立场"中立"或"反对"的关键人，我们需要根据其影响程度将风险分为"高、中、低"三个等级，并根据风险等级的高低逐一进行干预，以最大限度地保障续约的成功。关键人立场评估参见表1-3。

表1-3　关键人立场评估

关键人姓名	关键人职务	关键人立场	风险等级
张三	副总经理	中立	高
李四	部门负责人	反对	高
王五	部门经理（对接人）	中立	中
……			

当我们识别出那些高风险的关键人后，接下来，我们应优先为这些关键人制定经营策略与服务计划。通常情况下，客户中只要出现高风险等级的关键人，就意味着该客户的续约存在极高风险，需立即解决。

1.2.3 "财"的限制因素：满足客户的价格要求，客户才会续约

有些客户尽管之前的合作非常愉快，但如果我们在价格上无法符合他们的期望，最终可能也无法成功续约。这种以价格为决定因素的客户是企业服务中最难应对的客户。

同时，这种类型的客户极为复杂。有些属于先天因素。比如，从双方合

作之初，客户就是这种风格。而有些则是后天因素。比如，客户由于业务发展状况或领导层变动等，决策风格发生变化。

当我们面对先天型客户时，需要在一年的服务时间内展示我们与其他公司之间的差异，避免续约时再次出现价格比较的情形。而对于后天型客户，我们要学会提前准备，及时识别这类客户，以免续约谈判时因客户对价格的要求而被弄得猝不及防。

随着市场竞争日趋激烈，这类客户的数量只会不断增加。当我们面对"财"的限制因素型客户时，该如何识别和预防呢？

1. 服务前的风险预防：管理成本的风险大于销售费用

在设计产品与服务之初，ToB 公司的领导者应时刻谨记两个关键的财务概念：销售费用和管理成本。销售费用是企业为获取客户和增加销售额而投入的资金，如广告和推广支出。这些费用被视为投资，旨在带来更大的收益。管理成本则是企业在生产和运营过程中不可避免的开支。企业通常在这些成本上寻求方式去实现节约，以提高效率和利润率。

在设计产品与服务的商业变现策略时，ToB 公司领导需要分析自家产品或服务在客户财务上属于哪一类。如果客户将此产品归入"销售费用"项下，那么意味着客户认为该支出能够直接促进销售和收入增长，那么他们在续约时可能会表现出更高的价格接受度。

相反，如果自家的产品或服务被归类为"管理成本"，客户可能会更加关注成本效益，寻找价格更低的替代方案。这就意味着在续约时，我们可能面临更大的价格压力。

为了降低续约风险，公司应在最初阶段就主动规划续约后的合作场景。通过策略性定位将自身的产品或服务和客户的营销活动紧密结合，促进客户将采购费用纳入销售费用预算，从而提高他们对价格的接受度。否则，未来的发展将愈发困难，业务的增长潜力也会受到限制。

2. 服务中的风险预防：及时发现客户变动并不断提升替换成本

相较于那些从合作开始就以价格为决定因素的客户，那些在合作后由于业务发展变化而转变为"财"的限制因素的后天型客户更具风险。这些客户往往非常隐蔽，当续约谈判人员还存有侥幸心理，以为客户对接人只是正常压价时，他们可能已选定了其他方案。

因此，我们要快速识别这类客户，并调整谈判策略。在我接触的这类客户中，我发现他们通常具有以下特点。

1）内部审计变得更加严格：公司突然开始实施更加严格的审计流程，要求业务部门对选择价格较高的供应商提供详细的解释和合理的论证报告。

2）服务质量要求降低：客户对服务质量和专业水准的要求有所下降，不再像以前那样提出更多的服务要求。客户开始传递不同供应商之间差异不大的想法。

3）客户业务衰退：客户可能正处于业务萎缩期，收入和利润逐年下降。因此，他们对成本控制非常严格，价格成为其决策过程中的主要因素。

以上三点映射到工作场景中，最常见的情况是客户的员工开始抱怨预算削减。要知道，预算缩减的本质是客户公司需要其员工承担更多的工作任务，而不是像以往一样，依赖外部供应商来完成。因此，当客户的员工面临较大的预算压力时，他们必须在有限的预算内做出艰难的选择：决定哪些任务由自己完成，哪些任务用仅有的预算寻求外部资源。

在这种情形下，客户对接人的关注重点会从单纯的投产比转移到任务的不可替代性上。他们需要评估哪些任务需要由专业人员完成，哪些可以自行处理。如果我们提供的产品或服务容易被客户解决，那么他们可能更倾向于自行完成。这时，我们的竞争对手就是客户自身的能力。如果我们提供的产品或服务客户无法自行解决，那么客户则会开启新一轮的外部询价，寻找价格更优的供应商。这时，我们的竞争对手则变成了市场中的其他同行。

客户会仔细比较我们与其他友商的价格和替换的成本。这些成本不仅包括直接成本，如新系统采购费用，还涵盖间接成本，如员工培训、数据迁移、时间成本以及与替换相关的风险。

首先，客户会分析直接成本，了解我们与其他友商间的价格差异，这将直接影响客户更换供应商的决心。

其次，客户会评估间接成本。许多ToB公司在评估间接成本时，认为客户会非常关注员工培训、数据迁移等方面的成本。一旦发现客户有更换系统的意向，便立即让客户意识到这些成本的存在。然而，真正尝试过这种方法的人会发现，这种策略并没有取得显著效果。

因为做决策的是人，而人在做决策时会优先考虑自己的利益。例如，他们会考虑自己的决策是否对公司明显有利，或者自己的决策是否会导致公司的业务中断。因此，相较于数据迁移和培训成本，决策者更在意的间接成本是替换风险。例如，替换系统的过渡期间可能导致的业务中断和收入损失，以及新系统可能无法契合现有的业务需求，从而影响业务的正常运转。

最后，客户会考虑直接成本差异与替换风险之间的关系。例如，尽管某个竞品的直接成本低于我们 20%，但由于缺乏足够的成功案例、品牌影响力或服务人员配置，客户也可能不敢轻易替换。但如果竞品是知名品牌，且具备同等的成功案例和人员配置，即使价格差异仅为 1%，客户也可能考虑更换供应商。

在实际工作中，我曾遇到一个区域级龙头客户。在续约谈判时，由于公司预算缩减，营销部门不得不重新面临选择：是继续与我们合作还是转向价格更低的竞品。

当时，竞品方提供的方案极具吸引力，不仅价格比我们低 30%，还愿意交付源代码。为此，客户组织了跨部门选品小组，进行了严格的优劣势和成本分析。

针对这种情况，我们决定聚焦于客户对风险的厌恶特性。我们不断地收集因切换系统而导致业务中断的失败案例、竞品系统上线后可能引发的适应性问题、竞品成功案例较少及财务不稳定等风险，给客户增加更换系统风险较大的印象。

最终，在适当降价后，我们成功说服客户在直接成本相差 30% 的情况下继续选择了我们。因此，我们在服务客户时，需有意识地不断提高客户的替换成本。

3. 服务后的风险预防：客户回款风险

客户回款是续约流程的最后一步，但常被服务人员忽视。要知道，只有在客户完成回款后，我们的续约才算正式完成，才能在系统中为客户延长使用时间。

与小 B 端不同，大 B 端客户的回款流程通常较为烦琐，耗时一般在 1 至 3 个月之间。尤其是对一些大型企业来说，其财务制度严格，可能要求在系统到期后才能启动续约和付款申请流程。

为应对这一挑战，许多主要面向大 B 端客户的 SaaS 公司会设置 3 个月的缓冲期，以便客户在申请付款流程期间能够正常使用产品。但即使如此，在回款时，也存在两大风险：

- 缓冲期内的续约取消：如果客户在延缓期内决定不续约，那么已产生的缓冲期费用如何向客户收回。如果能够收回，服务人员也需要投入大量的时间成本；如果无法收回，公司将面临损失。无论出现哪种情况，都会对服务人员的工作产生负面影响。
- 预估回款时间不准确：如果服务人员对客户回款的时间预估不足，可能导致 3 个月的延长期限仍不足以满足客户付款申请所需的时间。这种情况下，可能导致客户产品使用中断，或服务人员不得不垫付资金以维持客户的持续使用。不管是哪种情况，都会带来显著的风险。

以上两类风险我都亲身经历过，正是这些经历让我认识到对回款过程进行专项管理的重要性。

我现在常做的一件事是提醒服务人员提前三个月与客户沟通，了解客户的付款流程和预计回款时间。这样能够帮助我们预防潜在风险，确保续约流程顺利进行，同时也保障公司和员工的利益。

1.3 本章小结

了解客户购买的原因，才能理解客户续约的动机

- 深刻理解客户需求的外在与内在。
- 需求的"表"：为什么需求驱动购买。
- 需求的"里"：为什么产生需求。

如何掌握客户需求的"表"

- 客户成功/交付负责人应严格把控客户交接工作。
- 使用交接表完成客户交接，确保需求的完整性。
- 到客户处核实交接信息，确保需求准确无误。

如何掌握客户需求的"里"

- 需求产生的原因通常源于客户的业务和决策者个人原因。
- 客户业务原因产生的需求：担心业务无法正常运转、达成公司战略任

务、实现业绩目标、降低直接成本、预防财务风险。
- 决策者个人原因产生的需求：满足领导个人偏好与个人职业发展。

了解客户不续约的原因，才能有效避免

- 影响续约的三大制约因素：人、财、事。
- 限制因素：当某一因素未能满足时，即便其他因素再出色，客户也不会续约。
- "事"的限制因素：客户购买需求是否得到满足、是否仍然存在、我们是否为客户的"刚需"。
- "人"的限制因素：决策者是否了解我们的价值，以及决策者中是否存在反对者。
- "财"的限制因素：识别费用来源，销售费用优于管理费用。识别自家产品的替代性、客户的替换成本，以及识别客户是否能够按时付款。

影响续约的五类角色

- 续约决策者：企业主或高级管理人员，他们是续约的直接决策者。
- 续约建议者：能够对决策者行为产生重大影响的对接人。
- 续约参考者：产品使用人，他们是决策者决策时需要参考其反馈的人。
- 续约监督者：制定规则并影响续约过程的人。
- 续约搅局者：第三方人员，他们是对决策者行为产生影响的人。

CHAPTER 2
第 2 章

续约的"法"：如何做客户才会续约

在上一章中，我们从客户的角度深入探讨了续约的"道"，分析了客户为什么续约，以及续约过程中可能遇到的风险和关键角色。本章将转换视角，从 ToB 公司续约业绩管理者的角度探讨续约的"法"。

所谓"法"，是指基于"道"的深层逻辑所制定的策略和方法，是"道"在实际工作中的应用，它指导我们解决客户问题、赢得高层信任，以及提升续约成功率。

为了系统化管理续约流程，我依据客户在续约决策中的"人、财、事"因素以及服务过程中的阶段性目标，将续约工作细化为 5 个关键步骤和节点目标，以确保每一步都能精准满足客户需求并推动续约进程，如图 2-1 所示。

第 2 章 续约的"法"：如何做客户才会续约 39

第一步：完成销售承诺
01
- 销售承诺：明示、暗示、功能层面、结果层面
- 价值交付方法论：团队、目标、执行

第二步：建立"信息教练"
02
- 定义：为我们提供信息和建议的人
- 交往原则：只做对客户有益的事

第三步：赢得客户信任
03
- 信任公式：信任=（可信度+可靠性+亲密感）/自我导向
- 获取领导信任前，先理解领导的工作和任务
- 职业经理人的尽职免责与获得收益

第四步：成为客户"刚需"
04
- 刚需产品的特点：能够帮客户管理收入与支出
- 非刚需产品的特点：客户能够很快速地找到替代方法

第五步：完成签约并回款
05
- 客户付款完成后，才能称得上续约完成
- 监控回款过程，设计预警值

图 2-1　客户续约五步法

这个五步法不仅为我们提供了一个清晰的续约管理体系，还确保了客户服务的每个阶段都能采取适当的策略和行动。在这个流程管理中，每一步都是通向成功续约的重要环节，直至五步全部完成，以实现续约的最大可能性。

尽管有时仅完成其中一两步也可能实现续约，但如果我们追求无风险的客户续约，那么应将这五步视为流程管理的全面指标，以此降低客户不续约的风险。

2.1 第一步：完成销售承诺

如果要用一句浅显易懂的话来解释客户成功是什么，你会想到哪句话？

面对这个问题，我思考了很久，也考虑了许多种答案，但都不甚满意。直到有一天，我突然灵光一现，想到了这句：**完成销售给客户的承诺**。

与客户成功的概念相比，完成销售承诺更加直接和具体，并且更易于团队理解和执行。因此，我将这个答案作为管理客户服务的原则。

那么，什么是销售承诺呢？是销售人员对客户的口头保证，还是合同中明文规定的条款？同时，我们又该如何实现对客户做出的销售承诺呢？

要解决这些问题，我们首先来看一个大 B 端客户的销售案例。

某地方城投公司因业务发展需求，计划对某块土地进行房地产开发。然而，由于是第一次开发房地产项目，公司管理层中又缺乏经验丰富的地产营销专业人才。因此，为了解决这一问题，公司管理层认为，可以采购系统，借助系统供应商丰富的项目营销管理经验来赋能新组建的营销团队，以提升营销团队的能力，加快项目去化。

明源云市场部在获取该线索后，立即安排销售人员拜访城投公司营销部长。见到部长后，销售人员不仅针对其关注的营销问题提供了解决方案，还向部长展示了公司的背景和实力。

销售人员的首次拜访非常成功，赢得了营销部长对公司实力和专业度的初步认可。营销部长表示："你们公司在房地产行业已经运营了20多年，我一直有所耳闻。今天听了你们的介绍，印象更为深刻。你们的丰富经验正是我们公司所需的，请回去准备一份详细方案，找一些与我们公司及项目类似的案例，我会安排时间让你们直接向领导汇报。"

得到满意答复后，销售人员回到公司，立刻邀请售前顾问共同准备方案。

没过几天，营销部长打来电话说："时间已经确定，明天上午10点在三楼大会议室，向我们的总经理和负责市场的副总经理汇报。"

销售人员和售前顾问向总经理和副总经理进行了方案汇报。售前顾问详细地介绍了城市、区位与项目的市场状况，并根据城投公司的项目特点深入分析了产品定位、目标客户群体、周边竞争对手及行业常用的营销方式。

然后根据分析结果，向客户对接人展示明源云"智慧案场"产品解决方案。通过对项目的货值、客户、分销渠道、产品推广和营销裂变等全方位管理，实现管理层将一线销售实时情况"装进口袋"的目标。尤其是PPT最后一页上的"首战用我，用我必胜"的标语，更让总经理眼前一亮。

总经理说："你们确实像大家所说的那样专业，把我们担心的问题都提出来了。"

售前顾问答道："感谢您的肯定。我们明源云在房地产行业已经积累了超过20年的经验，这些年专注于服务房地产客户，也见证了行业的快速发展。像您这样首次进行开发的公司我们也曾服务过多个。一般而言，我们会首先协助客户梳理营销管理体系，然后再上线系统进行营销管理和执行。通常在这一步骤完成时，就已经基本形成了标准化的模式，营销能力也达到了行业的平均水平。"

总经理点头表示赞同:"是的,我们目前的团队成员大多不是专业出身。我们的方法是在市场上进行招聘,但通过市场招聘很难组建起整个团队,即使招到了,也需要时间进行磨合。因此,我们现在采取部分招聘与利用部分老员工的方式来构建营销团队。"

售前顾问补充道:"是的,快速磨合是一个挑战,我们在为 C 公司服务时也遇到了类似的问题。他们和你们一样,也是第一次开展项目。在团队成立后的很长一段时间里经常出现意见分歧的情况。最终,该公司不得不上线系统,并要求我们与他们的营销部门共同结合系统来制定管理制度,通过制度与系统的协调配合才走上了正轨。"

总经理说:"没错,制度确实很重要。你们也能协助我们梳理制度吗?"

销售人员表示:"是的,我们的服务旨在助力客户取得成功,以便通过我们的系统实现其业务目标。"

总经理说:"好的,感谢你们今天的分享,我收获颇丰!"

销售人员见状,顺势向总经理发出参观邀请:"感谢领导的认可,您今天已经对我们的公司背景和方案有了一定了解,何不择日来我们公司参观一下,看看我们服务团队的规模,以便更深入地了解我们?"

总经理听后,愉快地同意了。

会后,营销部长对我们的汇报表示非常满意。这极大地激发了他的积极性,随后的工作在他的精心安排下得以顺利完成,包括领导的参观和合同的签订。

虽然此单的销售过程在激烈的市场竞争中十分罕见,不仅能够直接与客户高层沟通,确保业务需求的明确,而且在客户内部和外部也没有遇到任何阻碍,但是该订单非常具有代表性,它有助于我们清晰地理解销售承诺的本质,以及与之相辅相成的客户预期。

2.1.1 什么是销售承诺与客户预期

销售承诺和客户预期是客户对我们的初步期待,也是我们服务客户的首个里程碑目标。这两个概念对于我们开展续约管理工作至关重要。然而,在实际操作中,许多服务人员在服务过程中忽视了对"销售承诺和客户预期"的管理。他们在和客户交接过程中,缺乏对不同客户的需求差异的尊重与关注，习惯性地假设购买同一产品的客户有相同的需求与预期，在简单地询问了销售人员几个问题后，便开始进行交付与服务。最终，这不仅浪费了资源，还导致在续约谈判中频频受挫。

因此，如果一名服务人员未能明确所服务客户的"销售承诺和客户预期"，那么他就不可能为客户提供优质服务，更无法设定准确的服务目标。

1.什么是销售承诺

用通俗的话说，销售承诺就是销售人员为了促使客户购买我们的产品或服务，向客户承诺的一系列利益和结果。

（1）根据销售承诺的内容大致可以分为功能层面的承诺和结果层面的承诺

功能层面的承诺：这种承诺很好理解，指的是我们承诺系统能够满足客户的哪些业务场景和管理需求。如上文案例所述，功能层面的承诺包括货值管理、客户管理、渠道管理等，甚至有些销售人员可能会承诺到更具体的功能的操作层面。例如，微信商城的首页、视频上传功能等。在功能层面，常见的问题是过度承诺，即客户需要某个当前阶段不存在的功能，而该功能也未在产品迭代计划中。比如，诊所客户需要的叫号功能、门店系统的多仓管理等。

结果层面的承诺：销售人员向客户承诺使用系统后可以实现哪些业务结果。例如，上述案例提到，使用明源云的系统后，公司营销能力可以达到行业平均水平。或者，某些销售人员会承诺通过营销一体化、业财一体化的方式帮助企业降低营销费用或进行财务分析。在结果层面，经常会出现过度承诺，表现为：对业绩指标的承诺，比如，使用我们的系统后营收可以提升10%；或者对成本减少的承诺，例如，使用系统后可以减少多少人力、每日处理订单多少条等；甚至是对决策者个人的承诺，比如，使用系统后帮助包装案例报送上级领导、为决策者提供行业发声的机会等。

（2）根据销售承诺的方式大致可以分为对客户的明示承诺和对客户的暗示承诺

明示承诺非常容易理解，包括合同中的承诺以及销售人员口头对客户的承诺。这类承诺在交接过程中易于传递，具有责任心的销售人员会高度重视这些承诺，并督促服务团队的执行。

暗示承诺有时难以察觉，因为有些暗示是在销售人员未意识到的情况下产生的。销售人员自己可能没有意识到这些暗示的存在。这种情况往往出现在销售人员举例介绍客户案例时，当客户听到其他公司使用产品取得某种成果时，他们自然会认为自己购买该产品后也能实现同样的效果。

比如，在上述案例中，销售人员为总经理营造了一种通过系统和制度就能提升公司营销能力的印象。尽管销售人员并未明确表达这一点，但总经理已经确信：相同的现状和问题，你们能帮助其他人解决，也同样可以帮助我们。

无论是有意还是无意的暗示承诺，对客户而言，都构成一种承诺。客户关心的是在销售过程中，你让他相信购买系统能够实现某种目标。如果最终未能实现，客户就会感到受到了欺骗。

另外，还有一种隐含承诺是故意不明确某些服务或产品的收费范围，从而让客户在购买时产生误解，以为所支付的费用能够享受更多的服务或产品功能。这种情况在销售中较为常见，其目的是迅速促成交易。将一些原本需额外付款的内容不明确提及，让客户误以为此次购买便能享受这些服务，从而给客户一种物有所值的印象。

我曾有过类似的经历。那时我为家里的民宿购买 PMS，原以为在微信商城发布预售券、预售套餐和销售房源不需要额外付费。购买时，销售人员有意避开了对这项收费的讲解，仅提及可以利用商城进行预售等线上活动。然而，当我们最终使用这个功能时，才了解到在微信商城销售房源、发布预售券和预售套餐需要支付一定的手续费。尽管金额不大，但这给我带来了极其不好的感受，更是一种超越支付费用的心理伤害。

2. 什么是客户预期

客户预期是客户对供应商产品与服务的期待值，它源自客户的业务需求，并随着采购过程的推进而逐步形成。我们继续以城投公司的采购案例为例来解释这一过程。

- **业务需求的产生**：城投公司由于需要完成房地产开发项目，面临营销不专业的挑战，需要迅速销售房产以达成业务目标。
- **业务需求的形成**：基于这一需求，城投公司确定了一个具体的业务需求，即在短时间内通过系统和专业服务将公司的营销能力提升至行业平均水平。

- **购买预期的明确**：在选择最能满足这一需求的供应商后，城投公司对供应商的产品与服务产生了明确的期望，即希望明源云的产品与服务团队能在短时间内将公司的营销能力提升至行业平均水平。

总结来说，当客户产生业务需求后，会有动力去寻求这一需求的解决方案。这种动力会转化为诉求，驱使客户寻找合适的供应商。当最终选择供应商并完成签约后，客户对供应商的产品与服务会形成一个期望值，这个期望值就是**客户预期**。

2.1.2　运用价值交付方法论兑现销售承诺

掌握了客户预期和销售承诺的概念之后，接下来我们要将这些概念转化为实际的客户服务实践。为此，我自创了一套价值传递的方法论。

这套方法论由三个主要模块——人员能力、服务目标和执行过程构成。其中，人员能力是保障方法论运行的基础，是准确识别服务目标所必需的能力，也是选拔和培养人才的重要标准。服务目标是指将销售承诺转化为我们能够达成的目标，它要求我们始终坚持与客户共同制定服务目标，以客户认可的目标为服务方向。执行过程是对实现服务目标的全过程进行管理，是执行和复盘纠错的重要工具。图 2-2 所示便是价值交付方法论。这一方法论是以提升客户业务效率为目标的，切勿理解为系统上线交付。

价值交付的基础
打造一支拥有较强顾问力的交付团队

价值交付的方向
与客户共创服务目标

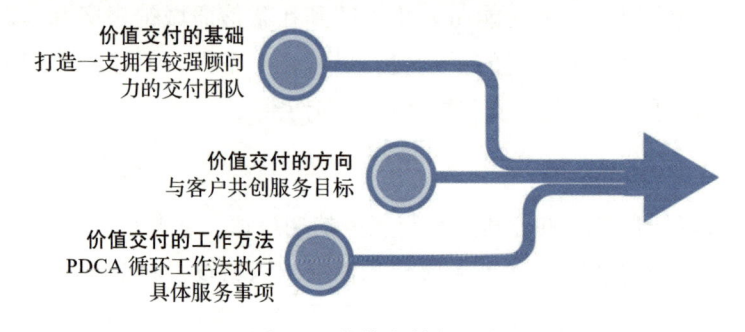

价值交付的工作方法
PDCA 循环工作法执行具体服务事项

图 2-2　价值交付方法论

1. 价值交付的基础：交付人员具备扎实的基本功

要兑现销售承诺，我们首先需要完整还原销售人员向客户做出的具体承诺。当销售人员将客户移交给交付人员（可能是交付经理或客户成功经理）后，交付人员的首要任务是与客户对接人共同确认他们的购买原因、期望以及销售人员给予他们的承诺，然后把这些承诺全部转化为服务目标。

（1）交付人员的基本功——"听、说、读、写、问"的顾问能力

在此过程中，我们需要团队成员具备扎实的基本功，即顾问能力，也就是常说的"听、说、读、写、问"的能力。如图2-3所示。

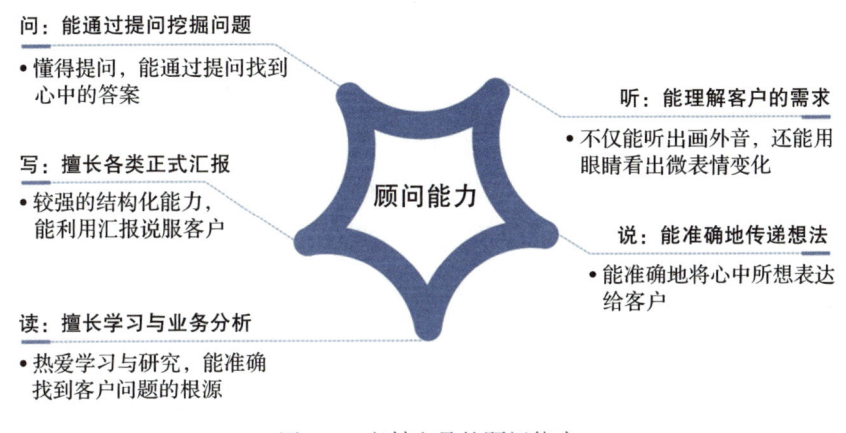

问：能通过提问挖掘问题
- 懂得提问，能通过提问找到心中的答案

写：擅长各类正式汇报
- 较强的结构化能力，能利用汇报说服客户

读：擅长学习与业务分析
- 热爱学习与研究，能准确找到客户问题的根源

听：能理解客户的需求
- 不仅能听出画外音，还能用眼睛看出微表情变化

说：能准确地传递想法
- 能准确地将心中所想表达给客户

图2-3 交付人员的顾问能力

1）**听：准确理解客户表达的信息和意图**。
- 主动倾听：专心致志地聆听，避免在对方说话时即开始构思自己的回复。
- 反应与回响：用自己的语言重述或概括对方所表达的内容，以确保准确理解。
- 观察非语言线索：注意说话者的肢体语言、面部表情和语调，这些有助于评估其说话内容是否隐藏了真实意图。

2）**说：清晰准确地表达思想和信息**。
- 清晰简洁：确保语言表达清楚易懂，避免使用复杂术语或冗长解释。
- 适当控制语速和音量：保持适中的语速和音量，以便对方能够理解。
- 有效的非语言沟通：运用适当的肢体语言和面部表情来增强你的语言信息。
- 临场反应：根据听众的反馈调整沟通方式和内容。

3）读：深入阅读和分析客户的业务文件，理解业务的深层逻辑。
- 市场报告：阅读市场研究或行业报告，以了解客户可能面临的挑战。
- 客户报告：阅读客户报告或反馈，精准理解客户的需求和问题。
- 批判性阅读：不仅是获取信息，还需评估其可靠性和有效性。
- 多样化阅读：阅读不同类别的材料，以提高理解能力和词汇量。

4）写：清晰且准确地撰写方案或报告以传达信息。
- 计划与组织：准备一份调查问卷或访谈提纲，列出你打算询问的关键问题。
- 快速记录：在沟通中做笔记，记录客户的重要观点和反馈。
- 清晰的结构：采用结构化写作的方法，使内容清晰易懂。
- 反复打磨：写完后须进行多次修改和检查。
- 调研结束后，整理笔记和录音（如允许），撰写详细报告。

5）问：提出关键问题，挖掘客户的潜在需求和未被充分表达的期望。
- 开放式问题：设计一个能够激励对方提供详细回答的问题，而不只是简单地回答"是"或"否"。
- 深入探讨：通过连续提问深入探究主题，获取更丰富的信息。
- 倾听回答：在提出问题后，认真聆听对方的回答，并依据其答复继续追问。
- 尊重与礼貌：提问时应保持尊重与礼貌，避免提出可能让对方感到尴尬的私人问题。

在服务客户的过程中，结合这些技能能够更好地理解客户，并提供更加个性化和满意的服务。例如，通过倾听客户的需求，可以提出更具针对性的问题，然后通过阅读他们的反馈或市场资料来收集信息。接下来，可以口头解释我们的解决方式，或通过书面方式提供详细的方案。这样的综合应用，不仅能提高沟通效率，还能在客户心中树立专业形象。

这是交付人员的基本功，类似于相声中的"说学逗唱"、拳击中的"直摆勾"和足球中的"传停带射"，需要不断练习以臻完善。

（2）交付人员的基本功——运用顾问能力挖掘销售承诺

在与销售人员进行客户交接时，除了通过客户交接表完整记录客户信息外，还需要掌握提问技巧，以深入挖掘销售承诺。这一阶段需要明确销售人员直接表达的承诺，并探究其隐含的承诺。

1）开放性问题：获取广泛的信息，理解客户的背景、需求和期望。
- 客户为什么要购买系统，以及为什么选择在此时购买？
- 客户为什么要购买我们的系统？购买时有哪些顾虑？你是如何解决这些顾虑的？
- 客户在决定购买时，你向客户承诺了哪些内容，又故意营造了哪些错觉？

……

2）封闭式问题：用于获取具体信息，确认细节，回答为"是"或"否"。
- 客户是否使用过类似产品或我们的产品？
- 客户是否需要某项功能？
- 客户需要的是线下培训还是线上培训？

……

3）探索性问题：深入挖掘客户的具体需求和问题所在，了解问题的背景和复杂性。
- 在采购我们的系统时，客户提出了哪些问题？他们反复关注的要点是什么？
- 这些要点如何影响客户业务？
- 在所列需求中，哪些是客户认为最需优先解决的？

……

除了上述三种方式，还有许多其他的提问方式，这里就不一一介绍了。我们只需理解在客户服务中提问的核心作用即可——确保信息输入的全面性与准确性。通过提问，我们能够收集更多的信息。信息量越大，我们对客户需求的理解就越深入，信息的准确性也会随之提高。

在深入挖掘销售承诺的过程中，销售人员通常传达的是明示承诺的内容，这并不能代表销售承诺的全部。为了全面掌握销售人员给客户的承诺，我们必须亲自前往客户现场进行调查。

首先，我们应与客户的对接人进行沟通，以验证销售人员提供给我们的反馈是否准确，以及是否存在遗漏或误解。

其次，我们需主动发掘客户那些可能未被销售人员明确传达的承诺，即暗示承诺。这可能包含客户所期望但未明确提出的服务或产品特性。为了成功完成这一任务，服务人员不仅需要遵循严格的标准化流程，还需运用"听、说、问"的顾问能力。

- **直抒来意**：在运用"说"的技巧时，我们要直接向客户的对接人说明调研的目的。许多服务人员在初次与客户的对接人接触时容易忽视这一点，习惯于不自觉地绕圈子，这种沟通方式并不理想。在表达任何观点时，我们应专注于核心信息，避免引入无关的噪声。
- **激发客户反馈的热情**：运用提问技巧，主动寻求客户对接人的意见。通过分享我们已掌握的信息，以引发客户对接人的积极回应，让客户对接人在纠正和补充信息的过程中，逐步打开话匣子，直至全面了解客户的预期。
- **倾听与捕捉**：运用"听"的技巧，认真倾听客户对接人在回答问题时语调的变化，识别出与基本语调的不同之处，这通常反映了客户的关注点或情感重视。此外，客户对接人反复提及的内容也是他们关心的事项。保持对这些信息的敏感性，将有助于我们快速定位客户的需求和预期。

最后，我们应将客户需求与销售承诺结合起来，明确服务客户的目标。这一环节至关重要，因为它决定我们如何规划和执行服务，以满足甚至超出客户的期望。

2.价值交付的方向：明确客户服务的目标

确定服务目标时，我们需要像侦探一样回顾和分析销售过程，确保我们对销售承诺有准确的理解。这包括通过结构化的沟通方式确保对客户需求的正确理解，以及通过对目标的拆解来降低实现难度并提升客户对服务价值的感知。

（1）公式化的沟通方式，提高沟通效率

我曾当过五年的航海兵，其间驾驶船艇完成了许多任务。即便我已经退伍十多年，但有一个场景一直影响着我与他人的沟通方式。

这个场景是船艇指挥长向海航兵下达航行指令的场景：

船艇指挥长下达驾驶指令"左舵5"，航海兵听到后需回复"左舵5"以

确认接收到命令。这个重复命令的行为是为了让指挥长知道航海兵是否准确理解了命令。随后，当航海兵执行完"左舵5"命令后，需向船艇指挥长回复"5舵左"以表明任务已完成。

我们在与客户确定服务目标时可以借鉴这种沟通方式。每次在收到客户的要求后（左舵5），需向客户反馈我们对该要求的理解（左舵5）。随后，在将客户的要求转化为行动目标后，应与客户逐一确认（5舵左）。

只有这样，才算是完成了一次完整且有效的沟通。

（2）对目标进行分解，提高客户服务体验

在与客户确定服务目标时，客户的业务目标往往无法立即实现。因此，为了让客户感受到我们的价值，并给予更多积极反馈，我们要学会将目标分解，让客户能够看到每个阶段的成功。

首先，我们要以终为始，与客户明确最高目标。比如，提高销售转化率或门店销售额。

其次，我们需要对这一目标进行分解，将提高转化率或门店销售额分解成若干可执行的小目标。

最后，我们运用顾问能力中的"写"，将这些小目标的设置逻辑和实现时间编写成实施方案与客户进行确认，直至客户完全确认和满意后，我们便开始执行。

以某个客户需要提升转化率或门店销售额为例，我们可以将其拆解成几个小目标并与客户确认。

第一个节点目标：解决获客渠道不足的问题。利用系统连接和规则管理功能建立尽可能多的分销渠道，并通过合理的规则激发分销渠道的积极性。利用系统构建精准的客户画像，并通过客户画像优化获客策略。

第二个节点目标：系统真实反映业务状况。通过培训确保销售团队掌握上线系统的使用技巧，并利用系统与客户互动、记录销售过程、更新销售机会及维护客户关系。

第三个节点目标：优化产品推广方式和内容。利用系统线上推广或线下一渠一码等功能，优化出能够引起客户共鸣的宣传内容。比如，通过内容展示的 A/B 测试，找到效率最高的产品展示内容。

第四个节点目标：提升销售积极性。 借助系统建立合理的商机和利润分配机制，减少销售纠纷，提高销售团队的积极性以及线索和商机的利用效率。比如，参考贝壳的销售管理模式，将销售过程划分为若干部分，并根据每个人的具体工作进行利润分配。

第五个节点目标：持续优化营销策略。 利用系统的监控和数据分析功能，识别影响销售转化率的潜在问题，如产品定位不明确、产品价格竞争力不足、客户满意度较低等。

3. 价值交付的工作方法：利用 PDCA 循环工作法确保服务目标实现

确立目标后，接下来就需要根据该目标制订执行计划。在此过程中，我们可以应用 PDCA（Plan-Do-Check-Act，计划 – 执行 – 检查 – 处理）循环工作法来管理整个执行过程，如图 2-4 所示。

Act 处理
- 对执行中有问题的地方进行改进（如果遇到计划有问题，可以改进计划）

Plan 计划
- 与客户确定服务计划
- 先易后难的原则
- 资源及成本可控原则
- 便于价值呈现原则

Check 检查
- 检查计划执行情况
- 检查执行过程中发现的问题

Do 执行
- 执行服务计划要关注事与人
- 关注事的执行效果
- 关注服务人员与客户的关系

图 2-4　PDCA 循环图

（1）计划

首先，我们要根据目标的难易程度和类型制订各项执行计划。在设计计划时，我们需要结合客户的现状、成本、人员能力等情况，确保计划是客户愿意投入并且有信心实现的。因此，在设计计划时，除了总体目标的实现路径外，每个节点的实施路径也是计划内容的重点。

其次，计划必须遵循先易后难的原则，这是计划能够迅速启动的关键。许多交付人员在制订计划时，往往采取高举高打的策略，这增加了启动的难度，导致计划迟迟无法实施。

再次，制订计划时，应全面清点客户与我们可以动用的资源和成本，然后在可用资源与成本范围内进行设计。这是降低计划因资源与成本问题而半途而废的可能性的关键。

最后，计划的实施需要与我们的系统以及客户业务数据紧密结合，因为这是展示我们服务价值的关键。例如，营销费率、获客成本、营销转化率、复购次数等数据。以 CRM 系统为例，可以利用系统来构建公共客户池，制定渠道规则、推广规则、商机规则、商机分配规则、客户跟进规则、合同管理及各项指标公式规则等。

（2）执行

在制订计划后，我们要逐步实施。首先要关注事项的执行情况。例如，系统软件厂商的首要步骤就是进行系统上线培训，以确保系统能正常使用。在此过程中，我们需根据客户的组织结构、业务分布、子公司情况等，有条不紊地进行上线培训。在培训后的第一个月内，我们应每天关注客户业务与系统间的数据匹配情况，并将数据反馈给客户相关负责人。其次，关注交付人员与客户之间的关系，观察他们是否获得了客户的信任。需要注意的是，交付人员未得到客户的信任并不意味着其表现不佳，也可能是人与人之间气场不一致。若发现此类情况，我们只需及时调整人员配置即可。

（3）检查

检查有两种方式，一种是检查计划的执行情况，另一种是检查执行过程中发现的问题。对于计划执行情况的检查，我们需确认节点目标是否按时完成，以提供预警分析。当目标在规定时间内未实现时，我们应保持冷静，仔细分析原因。然而，当检查执行过程中的问题时，我们需按时汇报，并按照月度或季度的间隔，以书面或线下形式向客户进行正式汇报，同时与其讨论下一阶段的改进方案。通过分析系统中的数据，识别表现低于预期的方面、有效的营销策略以及需要改进的领域，并将这些内容告知客户。

（4）处理

处理的目的是及时调整，其中也有两种情况。一是对于已被证明有效的策略和流程，我们要将其标准化并推广到整个销售和营销团队中。二是对于效果不佳的策略，我们要找出原因后进行改进并继续观察。

以上便是一套完整的方法论，该方法论以"听、说、读、写、问"的顾问能力为基础，将与客户共同确立服务目标作为核心手段，并通过 PDCA 循环工作法来确保实现目标。在执行过程中，每一项任务和目标都要求与客户共同创造。这种共创方式不仅适用于大 B 端客户，也同样适用于小 B 端客户。通过这种方式，我们能够确保产品价值得到充分发挥。

2.1.3 如何应对销售过度承诺

除了如期履行销售承诺，我们还会遇到销售人员为了达成签单可能出现的过度承诺。面对过度承诺，我们可以从两个关键维度进行应对。

首先，我们需要评估我们所面临的过度承诺是出现在功能层面，即具体的技术特性或操作功能，还是在结果层面，即实现某个商业成果或效益。

其次，我们需要对销售中的过度承诺进行评估。这包括考虑技术可行性、资源可用性和时间限制。

通过这两个维度的评估，我们可以更准确地了解承诺的性质和实施的可能性，从而决定接下来的行动方向。

1. 能完成，但成本太大

能够兑现的销售过度承诺通常涉及功能层面。这些承诺虽然在技术上可行，但由于个性化程度高，可能无法通过投产比的考验。或者，这些功能可能在行业内具有普遍性，但并非当前阶段的紧急或重要需求。如果优先解决这类承诺，可能会干扰其他关键产品功能的迭代和开发。

此时，我们需要从 CEO 的角度来审视问题。首先，我们要评估客户的行业重要性，是否具备示范作用，以及是否能够在可预见的时间内为我们带来潜在营收。其次，我们要分析这一承诺在未来可能创造的价值，包括其在其他客户群体中的潜在市场和预期收益。

例如，某诊所系统的客户为中医诊所，该诊所每日接待数百名病人。为了控制人流，诊所采用预约看诊制度，而预约看诊需要叫号功能。当时销售人员为了达成交易，向客户承诺：叫号功能会立即上线，目前正在开发中。

但现实情况是，该功能仍在讨论中，是否以及何时进行迭代尚未确定。

此时，如果你是 CEO，该如何应对？

首先，评估客户的重要性。例如，该客户为一家大型连锁中医诊所，拥有 30 家门店，并且发展势头迅猛，未来几年门店数量可能会翻倍。考虑到每个门店都需要使用系统，若因此而失去该客户，不仅会造成每年巨大的经济损失，还会导致市场部损失一个优质案例。

其次，评估该功能除了这个客户需要外，还有多少客户可能因这个功能而流失或成交。当然，这笔账无法算得特别精确，只能得出一个大概的数目。在这个时候，没必要追求完全的准确性，有个大概的数目即可。

在完成这些评估后，我们需要寻找最佳的解决方案，并对生产成本进行精确计算。如果与预期收益相比成本较低，那么兑现承诺是可行的。然而，如果成本超出了收益，我们就需要重新考虑，寻找"第三选择"。

2. 无法完成，探索"第三选择"

《第三选择》是史蒂芬·柯维（Stephen Covey）的最后一部作品，是对《高效能人士的七个习惯》的延伸和总结。在这本书中，柯维提出了"第三选择"的理念，这是一种解决问题和冲突的新思维方式，旨在超越传统的"赢、输"或"我、你"的二元对立选择，寻找一个双赢的"第三选择"。

柯维认为，在面对问题时，人们通常面临两种选择：坚持自己的立场或屈服于对方的立场。然而，这两种选择往往导致冲突和不满。第三种选择鼓励人们寻找双赢的解决方案，即通过合作和创新思维，找到一个双方都能接受的结果。

在处理未能兑现的销售承诺时，我们应采取"第三选择"的策略。首先，应探索一个双方都能接受的解决方案，可能需要利用公司的其他系统协同解决，也可能需要依赖生态伙伴的合作以满足客户需求。其次，与客户共同确定一个可接受的方案，并明确方案的预期效果。最后，将新目标细化为各个节点目标，并制订达成这些目标的详细计划。

仍以之前提到的中医诊所为例。假设该客户是一家单一门店且未来收益有限的中医诊所，同时经过调查发现，叫号功能的市场需求并不高。在这种情况下，我们应该如何应对？

首先，我们不应立刻拒绝客户，而应寻求"第三选择"，评估该功能是否可以通过生态合作伙伴或其他方式解决。例如，尽管无法通过大屏幕叫号实现叫号场景，但是可以通过"系统＋人工"的方式来解决客户的预约叫号问题，然后通过赠送相应的租期来说服客户。

当然，如果客户最终仍不接受，我们也需要真诚地为客户办理退款。

如果是结果层面的需求呢？例如，客户购买了一款用于招商的 CRM 系统，销售人员明示了结果承诺，表示购买系统后每年至少可以获取××个以上的精准客户，但我们的系统并不直接提供这些数据，该怎么办？

其实方法也一样：一是内求解决方案，例如，利用公司的其他产品筛选出××个精准客户以满足客户要求；二是外求解决方案，运用公司的资源为客户提供全国各类商会/协会的对接，帮助客户获得更多精准客户。

无论面对何种情况，我们都应避免简单地指责销售人员或直接拒绝客户。我们应首先寻求"第三选择"，在替代方案不可行时，才考虑退款等处理方法。

3. 制定遏制过度承诺的管理制度

为了防止销售过程中出现过度承诺给公司造成损害，公司应该从源头上建立相应的制度以避免此类事件的发生。这些制度的设计应当简洁明了，主要明确两个核心问题：一是明确出现无法交付情况的责任人，二是明确责任人应承担的责任。

（1）通过流程让责任人更加重视

根据不同的销售模式制定相应的流程和责任制度。

1）"单一销售"模式。通常，小B端客户适用于"单一销售"模式，它的客单价在2万元以内。在采用此模式时，超出承诺的责任应由销售人员的直接主管承担，因为他有责任管理团队中每位销售人员的具体跟进情况。同时，可建立"销售人员制作方案—上级领导批准"的流程，以确保销售行为得到有效管理和约束。

2）"销售+售前顾问"联合销售模式。此模式通常适用于大中型客户，它的单位订单金额在100万元以内。采用这种模式时，过度承诺的责任应由售前顾问承担。因为在此类交易中，售前方案大多是个性化的，通常由售前顾问编写。为了确保交付的可行性，售前顾问应该负责把控。同时，可以通过"销售人员提交需求—售前顾问审核需求并制作售前方案"的流程来约束售前顾问的行为，并促使其在出方案前必须与交付部门核实。

3）"销售+售前顾问+交付人员"联合销售模式。"销售+售前顾问+交付人员"联合销售更适用于客单价在100万元以上的定制化项目。采用此模式时，交付人员应承担过度承诺的责任。因为此模式的特点就是由交付人员把关，从而确保后续的回款。因此，售前顾问在完成方案后，应让交付人员审核方案实现的可能性。同时，建立"销售人员提客户需求—售前顾问审核需求—售前顾问制作售前方案—交付人员确定售前方案"的流程，以约束整个售前团队的行为，确保售前方案的可行性和交付的成功率。

（2）责任人应如何承担责任

在处理责任人时，取消责任人在该项目中的所有提成，并要求其向客户解释和安抚客户情绪，是一种更具建设性的方式。我认为，惩罚不应是管理的目的，重要的是预防风险，并提高整个团队对问题的认知。

此时，公司不应将所有责任都归咎于责任人，因为这可能会打击一线员工的积极性。相反，公司应有一定的担当精神，鼓励一线员工继续努力，并使责任人吸取经验教训，让整个团队认识到此类事件的严重性。

2.2 第二步：建立"信息教练"

> 故曰：知彼知己，百战不殆；不知彼而知己，一胜一负；不知彼，不知己，每战必殆。
>
> ——《孙子兵法·谋攻篇》

在商业世界中，每家公司都深知理解客户需求的重要性，并且都对自己能够洞察并满足这些需求充满信心。然而，现实情况往往与这种自信的认知存在差距。

一些公司凭借对客户需求的深刻理解，能够精准地解决问题，从而成为客户不可或缺的合作伙伴。相反，另一些公司则在与客户合作一年后被轻易替换。这种差异在很大程度上归因于对客户信息掌握的准确性。

有些公司愿意投入大量资源，力求全面理解客户。而有些公司则依赖零星的客户反馈，未经深思熟虑便将其视作客户需求。

那么，如何才能全面掌握客户信息并确保其准确性呢？

我认为在客户内部拥有我们的"信息教练"是至关重要的。这里的"信息教练"并不是指通过不当手段获取信息的内应，而是指那些对我们服务质量认可和对我们服务团队信赖的客户代表。这种关系是合规的、可持续的，并且是我们业务成功的基石。

他们可能是一个人，也可能是多个人，可能是客户的高层，也可能只是普通的一线员工。他们以多种身份出现在我们的服务中，为我们提供帮助：

- 他们是信息的传递者，向我们揭示客户业务的真实动态。
- 他们是服务的引导者，指导我们调整和优化服务，以更好地满足客户的期望和需求。
- 他们是问题的预警者，提醒我们客户内部可能存在的不满和反对声音，协助我们及时采取措施，消除疑虑和抵触心理。
- 他们是战略顾问，在续约和业务发展的关键阶段，为我们提供战略性建议和预警。

2.2.1 何谓"信息教练"

故用间有五：有因间，有内间，有反间，有死间，有生间。

五间俱起，莫知其道，是谓神纪，人君之宝也。因间者，因其乡人而用之；内间者，因其官人而用之；反间者，因其敌间而用之；死间者，为诳事于外，令吾间知之，而传于敌间也；生间者，反报也。

——《孙子兵法·用间篇》

孙子说"间"有五种：因间、内间、反间、死间、生间。

"因间者，因其乡人而用之"意指通过对方的乡间百姓收集信息，以了解当地的风土人情、地形地貌等。

"内间者，因其官人而用之"意指通过对方的官吏获取其高层信息。

"反间者，因其敌间而用之"是指引诱敌方间谍为我方工作，这就是反间计。

"死间者，为诳事于外，令吾间知之，而传于敌间也"指的是向对手传递虚假信息以迷惑对方，最终使间谍牺牲在对手手中。

"生间者，反报也"指的是派往敌方侦察后能活着回报敌情的。

这五种"间"在战场上比较常见，但商场毕竟不是战场，我们在服务客户时也不需要如此复杂的设计，我们只需要两种"信息教练"。

一是业务层面的"信息教练"。这类"信息教练"可以为我们提供客户内部的基本信息，包括业务运作、政治生态、企业文化、管理风格等。他们的作用类似于医院中的核磁共振，帮助我们全面了解客户的"身体结构"。这些"信息教练"通常是我们日常接触的业务对接人员，他们对公司的一线情况和管理层动态有着深入的理解，能够向我们展示公司的全貌。

二是领导层面的"信息教练"。这类"信息教练"能够为我们提供客户高层领导的动态、偏好和意见。他们的作用类似于专业的心理测评，帮助我们深入地了解客户的"思想"。这些"信息教练"通常是客户的高级管理人员，他们能够提供关键的领导层信息，帮助我们识别潜在的反对者，了解决策者的真实想法和期望。

2.2.2 识别"信息教练"

理论上，客户的每一位成员都有可能成为我们的"信息教练"，为我们提供关键的信息和洞察。然而，现实情况是我们的资源和精力是有限的，不可能在每个人身上都投入过多精力。

因此，我们必须精准识别并选择那些最有可能提供重要信息和深刻洞察的人。

首先，为了迅速识别真正的"信息教练"并建立信任关系，我们可以优先考虑以下三类关键人：

经验丰富的资深员工：理想的"信息教练"通常是在客户公司工作多年的资深员工。他们凭借深厚的内部人脉，能够提供公司发展历史、高层生态和实时内部变化的准确信息。

领导的亲密助手：一个合格的"信息教练"需要深刻理解领导的需求和期望。这类人通常是高层或领导信任的核心人员，例如客户方的对接人、通过对接人认识的高层秘书等。

领导或高层：在某些情况下，客户的高层或领导可能会成为我们的"信息教练"，他们会坦率地向我们透露当前遇到的问题，以及企业的战略规划。他们甚至可能会教我们如何与其他高层和部门进行沟通，以实现服务目标。这种现象在小B端客户中更为常见。比如，我在接触购买民宿PMS系统的销售和服务人员时，总是坦诚地分享民宿的一些内部信息给他们，以便服务人员能够全面了解我们，并运用他们的专业知识和经验解决我们的问题。

其次，我们要建立能够进行信息交叉验证的"信息教练"网络，以避免因依赖单一信息来源而导致决策失误。通过培养2~3名可靠的"信息教练"，我们可以获得多元化的信息。通过比对和分析这些信息，我们能够更准确地把握客户需求，同时验证信息的准确性，避免因错误信息带来不利影响。

最后，在识别"信息教练"时，我们需保持谨慎，因为错误的"信息教练"不仅可能浪费宝贵资源，还可能导致错失重要机会。更严重的是，依赖错误的信息或不可靠的关系可能会使我们的决策偏离正确方向，从而影响业务成果。

2.2.3 发展和使用"信息教练"

故三军之事，莫亲于间，赏莫厚于间，事莫密于间。非圣智不能用间，非仁义不能使间，非微妙不能得间之实。微哉！微哉！无所不用间也。

——《孙子兵法·用间篇》

首先，我们一定要以正直的心态发展"信息教练"！

孙子说："非圣智不能用间，非仁义不能使间。"这句话的意思是如果不是具备非凡才能和智慧的人，就无法运用"间"。如果不是仁义之人，也不能使用"间"。

在培养"信息教练"时，我们不仅要保持自身的正直品格，还需避免与那些道德缺失的客户人员交往。我们发展"信息教练"的目标是更好地服务客户，而非通过不当手段获取不应得的利益。这是我们工作的基本准则。如果违背了这一准则，即使短期内看似取得了成功，从长远来看，也难以保持成功。

客户服务是一场无限游戏，我们追求的不是暂时的胜利或损失，而是与客户建立长期的合作关系。因此，我们的"信息教练"策略应以实现双赢为目标。

1. 要舍得付出

"赏莫厚于间"这句话的意思是我们应在利用"间"的过程中舍得投入。当我们将这一理念应用于现代客户服务场景时，并非鼓励进行不正当的金钱交易，而是提示我们要在深入了解客户需求和业务状况上舍得投入。

尽管许多公司都在强调深入一线与直接面对客户问题的重要性，但真正能够定期与客户关键负责人交流的公司却不多见。

例如，一些公司的产品研发部门虽然提倡"到客户现场去"的理念，也强调直接与客户接触的重要性，然而在实际操作中，产品经理仍然倾向于在办公室里通过电话或远程方式与客户或服务人员进行沟通。

这种办公室内的沟通方式虽然便捷，却可能限制对客户实际使用场景的深入理解。缺乏现场体验，产品经理难以充分捕捉客户现场的复杂性和细微需求，这在一定程度上会影响产品创新和服务的持续优化。

出现这种现象并不完全是产品经理的责任。很多时候，因为公司文化和政策未能提供足够的支持或激励，所以产品经理即使有到现场交流的愿望，也可能因公司的成本考量而难以成行。

许多公司可能没有意识到，他们限制了产品经理或服务人员与客户的深入交流。人的精力是有限的，当一个人承担过多的事务性工作时，他在建立客户关系上的时间和精力必然会受到影响。

很多公司正是如此，虽然并未明确阻止服务人员与客户开展定期交流，但实际上，它们盲目地追求高效率，使得服务人员的工作内容变得异常繁重。这种过重的工作负担让服务人员难以抽出足够时间与客户的重要决策者进行深入沟通和建立信任，更不用说成为"信息教练"了。

建立"信息教练"是一个需要投入时间和精力的过程。如果服务人员的时间被日常事务性工作占据，他们就无法有效地实施这一策略，从而在续约和增购的过程中无法帮助公司提升效率。

因此，有远见的公司应该学会评估服务人员的工作分配和优先级，以确保他们有足够的空间来进行客户关系建设。这可能意味着重新审视人效的目标，或提供额外的资源和支持，以减轻服务人员的事务性负担。

2. 仅让"信息教练"做有益于客户的事

利用"信息教练"获取信息是一项敏感的操作。我们依靠"信息教练"提供情报、出谋划策，甚至获取竞争对手的方案，风险极高，稍有不慎可能让"信息教练"陷入不利境地。因此，利用"信息教练"的首要原则是：始终以客户的利益为出发点。

在我初次踏入客户服务领域时，还不清楚"信息教练"的含义，只知道"知彼知己，百战不殆"的重要性。那时，我刚加入一家保险 SaaS 公司，接替一位即将回总部的同事。在交接过程中，同事特别提醒我，客户方的项目总监是个难以应付的角色，对接时必须格外小心。

当时，我初生牛犊不怕虎，不仅没有被挑战吓倒，还频繁拜访项目总监。刚开始时，我几乎每天都去他的办公室，以至于他的同事们开玩笑说要给我留个办公位。

在频繁的接触中,我细心记录每一项指示和需求。无论是需要立即解决的还是需要协调公司资源处理的问题,我都会竭尽全力完成。有时,即便是在周末有朋友专程来看望我,我也会先完成他交代的工作再与朋友相聚。

这种急客户之所急的精神使我迅速赢得了他的信任。在他的帮助下,我也快速地了解了他们的业务和公司的具体情况。

他起初安排我参加他们的新员工培训,以便我能够系统地了解保险业务。接着,他让我参加他们的周会,使我进一步了解业务执行中的具体问题。最后,他还安排我与他们的业务员一同拜访客户,让我更加熟悉客户的需求,为日后协助他们建立增值服务体系奠定了基础。

除了工作上的支持,他还邀请我加入他们公司的足球队,使我能够与公司各级员工建立良好的关系,以便在推进项目时获得更多人的支持。

这一切都在不知不觉间悄然完成,使我对他们的内部情况了如指掌。同时,我们的合作也日益默契。我们不仅共同完成了业务创新,还成功地将这些创新实践包装成案例,在他们的集团公司范围内进行推广。这一成就不仅为参与该项目的副总经理、部门经理以及他本人赢得了集团的高度赞誉,还帮助副总经理与部门经理获得了升职。

当然,在与"信息教练"接触的过程中,我们也要保护"信息教练"。当"信息教练"给我们创造的便利条件有可能引发客户公司对其的质疑时,我们要果断放弃这样的便利,防止其身陷各类误解当中。

2.3 第三步:赢得客户信任

完成销售承诺是一个持续的过程,可能短至三个月,也可能长至半年甚至更久。在此过程中,我们需有意识地赢得客户各级关键人的信任,以消除因"人"造成的限制因素带来的续约风险,确保合作关系的稳定性和持续性。

2.3.1 巧用信任公式赢得客户信任

尽管信任听起来是一个抽象的概念,但大卫·梅斯特(David Maister)在其著作《值得信赖的顾问》中提出了一个具体且实用的公式,为我们在客户关系中如何建立信任提供了明确的指导。

信任公式如下：

$$信任 =（可信度 + 可靠性 + 亲近感）/ 自我导向$$

大卫·梅斯特对信任公式进行了如下解释：

- 可信度（Credibility）：指个体或组织所具备的知识和技能，以及信息传递的真实度。
- 可靠性（Reliability）：指个体或组织履行承诺并保持一致行为的能力。
- 亲近感（Intimacy）：反映了个体或组织在与他人分享敏感信息时的舒适程度，以及在接收他人私密信息时的安全感受。
- 自我导向（Self-Orientation）：指个体或组织关注自身利益的程度。较低的自我导向性意味着对他人有更高的关注和服务度。

根据大卫·梅斯特的信任公式内容，我做了进一步的深化，如表2-1所示。

表2-1 信任公式表

要素	客户感知方式	客户感知结果
可信度	语言	不随意承诺，但承诺了必须有回应
可靠性	行为	答应客户要办的事，必须尽全力办成
亲近感	情绪	与客户沟通时表现随和，不端着，不显摆自己
自我导向	动机	将客户的利益放在首位

1. 学习信任公式，提高自身的可信度

（1）爱惜羽毛，尊重自己所说的每一句话

回想一下，通常在什么情况下我们会觉得一个人值得信赖？

多数情况下，这种信任感源于对方的诚实和坦率。一个值得信赖的人在沟通时不夸大其词，对于无法兑现的承诺能够坦诚说明。这种真诚的态度让我们感到安心，相信采纳他们的建议或决策不会让我们误入歧途。

每个人都乐于与这样的人合作。我们也应当成为这样的人！

在服务客户时，我们应当重视我们所说的每一句话和每一个承诺。对于能够实现的事情，我们要勇于向客户承诺。对于无法实现的事情，我们要诚实地告知客户，切勿因担心受到指责而隐瞒，以免最终导致更大的损失。

在服务客户的过程中，对接人是我们接触最频繁的关键角色，也是我们首先需要赢得信任的对象。在与对接人的互动中，对接人提出的每一个疑问、每一个需求我们都应充分关注与认真回应。我们应将对接人工作中遇到的问题视为展示我们专业性和服务能力的机会。通过帮助他解决问题，逐渐成为他最信赖的伙伴。

（2）提高可信度是降低他人与你交往的成本

我们为何喜欢与那些具有高可信度并重视承诺的人交往？我曾天真地以为这仅仅是因为对高尚品德的欣赏，然而，当我从经济学的角度分析这个问题时，我的想法发生了转变。

我意识到，重视诚实守信不仅是对品德的尊重，更是出于对交往成本的考量。

在现实社会中，一些人可能出于自利动机而使用谎言或虚假形象以获取利益。这种行为不仅损害个人信誉，也增加了社会交往的整体成本。它迫使人们启动防御机制，投入额外的时间和精力来评估他人的可信度。

相反，诚信为我们节省了这些成本。这种品质使我们能够放心地将他们的话作为决策的依据，并与他们大胆交往，而无须担心因信任他们而遭受损失。

特别是在商业环境中，客户对接人常常面临着繁忙且艰巨的工作。通过降低他们与我们的交往成本，使他们能够安心地将事务交给我们处理，以较低成本完成领导布置的任务，将促使他们更加信任我们，更倾向于与我们建立紧密的关系。

2. 向信任公式学习，提升自己的可靠性

（1）不要快速给出结论

我内心总有这样一根弦：每当我提出问题，对方迅速给出答案时，我就会心生怀疑。我不确定是否每个人都会有这样的感受，但我对那些不经深思熟虑就迅速给出的结论总是心存质疑。

在服务客户时，我们应对每个问题保持认真的态度。面对客户提问，除非是非常基础和简单的产品功能类问题，否则我们不应急于作答。不必过分担心回复速度慢会显得不专业。与回答速度相比，客户更看重的是回答的准确性和深度。

尤其对于复杂的问题，我们必须在进行详尽的调研和深入分析后，才能向客户提供全面且深思熟虑的答复。这不仅能够展现出真正的专业性，也能有效获得客户的信任。

（2）行动的一致性

在与客户的互动中，保持一致性是赢得信任的关键。实现这一目标的唯一途径是真诚地对待每一位客户，同时，不隐瞒信息或刻意虚饰。我们必须意识到塑造完美形象的成本极高，且容易在无意中露出破绽。

唯有真诚地关注客户的业务需求和挑战，将客户的利益摆在首位，我们才能在每次与客户的沟通中提供始终如一的高质量服务。在服务过程中，我们要贯彻"事事有回应，件件有着落，凡事有交代"的服务宗旨。

（3）从兑现小承诺开始与对接人建立信任

提升自身的可靠性并不总需要大动作，有时一些简单的策略也能发挥关键作用。以下是几个实用的小策略，它们能够帮助我们在客户心中建立可信赖的形象：

- **设立小承诺**：从简单的承诺开始，例如守时。始终提前 10 分钟到达约定地点，这不仅能够展现我们的专业性，也体现了对客户的尊重。
- **按时完成任务**：在承诺的时间内完成工作是树立可靠性形象的重要因素。如果预计到可能的延误，应及时与客户进行沟通，提前告知情况，并提供解决方案。
- **主动解决问题**：在与客户的对接人初次接触时，对方常常会有许多问题。利用这个机会耐心解答，深入探究问题背后的原因，并及时解决对接人的疑问。
- **多请示多汇报**：在解决问题的过程中，保持与客户的沟通，及时更新进展，确保流程的透明和开放。

3. 向信任公式学习，提升自己的亲近感

（1）不应片面追求专业性而忽略亲近感

不少专家倾向于塑造一种严肃的形象，他们认为这样可以提升自己的专业认可度。通常情况下，他们可能会通过紧锁眉头来表达对问题的专注，并以出人意料的言论来展现自己独到和锐利的观点。

虽然这些专家的专业度确实很高，但这种过于庄重的形象有时会让人感觉难以接近。他们在与人交流时，常常采取一种教育者的姿态，并且习惯于在每一次对话中都占据上风，以此来展示自己的专业水平。

然而，真正的专业性不仅体现在赢得辩论或展现尖锐的观点上。一个真正专业的人士应该在保持专业度的同时，展现亲和力与谦逊，以便更好地与他人建立信任并进行沟通。

以我所了解的一家专业服务公司为例，两位性格各异的领导展示了不同的与客户互动的方式。领导A是业界顶尖专家，但他总是表现得非常严肃，给人一种沉重的压迫感。相比之下，领导B虽然专业水平稍逊一筹，但总是面带笑容，与客户交流时显得亲切而轻松。

在面对重大挑战或关键会议时，客户通常倾向于邀请领导A提供专业支持，因为他的专业知识能够为客户带来信心。然而，这种需要展现专业深度的场合并不多见。大多数情况下，客户更喜欢与领导B交流，因为与领导B相处时，客户感到更加轻松，更愿意敞开心扉分享想法和担忧。

这种对比突显了客户服务中的一个核心理念：在服务客户时，我们追求的不仅是展现专业能力，还包括建立与客户情感联系的能力。专业性是我们提供服务的基础，而亲和力则是我们与客户沟通的桥梁。

（2）笑容是最好的门面

在客户服务领域，缺乏微笑是一个明显的缺陷。如果有人问我什么样的人不适合担任客户成功经理，我会毫不犹豫地回答：那些不爱笑的人。因为无法向客户展现微笑的人，很难与客户建立起必要的亲近感。而人类的天性又倾向于与那些面带微笑、态度友好的人进行交流。

笑容是一种简单却强有力的沟通工具，也是客户服务中的情感催化剂。经常向客户展现真诚的笑容，不仅能增强双方的亲密度，还能让客户对我们更宽容和理解。

4. 向信任公式学习，降低自我导向

在信任公式中，自我导向作为分母，其值越小，信任的数值就越大。这意味着我们必须减少以自我为中心的行为，转而以客户为中心思考问题。但何谓以客户为中心呢？不同的公司可能对此有着不同的理解。

一些公司认为，以客户为中心就是解决客户的问题，而另一些公司则认为，以客户为中心意味着为客户提供周到的服务。这些观点都是正确的，但我还想补充一个思考角度：**以客户为中心即将客户的利益置于首位。**

为什么这么说呢？因为客户在做出决策时通常是明智且理性的，他们会基于自身的利益来选择合作伙伴。因此，只有当我们始终把客户的利益置于首位时，客户才会选择与我们合作。

将客户的利益放在首位，并不意味着忽视我们的利益或提供亏本服务。相反，这意味着在确保服务可持续且有利可图的基础上，为客户提供服务。对客户而言，一个能够稳定解决问题的供应商比那些只提供低成本但不稳定的供应商更有价值。

因此，在服务客户时，我们不仅要致力于解决他们的问题，并始终考虑他们的利益，还需果断避开那些可能影响我们持续提供优质服务的因素。这样，才能确保双方的合作关系是健康且可持续的。

2.3.2 从了解客户到理解客户

我们所生活的社会是由许多个体组成的。同样，客户也是如此。客户的需求、诉求和动机并非孤立产生，而是团队成员间思想交流和碰撞的结果。这些需求可能源自客户的领导或高层的诉求，也可能来自职业经理人和其他员工的期望。

因此，我们需要从了解客户升级到理解客户。从他们的需求出发，深入探寻需求背后的原因。这样，我们才能站在客户的角度思考问题，才能更精准地帮助他们解决实际问题。

1. 若想获得企业主的信任，首先要理解企业主的"苦楚"

首先，我们要理解企业主所承受的压力。每一位企业主犹如一位掌舵者，驾驶着企业之船在波涛汹涌的海洋中航行，他们用智慧、勇气和坚持不懈的努力应对各种挑战和突发事件。在创业初期，企业主的首要任务是带领团队迅速打造出一个能够赢得市场认可的产品。此产品将成为企业立足市场的基础，通过它获取利润，为后续发展奠定基础。随后，企业主需要将这些收益重新投入到企业的创新与发展中，开发第二款、第三款甚至更多的盈利产品，形成一个循环往复、自我强化的创新过程。

我们服务的客户及其企业主也需要遵循这一循环：生产优质产品—获得营收—再生产更多优质产品—获得更多营收。

在这个不断前进的过程中，将经历三大挑战，即创业三苦，如图 2-5 所示。一是需要不断打造能盈利的产品，这是企业基业长青的基础。二是必须时刻保持现金流的安全，这是企业正常运营的燃料。三是需要确保利润最大化，这是对投资人的承诺。

第一苦：不断打造能盈利的产品
- 生产、销售、售后、后勤保障必须健康
- 想法、技术、人才、信息差必须领先

第三苦：利润必须最大化
- 不断降低成本
- 不断提高人效
- 不断创新业务

创业三苦

第二苦：现金流必须安全
- 现金流就是计时器，必须在归零前成功
- 现金流是支撑战略与发展的燃料

图 2-5 创业三苦

（1）创业第一苦：不断打造能盈利的产品

创业的第一步是拥有一个优秀的想法。接着，创始人将这个想法转化为一款产品或服务，这个产品可能是某个楼盘开发项目、某款饮料，或者是我们熟悉的某个 SaaS 产品。但无论是哪种产品，创始团队首先需要确保它能够获得市场的认可，并为公司带来盈利。

当历经艰辛，好不容易打造出第一款盈利产品后，该产品会随着业务推进逐步达到瓶颈。此时，增长开始乏力。这迫使管理者不得不继续开发第二款盈利产品以维持公司的增长势头。可能有人会问：是否可以选择安于现状，只经营一款产品？在商业世界里，这是行不通的，创业是一个不进则退的过程。除了特许经营的业务外，很少有企业能凭借单一产品长期生存。

持续打造盈利产品并非易事，这意味着，企业管理层需要将企业的四大体系，即生产、营销、售后和后勤保障，调整至最佳状态。

1）生产体系：生产一款市场需求量高的产品。

企业要想取得成功，首先得开发出符合市场需求的产品。这要求设计、生产、采购、运营等职能部门紧密协作，深入研究市场，洞察消费者的需求和偏好。这是最困难的一步，也是导致最多企业失败的一步。

当企业迈出这一步后，接下来便是提升产品的生产能力与效率。这涉及优化整个生产流程，即从原材料采购到成品出库的所有环节。在此过程中，企业领导者可能会遇到各种生产管理需求，例如生产计划的制订、库存的有效管理、产品质量的严格控制以及成本效益的持续优化。而这些需求，正是我们的机会。

2）营销体系：将产品销售给更多客户。

当产品生产完成后，下一步就是如何进行销售。为此，企业需要构建一个有效的营销体系，以解决现金流入的问题。营销体系的搭建方式多种多样，常见的如4P营销理论。

首先，根据产品的特性和目标人群，选择恰当的营销渠道，如线上、线下或两者结合。然后，根据产品的市场定位来确定销售价格。最后，根据客户画像选择推广方式。

在销售管理过程中，如何拓展更大的市场、如何获取更多的收入，一直是营销团队和管理层最为关注的重点。同时，这也是在应对此类需求时我们需要克服的难点。

3）售后体系：持续满足客户需求。

当客户完成购买后，企业面临的下一个挑战是确保产品的顺利交付。对于标准化产品，如饮料或矿泉水，交付通常通过销售渠道的货架实现，而售后服务则集中于解决渠道销售问题，以确保渠道商的满意度。

对于复杂的非标产品，如机械设备、空调或系统软件，交付过程相对复杂。这不仅包括安装和调试，有时还涉及培训和指导。在此情况下，交付和售后服务的目标是确保产品能够发挥最大价值，满足客户的业务或生活需求。

售后服务是每位具有远见的企业领导者都极为重视的领域。他们愿意在这一领域加大投入，因为他们意识到了售后服务对保持客户忠诚、促进客户回购、持续优化产品以及塑造品牌形象所带来的益处。同时，这也是我们在处理售后服务需求时需要帮助客户解决的问题。

4）后勤保障体系：确保生产、营销和售后能够统一目标为客户服务。

建立了生产、营销和售后体系后，还需使其通过高效协同实现"1+1>2"的效果。因此，企业需要内部服务体系，通过人力、行政、财务管理、IT支持等途径提升这三个体系之间的协同效率。

例如，更稳定的团队、更舒适的企业文化、更一致的协同目标以及更快速的信息流转都是后勤保障体系的目标。然而，当我们面对客户的这类需求时，我们的工作目标也应如此。

（2）创业第二苦：现金流必须安全

在发展过程中，确保四大体系正常运转成为企业主最为关注的问题，因为这一切都依赖于充足的现金流。正如车辆需要燃料才能前进一样，现金流就是企业前进的动力。

现金流安全度是企业运营中的核心概念，对任何发展阶段的企业都至关重要。它不仅影响企业的战略方向，也是创业成败的关键所在。创业者必须在资金枯竭前实现产品的正现金流，否则即便产品优秀、市场认可，企业也可能在成功的前夕倒下。

对于企业主而言，创业是一场与时间赛跑的竞赛。越早实现现金流回正，企业越能更快脱离危险期。因此，创业者最关心的是如何缩短实现现金流回正的时间，需要多少资金支持，以及现有资金是否充足。这些问题直接影响企业的生存和发展。

（3）创业第三苦：利润必须最大化

现金流转为正后，企业主开始考虑如何提升利润，以支持新产品开发并回馈股东的投资。

为了实现利润的最大化，企业需要不断降低生产成本并提升营销效率。

在降低成本方面，企业主通常会采取减少现金支出和放缓现金支出速度的策略。这可能包括降低采购、管理和营销的费用，或者通过延长与供应商的结算周期来实现。

在提升营销效率方面，企业主通常会追求在更短时间内获得更多收益。这可能需要增大营销力度，如扩大营销团队或优化销售渠道。同时，企业主会密切关注营销的投资回报比，确保以最低成本实现最大收益。

除此之外，企业主还需要对现金流来源负责。无论是银行贷款、投资者资金还是个人资金，所有的还款、利息或回报承诺都必须按时完成。

以上便是企业主在经营企业时最关注的三个要素：优质产品、现金流的安全度和利润最大化。这些要素也是他们做出大多数决策的主要驱动力。

如果我们希望赢得企业主的信任，首先要理解他们，运用我们的专业能力，协助他们解决这些要素中遇到的困难。

首先，通过观察和评估企业主当前所处的阶段及面临的挑战，来识别问题发生在何种体系的具体环节。接下来，我们需要反思我们的产品和服务是否能够解决这些问题。作为服务人员，这是我们必须深入思考的关键问题。

2.帮助打工人，成就打工人

在为客户提供服务时，除了赢得企业主的信任，我们还需获得职业经理人和其他关键员工的信任，并协助他们解决具体的业务问题。

他们的诉求通常与所在环境及个人职业规划有关。一般而言，我们可以将他们的诉求分为两类。一类是尽职免责，即完成工作目标，避免因错误受到领导批评。另一类是追求卓越，即渴望获得嘉奖及更多收益，这是他们工作的重要动力。

（1）保障打工人的尽职免责

对于这类职业经理人而言，他们通常在相对保守的环境中工作。因此，避免犯错成为他们做决策的主要动因。

他们最为担忧的是风险以及为此而承担的责任。他们在工作中表现得非常谨慎，只求圆满地完成分配的任务。例如，如果领导强调业务创新，那么创新就成为他们首要的工作任务。同样，如果领导要求降低成本，那么降低直接成本就成为他们的工作重点。他们并不会产生过多自己的想法，也很少考虑企业的整体利益与发展。对他们来说，领导交代的任务是什么，他们就完成什么。

在服务这类关键人时，重要的是要注重他们所承担的具体任务和职责。我们需要思考如何利用我们的产品与服务帮助他们记录工作过程，使他们的工作成果与任务目标紧密关联，并协助他们向上级或领导进行有效汇报。

（2）帮助打工人追求更高的目标

当然，并不是所有职业经理人的目标都是尽职免责。更多的经理人会选择追求更高的职业目标，这可能源于他们的职业规划或公司的管理模式。例如，阿米巴模式（将公司分解为若干自负盈亏的小团队）就是一种很好的激励模式。

他们通常基于业务需求做出决策，最关心自己职责范围内的业务指标。

面对这类职业经理人时，我们必须深入思考我们的产品和服务如何帮助他们提高工作效率，无论是在增加收入还是实现个人目标方面。只有提供切实有效的工作支持，我们才能赢得他们的信任。

2.4 第四步：成为客户"刚需"

许多人误以为客户选择续约是因为他们对我们过去一年服务的满意。其实不然，客户是基于理性做决策的。他们之所以选择续约，是因为他们认为在接下来的一年里，我们的服务对他们仍然有价值。

为了实现这一目标，我们必须致力于将自己塑造为客户不可或缺的"刚需"。这意味着我们的服务不仅要满足他们当前的需求，还要预见并解决他们未来可能遇到的问题。

2.4.1 哪些产品容易成为客户"刚需"

以系统软件为例。

要使信息化系统成为客户的刚需，我们必须回到企业经营的核心问题上。正如我们所了解的，现金流是企业的生命线。只要现金流安全，即使企业暂时亏损，也有调整和恢复的空间。相反，如果现金流出现问题，即使业务本身是盈利的，企业也可能因现金流断裂而面临倒闭的风险。

因此，为了成为客户的必需品，我们的信息化系统需具备帮助客户优化其收入和支出结构的能力。这不仅涉及提升效率和降低成本，还包括增强企业应对市场变化的适应性和灵活性。

1. 帮客户管理收入

在企业管理中，产品定价是管理收入的重要手段。虽然许多人可能未从这一角度审视过自己产品的价值，但对于客户而言，价格不仅直接影响营收表现和利润水平，也是调节收入速度的关键因素。其原因有以下几点。

首先，当前市场竞争激烈，营销策略层出不穷，例如常见的会员等级、满减、积分抵扣、优惠券等。这些策略使产品价格更加灵活多变，导致"一客一价"成为常态。

其次，为了应对激烈的竞争形势，一线销售必须拥有一定的定价权限以实现快速成交。

最后，对公司而言，如何在确保快速销售与营收业绩的同时，又不限制销售团队的灵活性，成为销售管理中需要平衡的难题。

因此，如果我们的系统能够有效管理客户的价格体系，确保收入的合理性，那么我们的产品就可能成为客户业务中的刚需，甚至成为行业的标准。

以明源云为例，其标志性产品"售楼"系统正是这样一款产品。该系统针对房地产公司项目多、房源多、项目分布广、项目销售场景复杂等特点，设计了从项目利润目标管理、折扣权限管理到回款管理的全过程解决方案，有效地解决了项目销售中"一房一价、一客一价"的价格管理难题，也帮助房地产公司在不影响一线销售灵活性的情况下优化了售价体系，实现利润最大化的核心目标。

该产品上线后在房地产行业迅速推广，使明源云成为房地产软件领域的领导者。如图 2-6 所示，明源云的各系统已如 PS（Adobe Photoshop，图像处理软件）、CAD（Computer Aided Design，计算机辅助设计）等工具一般，成为房地产公司在招聘某些岗位时要求应聘者必备的技能之一。

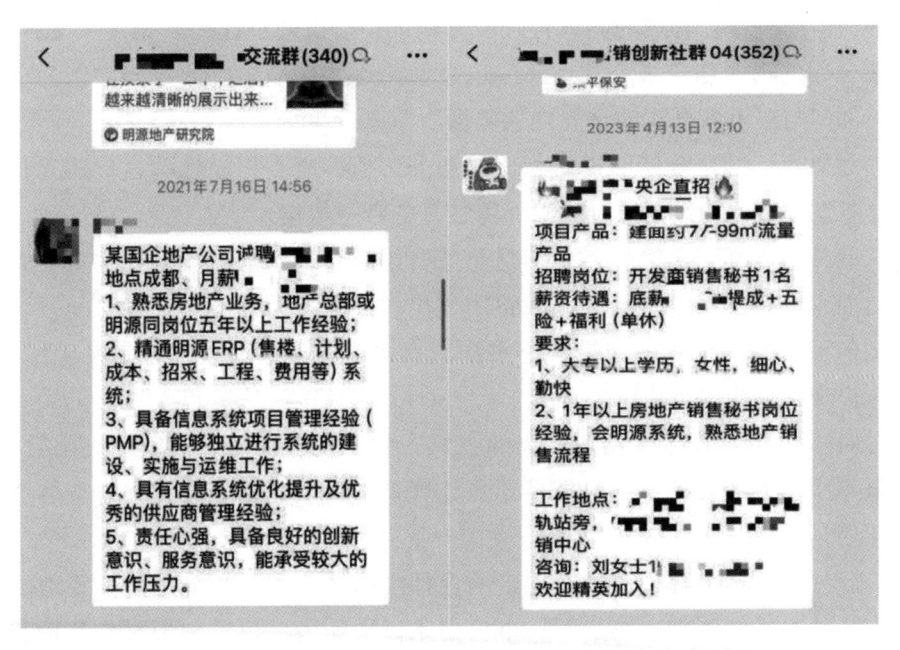

图 2-6　房地产公司招聘公告，要求应聘者会使用明源系统

2. 帮客户管理支出

除了收入之外，对现金流的另一个重要影响因素是支出。在客户的支出管理中，主要分为两大类：内部支出和外部支出。

内部支出包括工资、绩效、报销、预算、业务费用等，这些都是企业日常运营中必需的成本。

外部支出涉及对供应商、合作伙伴、渠道商的费用管理，这些支出直接关系到企业与外部合作伙伴的合作关系和业务的顺利运作。

以房地产为例，管理市场营销部门与渠道商的费用结算是一项非常重要的工作。因为外部渠道销售是房地产销售的重要方式，对快速销售房源至关重要。在部分项目中，外部渠道商甚至是其销售的主要方式，占比可达 90%。因此，准确核对和支付渠道商的费用是项目成功的关键。这一过程涉及的对账频率很高，金额也非常大，如若出现偏差，将会给房地产公司带来不小的损失。

明源云营销 SaaS——明源云客推出的"渠道管家"和"渠道风控"产品是为了协助地产客户管理对渠道商的费用支出。尽管这两款产品是在后期开发的，但受到地产客户的高度青睐。营销部门需要通过这些产品与渠道对账，确保合作的透明和合规。审计部门也会使用这些产品提供的数据，作为审核营销部门与渠道商合作的合规性的依据。

如果我们的系统能够提供相似的业务价值，应当积极推动客户建立相应的财务制度，使我们的系统成为外部结算的唯一依据。

此外，内部支出管理，尤其是业务费用的管理，也至关重要。对于大型公司而言，每年都有大量的业务费用支出，涵盖了多业务线、多时间段、多类型的预算管理流程。如果缺乏系统支持，这些费用支出很容易发生错误，给客户带来直接的经济损失。

对于一些绩效计算规则复杂的公司，如工资、绩效、报销等支出管理，如果不采用系统管理方式，极易导致计算错误，从而影响公司利益和员工积极性。

此外，报销流程、范围、支出的合理性以及成本分析也是财务管理的核心，若缺乏系统管理，将给财务审核带来巨大压力，也不利于财务分析和审计工作的开展。

因此，妥善管理费用支出，确保每笔费用的合规性和合理性，已成为业务复杂企业的刚性需求。

2.4.2 如何将服务变为客户"刚需"

产品具备"刚需"特性证明了其价值。然而，产品常被竞争对手迅速复制，并以低价出售的现象屡见不鲜。

面对这种情况，仅依赖产品来解决客户问题仍然存在较大的续约风险。因此，除了确保产品本身成为客户的刚需之外，我们还需要确保服务也成为客户的刚需。

1. 成为高层的个人顾问

无论规模大小，B端客户的高层对产品的价值实现和续约都起着决定性作用。因此，充分地满足高层的工作需求和个人诉求，是使服务成为"刚需"的关键。

高层的需求不仅与其职责密切相关，还受其个人背景和认知的影响。在服务高层时，我们必须全面考虑这些因素。例如，营销总监的核心职责是提升销售业绩，但空降的营销总监与内部晋升的营销总监会有不同的个人诉求。同样，即使针对同一营销问题，不同背景的营销总监也会采取不同的策略。

在为高层提供服务时，除了了解其工作任务，还需仔细观察他个人目前所面临的挑战。然后，结合这两方面的信息制定服务策略。通过解决他工作中的问题赢得信任，并通过满足其个人需求成为他不可或缺的伙伴。

以一位集团营销总监为例，他是由区域公司营销总监晋升而来。上任初期，他面临两大挑战：一是集团营销费用因外部渠道商的操控而不断上涨；二是其他区域的同事对他的晋升持怀疑态度，表面上接受却暗中不予配合。

在这种情况下，我们的服务策略不仅要满足其业务需求，还需考虑如何帮助其巩固地位，提升领导力。

因此，在服务这位营销总监时，我们采取了针对性的服务策略，依据他的工作需求和个人诉求，从重要性和紧迫性两个维度进行策划。

首先，我们专注于解决他最紧迫的重要问题：前线数据反馈机制不及时且不准确，外部渠道商绑架问题严重。

- 掌握准确的经营情况：我们依据营销总监关注的数据维度为其搭建了数字看板，实时显示全集团的营销数据，确保透明性，使不配合的区域找不到任何借口。
- 新媒体营销体系建设：为了解决外部渠道商绑架的问题，我们帮助其搭建线上新媒体营销体系，协助其建立从获客到成交的全流程作业规范。同时，为了更好地提升自有团队的获客能力，我们深入一线进行培训指导，向每位参与者介绍新媒体营销的重要性。经过半年的努力，我们顺利完成了全集团新媒体营销体系的搭建。

其次，在满足紧急需求的同时，我们也将其长期的重要工作纳入服务计划中。

- 业绩管理：每月底，我们根据系统数据和一线反馈，对业务执行中的优势与劣势进行分析，并及时向相关人员汇报。
- 风险防范：尽管我们已经努力减少对外部渠道商的依赖，但它们仍然是营销中不可或缺的一部分。为了降低与外部渠道商合作的风险，我们协助实施了一系列措施，包括规范合作规则与制定风险审核机制。

最后，我们在满足营销总监工作需求的同时，还考虑了如何满足其个人诉求。

- 树立威信：在营销总监刚刚上任时，其他区域的员工对其能力不太了解，因此对他的信任度不足。然而，随着营销总监成功地构建了新媒体营销体系，各区域员工的态度逐渐转变，也越来越信服他。尤其是在他们通过新媒体营销方式获得利益后，对营销总监的信任达到了新的高度。
- 赢得高层信任：在我们的协助下，市场营销总监在年度集团营销会议上进行了成果展示和汇报。借助我们提供的数据分析报告，市场营销总监清晰且有说服力地向集团高层展示了营销表现。尤其是当总裁看到通过新媒体渠道带来的访客量和交易量逐月稳步上升时，他当场对市场营销总监的工作给予充分肯定，并对其成绩表示赞赏。
- 案例包装：我们不仅协助市场总监对整个新媒体营销体系的案例进行包装，还利用公司资源将该案例在整个行业内进行推广，帮助其打造个人IP。

如今，他不仅在每年的年度工作报告中广泛采用我们提供的数据分析报告，而且在面临任何营销挑战时，总是第一时间联系我们寻求解决方案。事实上，我们已经成为他不可或缺的顾问团队。

2. 满足一线的需求

在系统采购与选型阶段，一线员工的影响力通常有限，但在系统续约时，一线员工的声音逐渐变得重要，尤其针对业务系统，决策层可能会格外重视一线员工的反馈。

一线员工对系统的要求通常很实际：不要增加他们的工作量，并能协助他们更好地履行工作职责。

由于一线员工的工作和学习压力本身就很大，如果新引入的系统工具反而增加了他们的学习或工作成本，这明显是不可接受的。此外，一线员工非常担心因工作失误而承担责任，因此，如果系统能够帮助他们尽职免责，对他们而言就是一种保障。

这也是当一线员工对某款系统的使用加深并产生依赖后，不愿意跳出舒适圈进行改变的原因，因为改变意味着重新适应，这会增加工作量。这正是我们强调提升一线应用深度和黏性的原因，因为一旦员工对系统产生依赖，他们便倾向于维持现状。

在服务客户的一线员工时，我们需要认真对待他们的每一个反馈。通过提供快速响应的客户服务，解决他们在使用系统时遇到的问题，以防止工作中断，这是提升客户满意度的关键。

在明源云时，为了更好地支持一线，我们组织团队实施了一项策略：对一线员工提出的每个问题进行详细统计，并根据这些统计结果优化服务。如表 2-2 所示，我们制作了客户一线系统操作反馈收集表，以记录每个问题的各种细节。

表 2-2 客户一线系统操作反馈收集表

集团	区域	项目	提出人	岗位	产品类型	产品名称	问题类型	问题描述	问题分析	处理方式	处理结果	问题状态	处理时长	备注

当一线员工看到他们的反馈被采纳，且系统在日常使用中变得更加便捷

时，他们对产品的依赖和情感会逐渐增强，从而不愿意更换产品。这时，我们可以自信地说："我们的产品已经成为一线的'刚需'！"

举个我身边的例子，我有位朋友的公司一直使用T厂商的办公软件。然而，有一天，公司的HR负责人向领导建议说："领导，我测试了一下F厂商的办公软件，它在业务沟通、项目管理方面特别出色。正好公司最近在项目管理上遇到了一些问题，您看要不要用F厂商的办公软件取代我们之前使用的T厂商的办公软件？"

领导听后有些犹豫，毕竟，这涉及整个公司几百名员工的工作方式的改变和数据迁移。为了做出更全面的决策，领导要求HR部门收集一线员工的意见。

调研结果显示，一线员工的反应普遍消极。

员工小张抱怨道，T厂商的软件已经用得很顺手了，更换意味着放弃熟悉的操作和已有的数据，这太麻烦了。

员工小郭认为，虽然F厂商的软件功能强大，但若给T厂商一些时间，它应该也能迎头赶上。

员工小李直言不讳地指出，现有软件还能够勉强使用，更换的必要性不大，主要原因是迁移过程过于烦琐。

最后，面对一线员工的普遍抗拒，领导最终决定维持现状。

朋友公司的例子很好地说明了一线员工对于产品需求的态度，他们不希望因采用软件工具而增加工作量，即使这种增加只是暂时的，之后可能会大大降低，他们也对改变比较抗拒。

2.5 第五步：完成签约并回款

在续约管理中，客户的款项到账才标志着任务的最终完成，因为客户签约后不付款的情况实在过于频繁。

以我所在的区域公司为例，最高峰时，续约累计欠款金额甚至占了全年应续金额的5%以上，这给催款带来了相当大的压力。

除此之外，在续约的动态管理中，总有10%~20%的合同处于"已签约未付款"的状态，涉及的金额常常达到数百万元。因此，加强对签约后回款的管理显得尤为必要。

2.5.1 与流程发起人建立良好关系

签约与回款流程通常由同一人负责，这人可能是客户对接人或其下属。无论具体是谁，我们都应与流程的发起人建立良好的关系，对其日常工作给予必要的关注，并对其日常提出的问题提供耐心和细致的解答。

以软件行业为例，我们所服务的客户主要来自面向消费者的企业。C端业务的一个特点是，节假日比平时更加繁忙。在这些高峰时段，客户常常面临各种紧急问题，例如系统收费异常、客户信息录入错误、流程执行中的障碍等。这些问题对于客户的一线销售人员而言，既重要又紧急。

面对这些紧急情况，我们的服务人员必须迅速响应客户需求，深入理解客户在遇到系统问题时的焦虑，并迅速提供有效的解决方案。相反，如果服务人员在客户最繁忙的节假日未能积极响应客户的问题或态度冷漠，必然会严重影响客户对我们的信任和满意度。

试想，如果我们在客户最需要支持时无法提供帮助，又怎能期望在我们需要支持时得到客户的援助呢？

我曾在多家公司负责与供应商的对接工作，亦是付款流程的发起者。在与诸如律所、专业服务机构、硬件供应商等各类合作单位的互动中，我总是优先支持那些曾不遗余力地支持过我工作的供应商。

比如，有一家经常与我合作的硬件供应商，尽管我们之间的合同约定签订采购单后需给他们两天的备货时间，但有时为了满足客户的紧急需求，我经常需要该硬件供应商在签订单当天或次日就发货，并安排人员到现场安装。这对该硬件供应商来说无疑是一个额外的挑战，不仅增加了他们协调人员的难度，还额外增加了成本。

然而，该硬件供应商总是能够妥善处理这些超出合同规定的需求。这种灵活性和快速响应能力，不仅帮助我们满足了客户的期望，赢得了客户的信任，也让我在团队中保持了良好的形象。

作为回报，在处理付款申请时，我会尽全力确保该硬件供应商及时收到款项，这代表着对其努力和支持的尊重与回馈。

在心理学中，这被称为互惠法则，即人们在社会交往中倾向于回报曾经接受的帮助或好处。

心理学家丹尼斯·里根（Dennis Regan）进行了一项实验。在此实验中，志愿者被邀请为画作评分。同时，实验过程中，实验助手乔会与他们建立友好关系，然后离开并带回两瓶可乐，赠送其中一位志愿者一瓶。之后，乔请求志愿者帮助他销售彩票。结果显示，收到可乐的志愿者购买的彩票数量明显多于没有收到可乐的志愿者。

该实验揭示了互惠法则的强大作用，即便面对陌生人，人们在接受小恩惠后也会感到需要回报，因此更容易接受对方的请求。

2.5.2 回款流程管理

为了确保付款流程的顺畅和及时性，我们必须对审批流程中的每个节点进行细致管理，并为每个节点设定风险时间阈值。这样，一旦发现审批流程中的某个节点的停留时间超出预期，例如流程停滞在某个环节超过 2 天，我们便能迅速采取行动，主动介入并与流程发起人沟通，了解延迟的原因，并采取措施提醒相关客户部门加快审批进度。

如表 2-3 所示，合同从"签订"到"客户回款"的过程涉及四个关键节点：合同寄出日期、合同签订日期、发票寄出日期，以及回款日期。通过对每个节点进行严格的时间管理，我们可以确保合同从签订到款项回收的每一个环节都能快速响应和灵活应对。这种管理方式有助于我们及时发现流程中的瓶颈，采取必要的措施，从而加速整个回款周期。

表 2-3 续约管理表

续约管理表（按合同维度填写）														
责任人	客户	项目	产品名称	到期日期	到期月份	是否续约	应续金额	实际续约金额	合同寄出日期	合同签订日期	发票寄出日期	回款日期	出库日期	续约延期天数	回款延期天数	不续约原因	续约金额下降原因	备注

- **合同寄出日期**：标志着流程的开始。本步骤需要确保合同的准确性和及时性，以便客户能够尽快启动合同签署流程。
- **合同签订日期**：是指与客户完成签约流程，并将盖章后的合同返回给我们的过程。这一步的完成意味着我们可以开始开票和请款流程。
- **发票寄出日期**：这是触发付款流程的关键环节，有时与合同签署同步进行，有时则在合同签署后进行。
- **回款日期**：整个流程的终点，亦是公司收入的实现。

通过积极管理在途合同和款项，我们可以降低客户签约后不付款的风险，并对未来的回款金额进行更准确的预测，从而帮助公司更好地规划财务和业务战略。

2.6 客户服务中的特殊情形

除了以上五步法之外，在客户服务过程中难免会遇到一些特殊情形。这些常见的特殊情形包括半途接手客户、接近续约期时发现客户的产品使用程度下降，以及大家最为关注的产品同质化严重和产品尚不够成熟等情形下如何开展服务工作等。

本节中我将以这些问题为例，分享在面对这些问题时的处理方式。

2.6.1 半途接手客户如何开展服务

在日常工作中，半途接手客户是相当常见的现象。其原因多种多样，可能是年度客户调整、客户投诉导致负责人更换，或者新任客户成功经理入职并被分配客户等。

无论出于何种原因，作为新的客户服务负责人，我们都需要采取一系列措施来确保服务的持续性和高质量。

还是以上述保险 SaaS 为例，当时由于前任被调回总部，我被安排接替这个职位。我除了需要熟悉新的工作外，还面临系统上线半年后应用活跃度仍然很低的挑战，但我通过三步就解决了这个问题。

1. 第一步：向客户的重要负责人解释服务人员调整的原因

解释原因：在我还未到岗时，公司同事已诚恳地向客户说明了前任调回总部的具体原因，以及调我过来后的改进计划。在获得客户的谅解和同意后，公司才进行人员更换。

强调专业性：在首次与客户对接人会面时，我详细介绍了我的专业背景、工作经验以及曾经服务过的成功案例，以增强对接人对我的信任感。

2. 第二步：深入了解客户背景及过往服务情况

深入分析客户：在与客户接触前，我通过查阅客户档案、会议纪要、与前任销售沟通等方式，了解了客户的基本信息。此外，一线保险业务员仍未使用我们的系统进行投保流程，依然采用他们熟悉的方式传递企业投保信息。

沟通：除与前任服务负责人和销售负责人沟通外，我还联系了客户对接人了解情况。他告诉我，一线保险业务员不愿意使用的原因是，上线培训时不够全面，有些业务员听过就忘了，还有的根本没参加培训，目前他们仅依靠我们的操作手册进行学习，再加上他们工作繁忙，自然不愿意花时间学习。

资源准备：在调研过程中，我也与公司其他部门人员进行了沟通，比如市场、产品、技术支持等，向他们传达了我的后续计划，希望他们能协助我更好地满足客户需求。

做出服务承诺：了解到应用度不高是由于上线培训的问题后，我立即向对接人承诺提升应用度，并提出希望他能够协助为再次培训创造条件。他表示很难召集大家，因为业务员分散在各乡镇和街道，集中进行线下培训非常困难，只能考虑寻求一个统一的时间安排线上培训。鉴于线上培训效果不佳，无法有效传递产品价值，我坚持进行线下培训，以便在培训中与大家面对面交流，听取他们的意见。

3. 第三步：向客户展示更换人员后服务质量的改善

制订服务计划：经过认真思考后，我们选择了线下培训，利用每个街道营业部的周会时间进行培训，共涉及 6 个街道，以每周一个街道的方式进行。

定期沟通：在那段时间，我拜访了每个街道的营业部和每位保险业务员，向他们传递了我们产品的价值以及为何要使用我们的产品来管理业务。每次培训结束后，我都会向对接人汇报培训成果和收集到的一线反馈，确保他了解每一步的进展情况和取得的成果。

价值呈现：最终通过这种笨办法，应用活跃度有所提升。不仅之前的数据被成功导入，后续的数据也通过系统正常运行。在半年度应用汇报时，我们借助业务分析数据向客户的领导层进行了汇报，详细分析了业务开展过程中的亮点与不足，赢得了客户领导层的一致好评。

通过上述措施，我不仅确保了接手后服务的连续性和质量，还在变更中寻找机会，增强了客户对我的信任感。总之，处理这一问题的关键在于沟通、理解和双方友好协作。

2.6.2 如何处理即将到期但不活跃的客户

客户在临近续约期时不活跃的情况通常有两种：一种是此前一直活跃但在续约期突然不活跃，另一种是一直保持不活跃状态。

在服务一位西藏客户时，我们曾经遇到过即将到期且不活跃的情况。该客户负责拉萨的一个文旅地产项目，并采购了我们的"智慧案场"用于管理客户和销售团队。

1. 确定原因，识别客户关键人

首先，针对该客户的情况，我们内部召开了挽回专题会议，对服务质量、应用细节、关键人的态度等核心要点进行了全面分析。

（1）分析服务现状

首先，线下交流较少，信任度不够。由于项目位于拉萨，线下拜访成本较高，一年以来客户成功经理仅在上线时去过一次客户现场。

其次，决策者对我们的营销并未表现出明显的反对情绪，客户成功经理可以与他进行有效沟通。

最后，一线应用水平较低。通过观察客户应用数据，我们发现，部分客户仅利用系统进行成交管理，而客户到访、销售跟进等环节均未通过系统进行管理。

（2）客户调研

客户成功经理对客户一线置业顾问进行了深入的应用调研。调研发现，客户不使用系统进行客户跟进的原因是项目本身并未强制要求这样做。

背后未强制要求的原因是文旅项目的独特性质：一旦客户在首次到访时没有达成交易，那么后期成交的可能性就很低。在这种情况下，使用系统进行跟进显得不必要，这是因为：客户要么当天就成交，不需要后续跟进；要么即使频繁跟进，记录在系统中的内容也往往是空洞的，缺乏实际参考价值。

（3）关键人汇报

为此，客户成功经理策划了一次针对营销总监的业务汇报，详细分析了项目的客户总数、各渠道的到访和成交数据及其占比、客户了解项目的途径及其占比、成交周期及其分布、客户复访周期、成交到访次数等关键数据。

但由于客户到访和客户跟进等未使用系统进行管理，我们的分析数据与业务实际情况相差甚远。

但这正是我们所期望的结果！

我们向营销总监汇报了这些数据，每汇报一个关键数据，营销总监都会与我们交流，并指出数据的错误。我们解释说，数据不准确的原因是缺乏系统化管理，这限制了数据的质量和实用性。

营销总监在听取我们的意见后表示认可，并承诺将严格管理团队，确保使用系统进行客户管理，以便更好地将系统的强大功能应用到业务中。

2. 先解决问题，再谋划未来

（1）制定解决方案

汇报结束后，客户成功经理立即征询了营销总监对于再次培训的意见，并提出由于拉萨距离遥远，后续只能通过远程方式进行培训的难处。营销总监表示理解，并安排我们在次日为全体员工进行系统操作培训。

客户成功经理进一步强调："单靠培训是不够的，我们还需要制定相应的管理制度。例如，目前项目中还有大量的存量客户，应该通过公共客户池进行管理。同时，对于一些置业顾问长时间未能成功跟进的客户，我们需要制定规则，将这些客户回收到公共客户池中进行重新分配。我们已经有相关制度，并可以根据项目的具体情况和您的要求进行定制调整。"

（2）重拾信任

营销总监对我们的汇报内容及协助制定管理制度的工作非常满意。

在随后的几天里，他不断为我们协调资源，并安排对接人员协助我们的工作。经过半个月的持续改进，应用的活跃度显著提升。现在，每次客户到访都会被认真记录，每次销售跟进也会详细填写。此外，每天的销售例会都会使用我们的系统进行客户盘点。

（3）续约激励

解决应用问题后，我们与营销总监展开了续约谈判。在谈判过程中，我们强调了应用活跃度的显著提升，并承诺在第二年定期提供业务汇报。面对营销总监的犹豫，我们适时提出了续约优惠政策，以激励他立即做出续约决定。

通过这一系列策略，我们成功地挽回了这个项目。此后，我们也遵守了承诺，定期进行业务汇报。至今，该营销总监与我们依旧保持良好的合作关系。

2.6.3　产品尚未成熟该如何服务

明源云的工程管理系统刚推出时，曾出现因产品不够成熟而无法满足客户需求的情况。

当时，客户的高层提出需要利用系统为每间房屋建立一个"一户一档"的数据档案，实现从施工时的质量检查到客户收房时的验房的全过程的数据留痕，并基于这些数据加强对施工方的评价和管理。

这一要求看似简单，但对当时的我们而言却相当困难。

首先，这个需求涉及工程质检和验房两个产品，这两个产品分别在客户业务的不同阶段使用，一个是在施工阶段，一个是在交房阶段。

其次，这两个产品虽同属一个产品团队，但在当时仍是独立设计，并未实现数据互通。

最后，由于设计时未考虑数据字段标准不统一的问题，导致数据整理起来格外复杂。

这里的数据字段标准不统一，是房地产开发中特有的现象。

在房地产开发中，施工阶段、销售阶段和交房阶段由三个不同的团队分别负责。每个团队的管理方式各异，信息字段往往也不相同。在交房阶段，由于需要办理户口，房号会严格按照公安局备案的房号标准在系统中设置。在销售阶段，可能会为了方便销售人员使用，按照销售口径在系统中设置房号。而在施工阶段，房号由资料员编制，通常也会为了方便施工时的沟通就在系统中以更通俗的称谓进行设置。

例如，在销售阶段，一个房间编号可能是"6栋1207"，而在施工过程中，这个编号在系统中可能变为"6幢"或"6号楼"。此外，由于架空层因素的影响，楼层在工程口径中可能变为"13层"。到了交房阶段，由于户籍管理的需求，房间编号可能又调整为更规范的"6栋12-7"。虽然这些编号看上去相似，但在系统中它们存在很大的区别。

一个类似的比喻是，交房阶段的房号就像是正式车牌号，需要在公安局备案，并严格按照规范执行。而施工阶段和销售阶段的房号则类似于临时车牌号，可以随机选择一个。

面对这样的情况，我们当时别无选择，只能通过人工方式进行数据清洗，把所有的房间号转化为统一的标准。为此，团队连续加了几个通宵班，才完成了每个房间的数据统计。

最后，当我们整理完数据并展示给客户高层时，高层表示非常满意，充分感受到我们的产品对其业务的帮助。

在产品初期，每家软件公司的服务人员都必须协助产品研发解决类似的问题，这是服务人员价值的体现，在产品尚不完善时只能通过服务替代的方式。

现在，明源云工程管理系统通过与营销系统的联动，逐步在营销4P中的"产品"部分找到方向，开始从非刚需向刚需产品转化。而这一切都源于当初系统不完善时，客户成功经理通过服务为产品研发争取到了时间。

2.6.4　如何在产品同质化情况下抵御竞争对手挖走客户

产品同质化已成为软件行业的一大症结。大家一直为如何进行差异化竞争而烦恼，但发现自己刚跑通的差异化路径，不久后便有新的竞争产品开始模仿。

随着多次与竞品的直接对抗，我深刻体会到一个道理——**产品可以同质化，解决方案和服务绝不能同质化**。

1. 产品可以同质化，解决方案不能同质化

这一感悟产生于我们在服务一家大型客户时与竞争对手正面交锋的两次经历。我们的客户是一家顶级房地产公司，在全国有近百个项目，旗下设有华东、华南、华北、西南四大区域公司。

在微信小程序刚推出时，客户希望通过微信小程序搭建"线上售楼处"，

因此开始招标供应商。经过激烈竞争，我们最终以比竞争对手 A 公司高出 20% 的报价中标。

你一定很想知道，我们当时是如何以高价中标的呢？

首先，我们在提交方案时，将"线上售楼处"的价值定位为：让购房者迅速感知项目价值。

其次，我们从客户的客户视角进行思考：当我要买房时，我希望通过房地产项目的小程序实现什么。经过讨论，我们一致认为，作为购房者我们需要通过小程序实现两个目的：一是快速了解该项目的价值；二是让家人认可我们在此购房的决策。

最后，我们将这些思考结合起来，为客户设计了"线上售楼处"的启动页、交互界面、产品展示内容等，以便购房者与家人讨论购买决定时，可以通过小程序的方式准确传递项目的价值。

而竞品的思路则是从客户内控管理的角度出发，以通过"线上售楼处"实现全公司各项目推广标准化为切入点，着重强调了如何通过"线上售楼处"清晰地记录客户操作记录、如何根据客户操作记录制定销售话术、如何在客户停留后立即获取客户电话号码等管理内容。

最终，客户选择了我们"以消费者为中心"的方案，他们说，销售管理有很多种方式，但是以消费者为中心，帮助消费者更好地做出决策是更贴合他们的初衷的。

这个项目让我深有体会。即使是同样的产品，如果关注的需求不同，解决问题的思路也就会不同。解决问题的思路不同能够带来变化，对客户的价值也会千差万别。此后，每当遇到产品同质化的问题时，我都会思考我们的解决方案是否能实现差异化。

2. 产品可以同质化，服务不能同质化

有一次，一家客户希望利用抖音建立一个新媒体营销渠道，打造一个"空地一体化"的营销获客网络。他们通过招标来挑选供应商。在这次竞标中，竞争对手 B 公司以定制化和低价策略赢得了合同。

然而，签约时节省的成本却在交付过程中转化为额外的负担。竞争对手 B 公司的交付表现非常不理想。例如，客户公司的营销总监经常找不到项目负责人，迫不得已只能直接致电竞争对手 B 公司的领导，表达他对产品的需求。

甚至在最后，竞争对手 B 公司的团队让他感到极度沮丧，他不得不亲自安排人员提供方案原型图给 B 公司。即便如此，他们仍因缺乏对房地产营销的理解而将需求实现得面目全非。

万般无奈之下，营销总监联系了我们，希望我们能够快速部署一个简单模块，以解决迫在眉睫的问题。我们迅速响应，派出了房地产服务经验丰富的客户成功经理和一位拥有 10 年以上房地产营销策划背景的解决方案专家，组成了一个专业的交付小组，协助营销总监从策划到执行的全过程，实现了闭环管理，最终使集团的营销获客战略得以顺利实施。

这个项目结束后，我常常反思，客户购买系统是为了应对特定的业务挑战，而解决这些问题的难度各不相同，需要的服务资源也有所不同。有些公司的产品虽然表面上相似，但能够解决的问题却截然不同，就像尽管每个医院都有主任医师，但有的医院能够治愈疾病，而有的却不能。

2.7　本章小结

第一步：完成销售承诺

- 销售承诺可分为明示和暗示，以及功能层面和结果层面。
- 明示的承诺是口头或合同中明确记载的承诺。
- 暗示的承诺是在最佳案例中营造了氛围，并故意模糊了付费边界的承诺。
- 客户预期：源自客户需求，是客户对我们产品所能实现价值的期望。
- 客户需求：客户期望解决的特定问题。
- 客户诉求：客户基于需求而形成的具体要求。
- 客户动机：促使客户产生购买行为的原因。
- 价值交付方法论：顾问能力达标，服务目标准确以及 PDCA 循环执行。
- 以顾问能力与客户确定服务为目标。顾问能力即听、说、读、写、问，同时，应用 PDCA 循环推动目标达成。
- 当销售过度承诺时，我们不应立即拒绝，而应寻找"第三选择"。
- 利用流程制度，防止无法兑现的过度承诺出现。

第二步：建立"信息教练"

- "信息教练"的定义：为我们提供客户基本信息以及客户高层想法的人。
- 识别"信息教练"：在客户方工作多年的员工，具备广泛的内部人脉、领导的助手，以及高层或企业主。
- 发展"信息教练"：以正义之心为出发点，着眼于对客户有利的方面推动"信息教练"的发展。
- 利用"信息教练"：利用"信息教练"掌握客户内部信息，与客户上下层建立良好关系。

第三步：赢得客户信任

- 信任公式：信任＝（可信度＋可靠性＋亲近感）/ 自我导向。
- 在获取企业主信任之前，先理解企业主的工作和任务。
- 企业主最关心产品、现金流和利润。
- 企业服务是指在生产、营销、售后和后勤保障这四个体系中解决核心问题。
- 职业经理人的个人需求包括尽职免责与获取收益两方面。

第四步：成为客户"刚需"

- 首先应确保产品成为"刚需"，其次为了防止产品被抄袭，服务也需成为客户的"刚需"。
- 刚需产品的特点：能够帮助客户管理收入和支出。
- 非刚需产品的特点：客户能够迅速地找到替代方案。
- 若想让服务成为刚需，需要满足高层和一线员工的个性化需求。
  - 高层需求：满足高层的工作需求是基础，满足个人诉求才是关键。
  - 一线员工需求：通过快速响应和一线反馈的方式，培养一线员工对产品的依赖。
- 当产品并非刚需时，需要通过提升服务来降低投诉率，从而为产品研发争取改进时间。

第五步：完成签约并回款

- 客户完成付款后，才能算续约成功。
- 与客户流程的发起人成为朋友，在流程遇到障碍时，通过他们向前推进流程。

- 利用表格工具进行签约回款的过程管理，并设定预警值。当某个流程节点超时后，应立即进行干预。

客户服务中的特殊情形

- 半途接手客户时如何开展服务？首先应深入了解并分析客户的背景和需求。其次，做好初次亮相工作，向客户解释更换人员的原因及带来的益处。最后，向客户展示后续的服务计划和目标，并承诺提升服务质量。
- 遇到临近到期且不活跃的客户该如何处理？首先，分析不活跃的原因及背景。其次，确定客户关键人，向其展示产品的潜在价值，并制订产品重新为其创造价值的计划。最后，在适当时机提供续约优惠政策。
- 产品尚未成熟时，应如何为客户提供服务？首先，服务人员应主动提供人工服务来弥补产品的不足。其次，产品研发部门应优先关注核心场景，解决与客户收支密切相关的问题。
- 产品同质化的情况下，应如何抵御竞争对手挖客户？首先，产品本身可以同质化，但解决客户问题的方式不能同质化。其次，服务不能同质化，应强化服务团队和服务体系的建设。最后，应专注于客户的问题，以高质量的服务人员和解决方案解决客户问题。

CHAPTER 3
第 3 章

续约的"术":做到什么程度客户才会续约

上一章我们从公司的视角出发,探讨了续约的"法"。本章我们将进一步从服务人员的视角来讨论续约的"术"。

续约的"术"是在"道"的指导和"法"的策略下衍生的方法与手段,属于执行层面的技术。其精髓在于利用服务技术灵活多变地解决客户的问题、赢得客户决策者的认可,并顺利完成续约谈判。

在本章中,我将借鉴医生日常解决问题的工作方式。首先通过对医生看病方式的提炼,寻找一种科学且系统地解决问题的方法。然后将这种方法与客户的全生命周期相结合,详细地阐述在服务客户的全生命周期中,如何运用这种方法更好地为客户服务,最终实现客户续约的目标。客户的全生命周期如图 3-1 所示(由于每家公司存在较大差异,此图的阶段划分和月份划分仅供参考)。

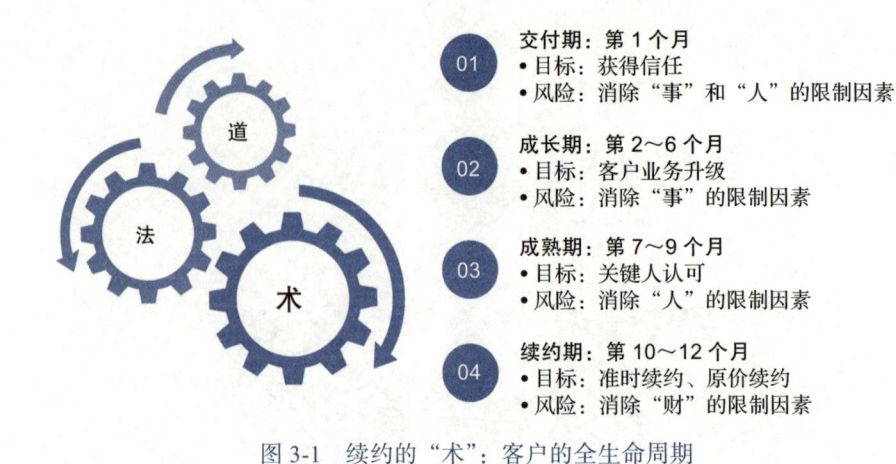

01
- 交付期：第 1 个月
- 目标：获得信任
- 风险：消除"事"和"人"的限制因素

02
- 成长期：第 2~6 个月
- 目标：客户业务升级
- 风险：消除"事"的限制因素

03
- 成熟期：第 7~9 个月
- 目标：关键人认可
- 风险：消除"人"的限制因素

04
- 续约期：第 10~12 个月
- 目标：准时续约、原价续约
- 风险：消除"财"的限制因素

图 3-1　续约的"术"：客户的全生命周期

3.1　从医生的看病方式中学习解决客户问题的方法

在商业领域中，许多公司常用医生看病的比喻来表达公司的价值主张，将公司比作医院，将产品和服务团队视为医生，以此强调公司在识别、诊断和解决客户问题方面的能力。

尽管人们喜欢这样的比喻，但许多人对医生看病的逻辑知之甚少。因此，在深入讲解续约的具体方法之前，先详细介绍医生的看病方式。通过了解医生看病的原则、逻辑和流程，以及对病历档案的管理，来深入说明我们可以借鉴用于续约工作中的技巧。

3.1.1　从医生看病的原则中学习解决客户问题的原则

医生看病的原则是医生在为病人制定个性化治疗方案、解决病人病痛时所遵循的指导准则。这些原则不仅体现了医疗实践的科学性，还体现了对他人的尊重与关爱。医生每次面对病人时都需要运用这些原则，它们同时也体现了医生对病人个体差异的深刻理解。

1. 医生看病的原则

- 原则一：医者仁心

一名优秀的医生需要拥有精湛的医术以及善良和温暖的心。医者仁心不仅是他应遵循的职业操守，更是他内心深处的信仰和力量。这种信仰和力量驱使他以深切的同情心和强烈的责任感对待每一位病人，将关爱和治愈作为自己始终追求的使命。

- 原则二：循证医学

在现代医学中，医生看病的过程不能仅依赖经验和直觉，还需要遵循一种科学严谨的原则——循证医学（Evidence-Based Medicine，EBM）。这是现代医学的重要里程碑。它强调了医生在诊断和治疗过程中应根据可靠的科学证据，以最可靠的科学研究来指导医疗实践。

- 原则三：临床经验

现代医学非常重视临床经验。医学生在成为医生之前，必须经过严格的临床培训。优秀的医生是在丰富的临床实践中锻炼出来的，丰富的临床经验意味着多到病人身边去，多实践，多与病人沟通，多了解病人。

- 原则四：以病人为中心

常规的治疗方案包括：药物治疗、手术治疗、物理治疗、心理治疗、生活方式调整等。然而，选择何种治疗方案决定了病人治病的成本和过程。在这种情况下，优秀的医生通常以病人为中心，根据病人的年龄、身体状况、职业、家庭情况等来为病人提供合适的治疗方案。此外，医生还会与病人讨论治疗计划的长期目标和短期目标，确保病人对治疗过程有清晰的理解，并积极参与治疗。

2. 从医生看病的原则中总结续约工作的技巧

"医者仁心"的原则告诉我们要始终"心怀仁爱"。我们在对待客户时应诚实守信，不欺骗、不误导，始终将客户的利益放在首位。

"循证医学"的原则告诉我们应坚持"一切以证据为基础"。在识别和解决问题时，我们应基于事实和科学分析，确保我们提供的服务和解决方案建立在充分的证据和深刻的理解之上。

"临床经验"的原则告诉我们要重视"客户现场"。我们应更多地进入客户现场，与客户深入交流，通过实际接触和沟通来更好地理解客户的需求与期望。

"以病人为中心"的原则告诉我们要坚持"以客户为中心"。在企业服务领域，虽然许多公司倡导"以客户为中心"的理念，但在实际操作中常因成本问题而本能地选择"以自我为中心"，将自身利益置于客户利益之上。然而，服务本质上是一种利益的让渡，也是为了获取更大利益而放弃部分利益的行为。

3.1.2 从医生看病的逻辑与流程中学习如何制定解决方案

医生看病的逻辑与科学实验的过程非常相似，主要由三个关键环节构成，即提出假设、收集证据和验证假设。这三个环节不是一次性的，而是在诊疗过程中不断循环，直至医生能够做出最终的正确诊断。

1. 医生看病的逻辑

提出假设：医生在听取病人的主诉、进行初步问诊和体格检查后，会形成一个初步的假设诊断。这个假设十分重要，也是诊断过程的起点。

收集证据与验证假设：接着，医生会根据这一假设来搜集证据进行验证，这个环节体现了医生水平的高低。技术高超的医生一旦发现证据不足以支持最初的假设，便会立即做出调整，提出新的假设并寻找新的证据。而个别医生会固守原有假设，忽视那些不支持假设成立的证据，而不是修改假设。

2. 医生看病的流程

在这个诊疗过程中，医生会遵循非常严谨的诊疗流程，如图3-2所示。医生会进行三次诊断以确保准确性。这三次诊断分别是：初步诊断、鉴别诊断和最终诊断。

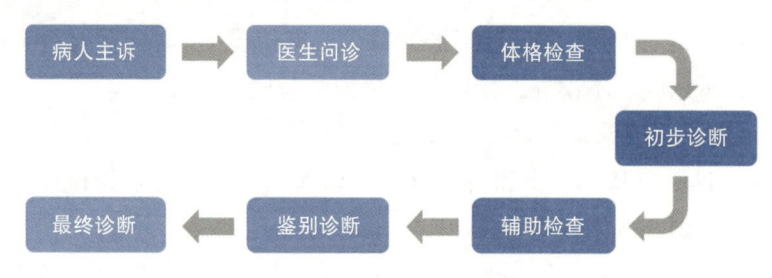

图 3-2 医生看病的流程

- **病人主诉**：医生会首先听取病人描述的症状和不适，这是诊断的起点。
- **医生问诊**：医生会询问详细的病史，包括症状的开始时间、变化、既往病史、家族病史、生活习惯等。
- **体格检查**：医生将通过观察、听诊、触诊等方式进行体格检查，以收集病人的体征信息。
- **初步诊断**：结合上述信息，医生会提出一个或多个初步诊断假设。
- **辅助检查**：根据初步的问诊和体格检查结果，医生可能会建议进行实验室检查、影像检查或病理检查。
- **鉴别诊断**：医生会根据收集到的所有信息，排除不太可能的疾病，缩小可能的病因范围。如果病情简单，医生会在此时做出最终诊断。
- **最终诊断**：经过所有必要的检查和分析后，医生会给出最终诊断。

3. 从医生看病的逻辑与流程中学习制定解决方案的原则

在了解医生看病的逻辑与流程后，我们来看看能从中借鉴到什么。

原则一：先明确问题再制定解决方案。

医生看病的流程突显了其严谨性和系统性，即先明确诊断，再进行治疗。在企业服务领域中，许多服务人员未能做到这一点。他们仅凭客户的初步描述就草率地认为已经掌握了问题的本质，于是便急于提供解决方案。然而，客户的描述犹如病人主诉，常常只是问题的表象。为了获得真正准确的判断，我们必须像医生一样进行体格检查和辅助检查，通过深入分析和综合评估来挖掘问题的根本原因。

原则二：多次验证直至识别出问题产生的原因。

在服务客户时，我们应该保持对客户提出的问题的敬畏心，就像医生看病的流程一样。通过多次验证来保证识别出的问题原因精准无误，从而为客户提供更精准且有效的解决方案。

3.1.3 从医生对病历档案的使用中学习客户档案的使用方法

在诊疗过程中，病历档案是医生进行诊断和治疗病人的重要工具，特别是对于每天接触大量病人的医生，以及那些可能需要多位医生共同会诊的病人。一份详尽的病历档案不仅有助于医生精准地诊断病情，还能提供病人过往的诊断和治疗详情，这对于制定治疗方案至关重要。

1. 医生看病的工具：病历档案

一名医生需要看诊多位病人，而一位病人也可能会寻求多名医生的看诊。为了确保病人护理的连续性，病历信息的完整传递就显得尤为关键，特别是在病人转诊、再次入院或接受不同的医疗服务时。

国家和地方卫生部门对病历管理有着严格的规定，包括"门诊病历"和"住院病历"的分类，以及对内容的详细要求。其要求病历中涵盖基本信息、就诊时间、科别、主诉、现病史、既往史、体征、辅助检查结果、诊断意见、医生签名等要素，并强调书写的时效性和用词准确性，如图 3-3 所示。

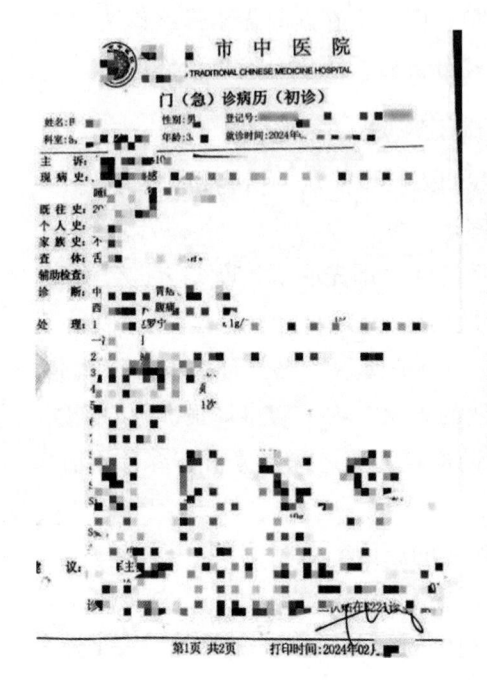

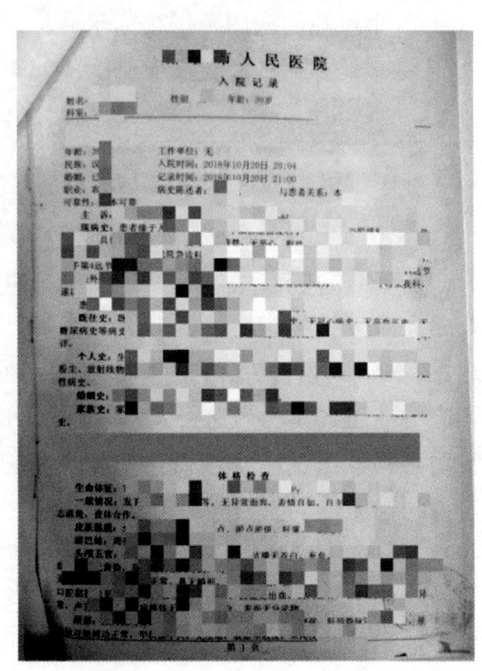

图 3-3　门诊病历与住院病历

2. 从"病历档案"中学习使用"客户记录"

在客户服务过程中，我们同样遇到了"一人服务多家客户，一家客户由多人服务"的情况。

为确保服务的连续性，我们可以借鉴病历档案的管理方式，为客户建立详尽的客户档案表，类似于医院的住院病历，以此来记录客户全生命周期的服务历程，如表 3-1 所示，其中，一客一策是指一个客户对应一个策略。

在编写这份档案表时，我们需要确保内容全面、格式规范统一。表中内容包括客户的基本信息、关键人信息、合作情况。此外，还需要包括为客户设定的服务目标、提供的解决方案以及详细的服务记录。

表 3-1 一客一策表

xx 集团一客一策表

基本信息

企业性质	国／民／外	客户级别	头／腰／腿部	管控模式	集团强管控／区域强管控／子公司（项目）自主管控	集团组织结构	部门 A： 部门 B：	集团发展背景及历史	股东情况： 创立故事：
客户今年战略目标		客户今年业绩目标		客户期望		客户风格	创新／跟随	客户布局	国际／国内／区域

关键人信息

姓名		性别		部门		职位		个人背景履历	工作履历： 教育背景： 网络账号风格： 个人人设：	电话		工作需求	紧急且重要： 重要：	个人诉求	紧急且重要： 重要：	个人爱好	
绿化等级	支持者：信任我们，始终支持我们 中立者：不反对我们，也不支持我们 反对者：一直反对我们，并一直向领导建议更换我们																

合作情况

项目／子公司名称		项目所在地		客群		项目定位		开盘（业）时间		合作产品 1	☑	合作产品 2	☑	应续金额		实际续约金额	
业绩规划目标	经营（项目）状态		1. 产品 3 增购 ×× 万 2. 续约 ×× 万														

产品应用及服务活动记录

产品应用提升策略	产品应用现状	
	应对策略	
客户业务问题		
解决方案		
服务记录		

- **基本信息**：类似于病人的个人信息，有助于医生制定治疗方案。同样，我们掌握客户的基本情况将有助于理解客户问题产生的原因，并制定具有针对性的服务方案。
- **关键人信息**：类似于病人的各项检查结果，是制定治疗方案的重要信息，也是分析病因的基础。我们掌握高层信息是为了更全面地理解客户的需求，这是制定解决方案和服务目标的重要参考依据。
- **合作情况**：类似于病人的就诊记录，用以帮助医生快速地了解病人的现病史和既往史。我们记录与客户正在合作的产品和主体情况，以便了解客户的现状以及我们产品的渗透率，这是制定续约和增购目标的有力依据。
- **产品应用及服务活动记录**：类似于病人的手术、护理记录等，便于医生了解过往的治疗方案和记录。我们记录产品应用和服务内容的目的是制定服务目标和获取客户对我们服务的反馈，这将有助于我们日后的复盘，并准确掌握服务过程中的优缺点。

通过这样的方式，我们能够全面管理客户自上而下、从整体到个体的需求，即公司整体需求、各部门需求、领导需求、中层需求以及一线员工需求。这不仅能够为客户提供个性化且连续的服务，还解决了"一人服务多家客户，一家客户被多人服务"时信息断层的问题，使每位服务人员都能在统一的信息背景下为客户提供一致的服务体验。

3.2 以客户为中心构建客户全生命周期管理制度

续约的"道"是在客户的视角上思考问题——如果你是客户，你为何愿意续约？续约的"法"则是从公司全局的角度出发去探讨如何提升续约率。

然而，续约的"术"是从服务人员的微观视角出发，探讨如何在一年的服务周期内通过服务技术确保客户一定续约。

接下来，以一个新客户为例。我们可以将第一年的服务周期划分为四个阶段进行管理。

1. 交付期目标：赢得客户信任

交付期是我们与客户开始合作的首个阶段。在此阶段，客户将初步体验我们的服务，对我们的专业度以及是否能实现销售承诺尤为关注。客户将通过考察我们交付上线的过程，评估我们对其业务的专业性、服务响应的速度以及解决问题的能力和态度。

我们可以将这个阶段限定在服务的第 1 个月。在这一关键时期，我们必须迅速赢得客户的初步信任，并完成系统产品与业务的融合。我们需要消除"事"和"人"的限制因素，即未被满足的业务需求和高层的不满，这些都是续约风险的来源。

2. 成长期目标：兑现销售承诺

在交付期完成后，客户的业务与我们的系统已基本实现了融合。此时，客户的一线员工能够熟练地使用我们的系统来执行业务操作，管理层也能利用系统进行业务管理。接下来，我们应专注于解决客户在购买时提出的问题，兑现销售给客户的承诺。例如，仓库管理人员能够通过系统提高库存管理的准确性和效率，销售人员可以快速报备并联系客户，管理层能够实时获取真实的业务数据等。

这个阶段通常发生在服务客户的第 2～6 个月。在这段时间里，我们专注于实现客户购买时的预期，并消除客户在业务上的限制因素，即因业务需求未得到满足而导致的不续约风险。

3. 成熟期目标：赢得关键人的信任

即使我们满足了客户的需求，并成为客户的最佳选择，但客户仍可能因高层原因选择不续约。因此，在服务客户时，赢得高层的信任显得至关重要。

这个目标必须在续约谈判开启之前实现。第 7～9 个月是实现这一目标的最后时机。一旦产品价值得到实现，我们应立即进行有效的沟通和展示来让高层认可我们的价值。通过这种方式消除"人"的限制因素，也就是因高层不满意而不续约的风险。

4. 续约期目标：按期续约和原价续约

续约谈判是整个服务周期中的关键阶段，我们应尽早启动这一过程。鉴于大客户的内部流程复杂且回款周期较长，而小客户可能面临较大的竞品干扰风险，最佳策略是在合同到期前的 3 个月（即在第 10～12 个月期间）与客户开始续约谈判，并以合同到期前按照原价续约为目标，迅速敲定合同细节。

在这个阶段，我们务必确保已经实现了客户需求已被满足且高层已高度认可我们。在此基础上，我们只需向客户展示选择我们是综合成本最低的方案便可消除"财"的限制因素，即客户因价格原因而选择不续约的风险。

3.3 交付期目标：赢得客户信任

病人初次就诊时，无论遇到的医生多么著名，在刚开始与医生交流时都会感到不安，担心医生是否能够治愈自己的疾病，以及是否会采用合理的治疗方案。同样，在交付期，客户也有类似的担忧，他们担心系统是否能达到预期目标，也担心交付团队的专业水平是否足以保证顺利上线系统。总之，此时的他们对我们的交付工作充满疑虑。

因此，在交付期，我们的目标不仅是实现产品的上线交付，更重要的是通过一系列细致周到的服务来赢得客户的信任，消除他们的顾虑。

遗憾的是，许多公司未能清晰地区分"赢得信任"和"成功上线"之间的差异，导致在交付过程中过于专注一线操作，而忽视了与对接人及决策者建立信任。

3.3.1 重视"首次亮相"：塑造专业形象

心理学中有一个概念称为首因效应，即在接触一系列信息时，人们更倾向于记住最初接收到的内容。这一现象揭示了首次呈现的信息对个人认知与评价的深远影响。

在人际交往过程中，首因效应同样具有重要作用。一个常见的例子是，人们往往基于初次接触后形成的观念来评判他人。因此，我们必须重视首次亮相。通过塑造专业形象和展示专业能力，在客户心中建立起初步的信任和好感。

1. 塑造专业形象，提升客户信任

每位交付人员都应有个人的专属形象海报，如图 3-4 所示。海报应详细展示交付人员的行业经验、服务的客户数量、擅长领域等关键信息。当销售人员向客户推荐交付人员时，可以同时发送这张海报，并附上一段

图 3-4　交付人员海报

精心准备的介绍话术。这种充满仪式感的介绍方式不仅凸显了交付人员的专业形象，还在客户心中营造了一种期待感。尤其是在远程交付模式下，海报形式的履历介绍可以更有效地加速客户对交付人员的信任。

2. 以专业水准赢得客户信任

塑造专业形象是赢得客户信任的第一步。如果信任的满分为 100 分，那么专业形象的塑造相当于已经赢得了基础的 60 分。然而，要想稳固并提升这份信任，我们还需要展现真正的专业能力，通过高质量的流程管理来不断增强客户对我们的信任，从而实现从 60 分到 100 分的提升。如图 3-5 所示，在交付流程中，我们致力于对全流程进行严格的管理以实现赢得客户信任的目标。

01	02	03	04
确定交付目标	设计交付方案	培训上线	交付验收
交付目标三重验证 ①内部交底会 ②外部见面会与启动会 ③调研与资料收集	方案设计一核心 以客户为中心制定及确认交付方案	培训上线两关键 ①领导站台是关键 ②日报机制服务一线	价值呈现两要点 ①前后对比要明显 ②下步目标要明确

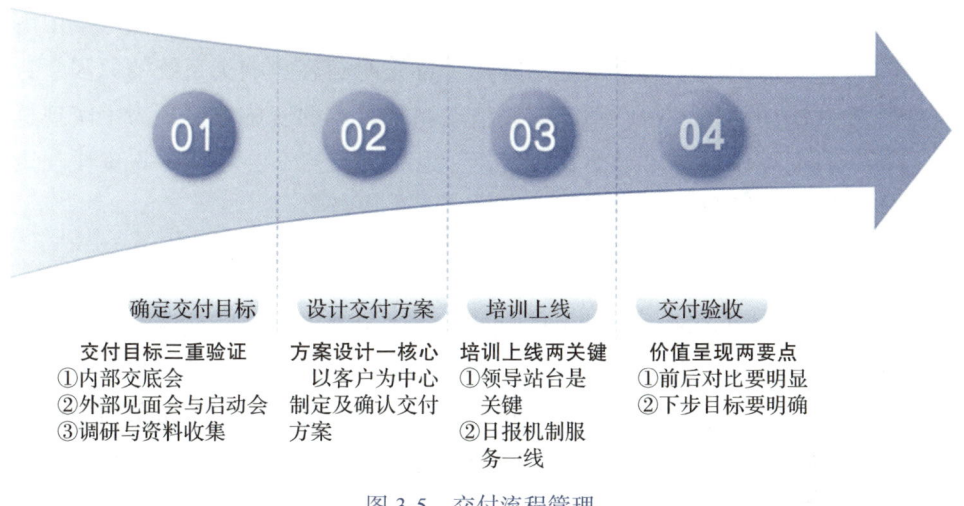

图 3-5　交付流程管理

- **确定交付目标**：交付的目标是利用产品解决客户的问题，而解决问题的基础是精准定位问题，然后根据客户的问题制定解决方案。在识别客户的问题时，我们可以通过内部交底会、外部见面会与启动会、调研与资料收集等方式进行。
- **设计交付方案**：以客户为中心制定及确认交付方案。根据客户的企业文化、高层认知、业务特点、公司战略、交付目标等进行制定。
- **培训上线**：客户高层向全体员工阐述系统上线的重要性。同时，我们为一线员工提供系统操作培训，解答疑问。
- **交付验收**：策划交付验收报告，展示在交付期为客户创造的价值。在此流程中，我们要强调客户的关键人员的贡献，对他们的努力予以肯定，并与客户共同确定下一步的服务目标。

通过以上严格的交付流程管理，我们能够确保每个环节都符合最高标准，从而在客户心中树立专业可靠的形象。这种对流程的严格把控不仅展示了我们对服务质量的承诺，也向客户证明了我们兑现承诺的能力。

接下来，将详细地介绍在交付期应如何执行这一流程。

3.3.2　确定交付目标：理解客户并识别问题

正如医生在制定治疗方案前非常重视准确的诊断一样，我们在制定交付方案前也需要对客户进行深入了解和分析。此时，服务人员必须像医生了解病人一样，全面地了解所需服务的客户。首先明确客户购买系统的原因、背景和需要解决的问题，然后基于这些信息制定具体的实施方案。为了实现这一目标，我们可以通过**内部交底会、外部见面会与启动会和调研与资料收集**这三个步骤来进行全面的问题定位。

1. 接触客户前：内部交底会——创建客户"病历档案"

在与客户会面之前，交付人员应与销售人员参加内部交底会。在此过程中，双方将使用客户交接表（见表1-1和表1-2）详细地记录并交接客户的基本信息、购买动机、交付范围、时间节点以及潜在风险。这一步类似于医生在诊疗之前，由医生助理进行初步问诊，其目的是使医生在正式诊疗环节中能够快速判断病情情况。

内部交底会旨在让交付人员对客户的信息有一个大致了解，并对客户需要解决的问题形成初步判断，从而使服务人员在首次接触客户时能够提出有针对性的问题。

2. 接触客户中：外部见面会与启动会——初步了解"人"、明确"事"

为了更好地理解客户，交付人员至少要与客户对接人召开两次会议：一是见面会，目的是促进双方项目人员之间的彼此了解；二是启动会，目的是明确双方的共同目标、职责与任务。而对于小B端客户或者复杂度较低的

SaaS 产品，则可以选择将其合并完成，即通过一次会议完成团队间的彼此了解与目标确认。

（1）客户见面会：利用首因效应，给客户留下好印象

销售人员与客户对接人约定双方团队初次见面的时间，促成客户见面会。客户见面会有点类似于医生与病人的主诉和问诊沟通，旨在通过客户的陈述来了解其需要解决的问题及期望。对于大 B 端客户来说，我们可以到客户现场来增加双方的熟悉度。而对于小 B 端客户来说，虽然我们无法到现场，但可以通过视频会议的方式让客户对接人了解是谁在为他们提供服务，从而增进对我们的信任感。

在见面会中，销售人员需意识到，客户对接人对交付人员的信任不仅取决于交付人员自身，还受到销售人员对交付人员的态度的影响。因此，销售人员除了需要将交付人员介绍给客户对接人外，还应努力提升客户对接人对服务人员的信任度。例如，通过正式的介绍方式，展示交付人员的服务经验与专业背景，使客户对接人感受到交付人员是足够专业的。

同时，交付人员需要通过行动来证明自己。在向客户对接人介绍交付内容和流程时，交付人员应避免态度傲慢或过分展示自己，避免因自己说得太多而忽视对接人的需求。正确的做法是以客户对接人为中心，引导对接人提供更多信息。例如，了解对接人及其领导对系统交付的具体要求、领导的做事风格、企业文化等。对于大型企业来说，还需要让对接人告知我们需要注意的禁忌事项，特别是在措辞上。这将有助于我们在与客户的领导和其他人沟通时避免不必要的误解或冒犯。

（2）启动会：明确目标与责任

见面会结束后，交付人员应全面接手交付工作，并与客户的对接人确认项目启动会的时间与内容，以便双方能够尽快地确认本次交付工作的目标，以及双方人员的职责与任务。

如表 3-2 所示，交付目标是在交付期内需要解决的问题，也是客户购买系统的原因之一。需要注意的是，通常情况下，客户会提出很多要求或问题希望我们解决。

表 3-2　交付目标确认表

交付目标确认表	
交付产品范围	……
交付培训时间	……
交付培训人员	……
交付培训目标	1.…… 2.……

当我们将这些要求转化为目标时一定要注意优先级,并且在调动资源时要按照优先级的顺序逐一分配。

接着,交付人员需与客户对接人明确双方的职责分工,以及需要对接人协助的各项事宜,确保双方对交付的具体内容和预期结果达成一致。培训上线双方责任表如表3-3所示,此表包括但不限于后续调研的具体时间、需要收集的资料内容等。在确认上述事项后,应通过邮件的形式将相关事宜和内容发送给客户对接人,确保双方对合作细节有明确的认识和共识。

表 3-3 培训上线双方责任表

公司	项目角色	人员	职责
客户:×× 公司	项目领导小组	××	项目重大决策、参与关键会议
	业务部门负责人	××	管理整体进度、审核项目成果、签署确认函及验收单
	项目对接人	××	收集资料、预约领导时间、协调会议
	团队成员	××	参与方案初步编制、参加培训考核、按要求使用系统开展业务
服务商:×× 公司	项目领导小组	××	项目重大决策、参与关键会议、上线效果把控
	交付经理	××	负责项目管理、业务方案、培训、上线、资源
	客户成功经理	××	保障系统高效使用、系统业务持续提升、巡检汇报,负责商务事宜、投诉事宜

3. 接触客户后:调研与资料收集——进一步了解客户

在确定好业务目标后,交付人员要针对业务目标所涉及的问题进行调研与资料收集。其中,资料收集是为了将客户以往的沉淀迅速转移到新的系统中。调研是为了进一步了解客户,以便更有针对性地制定交付策略与交付实施方案。

在调研过程中,我们应将调研对象按层级分为三级:高层、中层和一线。然后根据项目的复杂程度或企业的组织结构,选择一次还是多次完成调研工作。比如,对于小 B 端客户或大 B 端但产品不复杂的客户的业务调研,其高层、中层调研可以与外部见面会或启动会同时进行。而针对复杂项目的交付,每一个层级的调研都必须单独进行,以便更全面地了解客户高层的要求。

（1）用建构主义原则进行业务调研

在调研的方法上，我们应按照建构主义（Constructivism）的原则进行。建构主义是一种认识论和教育哲学，它认为信息与知识不是被动接受的，而是个体在特定的社会文化背景下，通过与环境的互动和个人经验主动构建的。

将这一理念应用于业务调研中，意味着交付人员需要尊重被调研者的个人经验和观点，并认识到每个人的回答都是他们个人世界观和社会文化背景的产物，因此，调研的目的不仅是单纯地收集信息，更是在通过不同个体对同一问题的反馈，还原真实的客户现状。

在建构主义的调研中，交付人员需要考虑到被调研者的背景和语境。这意味着交付人员需要超越表面的信息收集，深入探索个体如何理解和解释问题产生的原因，从而获得更丰富、更有层次的洞察。

如表3-4所示，以房地产客户为例，按照建构主义的原则对房地产营销中的业务流程进行调研，系统性地还原客户的业务现状。

表3-4 房地产客户业务调研示例

业务节点	调研事项	调研对象	调研时长	调研时间	成果项
售前	蓄客—客户接待流程	××	×分钟		
	蓄客—客户跟进流程	××			
售中	认购、签约流程	××	×小时		×× 数字营销应用方案
	审批权责（定价、折扣、变更等）	××	×小时		
	组织架构（部门岗位、姓名）	××	×分钟		
	回款、票据管理	××	×分钟		
售后	权证管理（合同产权、按揭办理）	××	×分钟		

（2）资料收集是为了帮助客户沉淀数据资产

完成业务调研后，我们需要向客户对接人收集系统上线时所需的资料。在收集资料的过程中，优秀的交付人员都会做到以客户为中心，并将客户沉淀下来的业务数据转移到新的系统中，以保证客户数据资产的完整性与全面性。

因此，交付人员除了需要将模板发给客户对接人，并耐心地向客户对接人表明收集这些信息的目的与意义外，还需要对客户已有但模板未提及的数据进行整治，将一些有价值的数据转移到新的系统中。

3.3.3 设计交付方案：以客户为中心制定交付方案

正如医生在制定治疗方案时会以病人为中心一样，我们在为客户制定交付方案时，也应遵循相同的原则。我们需要考虑客户的组织文化、企业风格、关键人偏好等个性化因素，以确保方案的适宜性和有效性。

在深入地了解并确定客户特征之后，接下来的任务是将这些特征与明确的交付目标相结合，制定一个有针对性的交付方案。

下面以一家地产公司的业务 SaaS 产品为例来讲述交付方案制定的重点。

1. 第一步：根据客户的不同特征，制定个性化的交付方案

在制定客户交付方案时，我们的核心目标是确保客户能够接受并支持我们的方案。因此，我们必须从客户的角度出发，深入理解其业务风格和高层管理者的认知水平。

基于这些理解，我们应选择并制定最合适的交付方案，以确保方案能够既满足客户的实际需求，又能够与其企业文化和战略目标相契合。

（1）确定客户业务风格

在确定客户业务风格时，我们可以将客户分为两类：创新型客户和跟随型客户。

创新型客户：此类客户通常集中在经济发达、开放程度高的长三角和珠三角地区，具备强烈的创新意识，并积极探索新技术和新业务模式。针对这类客户，我们的方案应优先考虑创新性，并与其共同探索业务的新可能性。

跟随型客户：这类客户通常位于长三角、珠三角之外的其他地区，在接受新事物时显得更加谨慎、保守。对于未经验证的新技术或新模式，他们通常持保留态度，只有看到在同行业中得到验证后才会考虑采纳。因此，针对这类客户，我们需要提供充分的成功案例和证据，以增强他们的信心。

（2）根据客户高层的认知情况，制定个性化的交付内容

高层管理者的视野和认知水平影响着企业的战略布局和发展方向。深入理解决策者的思维模式和认知框架，对我们制定精准的服务方案至关重要。

区域视野的高层：这类高层专注于特定区域的发展，对自己熟悉的区域市场有深入的理解，相信自己的市场判断优于任何外来方法。他们可能不太

关注行业内的最佳实践或龙头企业的创新方式,而是对同区域内的竞争对手更感兴趣。为这类客户制定方案时,我们需要紧密结合该区域市场的具体情况和特点,提供符合他们市场判断的解决方案。

全国视野的高层:他们极为重视对全国各分公司的统一管理与控制。这类决策者对行业内的最佳实践和领军企业的业务模式持开放态度,且愿意尝试新技术与新模式。因此,在为此类客户提供方案时,我们应重点展示最新的行业趋势和技术创新,以及我们的成功案例与服务大型集团的能力。

国际视野的高层:此类客户通常具有国际业务背景,对国际市场有深入的见解。这类客户既可能是跨境电商领域的中小型企业,也可能是具备较强支付能力的大型企业。它们的目标是寻求与国际先进企业相媲美的管理方法和业务模式。因此,在方案设计过程中,我们应借鉴全球的先进经验,确保方案能够满足客户的要求。

2. 第二步:拆解交付目标

首先,我们需要对交付目标进行详细拆解,如图 3-6 所示。

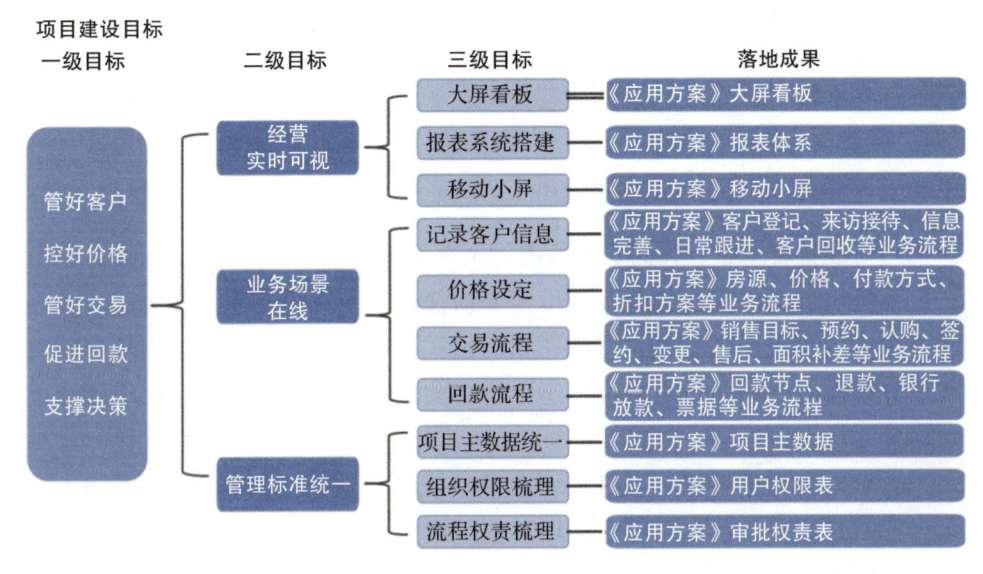

项目建设目标 一级目标	二级目标	三级目标	落地成果
管好客户 控好价格 管好交易 促进回款 支撑决策	经营实时可视	大屏看板	《应用方案》大屏看板
		报表系统搭建	《应用方案》报表体系
		移动小屏	《应用方案》移动小屏
	业务场景在线	记录客户信息	《应用方案》客户登记、来访接待、信息完善、日常跟进、客户回收等业务流程
		价格设定	《应用方案》房源、价格、付款方式、折扣方案等业务流程
		交易流程	《应用方案》销售目标、预约、认购、签约、变更、售后、面积补差等业务流程
		回款流程	《应用方案》回款节点、退款、银行放款、票据等业务流程
	管理标准统一	项目主数据统一	《应用方案》项目主数据
		组织权限梳理	《应用方案》用户权限表
		流程权责梳理	《应用方案》审批权责表

图 3-6 房地产客户交付目标确认示例

这里的目标拆解为以下三级。

- **一级目标:整体目标**。这是与客户业务直接相关的目标集合,包括但不限于：有效管理客户资产、控制产品定价、管理交易流程、促进客户回款、支持业务决策等关键成果。

- **二级目标：系统与业务整合目标**。这是实现首要目标的基础，反映了系统与业务流程融合的现状。例如，实现经营数据的可视化、业务场景的在线化、项目管理的标准化等，它们为达成上层目标提供了实际操作的框架。
- **三级目标：产品功能实现目标**。这一级目标是一级和二级目标的具体承载方式，涵盖了所有与业务实现相关的功能价值。这些功能是实现业务目标的具体工具和方法，确保系统的每个方面都能支持业务需求。

3.第三步：与对接人确定交付方案内容

在完成交付方案和系统配置后，我们必须与客户对接人进行最终确认。最终确认应采用具有法律效力的方式进行，比如通过电子邮件确认、线下签署等形式。

对于关键客户来说，为了确保培训的顺利进行和高标准的质量，我们可以在正式培训之前与客户对接人进行一次或多次培训预演，以防止在正式培训时出现差错。

3.3.4 系统培训上线：系统的"亮剑"时刻

一切准备就绪后，我们要开始进行至关重要的一步——系统培训。

系统培训不仅仅是教会一线员工如何使用系统，更是我们作为供应商在客户单位的首次正式亮相。这种亮相的仪式感和方式至关重要，不仅影响着客户各层面对我们的重视程度，还影响着我们未来与客户的各个层级沟通的顺畅程度。

为了增强培训效果，我们可以在客户现场营造合适的氛围，如图3-7所示。这不仅能让公司高层感到项目上线的重要性，还能提升客户员工对培训的期望和参与度。

除此之外，我们还应遵循"培训前的准备、培训中的执行、培训后的跟进"流程进行过程管理，以确保实现交付目标。

图 3-7　在客户现场营造项目上线氛围（明源云案例）

1. 培训前：培训准备工作

（1）确定培训方式

选择合适的培训方式是确保培训效果的关键。根据客户的业务特性和需求，我们可以从以下四种培训方式中进行选择：

- **线上培训方式**：适用于客单价较低或系统较为简单的场景。线上培训的难点在于无法控制客户员工的注意力，可以通过互动问答和小测验来提高参与度。
- **线下培训方式**：适用于客单价较高或系统较为复杂的场景。线下培训能够为客户留下良好的印象，并提供面对面交流和深入沟通的机会。
- **整体培训方式**：适用于规模较小的客户。管理层和一线员工可一同参加培训，这种方式有助于增强团队内部的理解和协作。
- **分层培训方式**：适用于规模较大的客户。高层系统培训与一线操作培训分开进行，高层系统培训应采用一对一的方式开展，使其感受到系统在业务掌控和数据分析上的优势。

（2）确定参与培训的人员

接下来，我们需要确定哪些人员将参与系统培训。这通常包括直接使用系统的一线员工、中层管理人员以及可能需要监督和评估系统运行的高级管理人员。

我们需要根据每个角色的特定需求和职责去定制相应的培训内容，以确保每个人都能在培训中理解业务升级的价值和系统操作的方法。

- **针对一线员工**：培训应着重于系统的基本操作、常见问题的解决策略，以及如何利用系统提升工作效率。
- 针对中层管理人员：培训应着重于系统功能的全面运用、流程监控和优化，以及如何通过系统来管理团队绩效。
- 针对高级管理人员：培训应着重于系统的高级分析工具、决策支持功能，以及如何从宏观视角来评估系统对业务的影响。

（3）准备培训环境

接下来，我们需要与客户的相关负责人确认客户的业务规则和流程，并制定相应的培训内容。例如，全国性销售规则的统一标准、各区域渠道的开拓策略和管理方法、线上客户资源库的构建和管理机制等。

我们要根据这些业务规则和流程完成系统的初始化配置，确保系统设置符合客户的业务需求和规则。

最后，我们提供的培训内容应该是既详尽又具针对性的。培训材料和方法应从受训者的角度出发，便于他们在培训过程中迅速掌握要点。

2.培训中：提升系统上线的战略意义

培训中有四个关键目标需要实现，分别是：高层重视、高层应用、全员参与与业务融合。

高层重视：系统的实施代表着公司业务模式的重大变革。为了降低变革带来的阻力，高层重视是不可或缺的环节。高层的支持与认可对于确立项目的重要性至关重要。即使是小型 B 端客户，也应安排领导在培训前进行动员，强调系统上线对公司长远发展的重要性，从而在全员心中树立系统上线的重要性。

高层应用：为高层配置数据看板和审批流程，并通过一对一培训的方式促进其有效地使用系统进行管理决策。高层深入使用系统后，才能确保业务数据的准确性和时效性，并更好地推动一线员工使用系统。

全员参与：鼓励所有与系统相关的人员积极参与上线培训。通过互动和场景讲解，确保员工不仅能够掌握系统的基本操作，还能够将其应用于实际业务中，这对于系统的成功落地至关重要。

业务融合：业务融合是终极目标。我们需要将因系统上线而引发的业务升级和流程变革告知一线员工，并向他们清晰地解释为什么这样做，以及这样做能带来的益处。这是为了让他们在未来的应用中不仅知其然，还能知其所以然。

3. 培训后：系统上线情况的持续跟进与实时反馈

日报机制：培训后的持续跟进至关重要，因此，建议在交付期结束前实施每日业务数据汇报机制。此日报机制能够保障培训的成效和系统的应用效果，同时确保客户在系统使用初期感受到服务的价值。房地产客户交付后的日报如图 3-8 所示。

信息收集与分析：除了日报制度外，还应建立全面的信息收集和反馈机制，确保客户的所有相关人员都能顺畅地找到我们。通过解决客户全体人员在使用中遇到的问题和困难，可以提高产品的使用黏性。

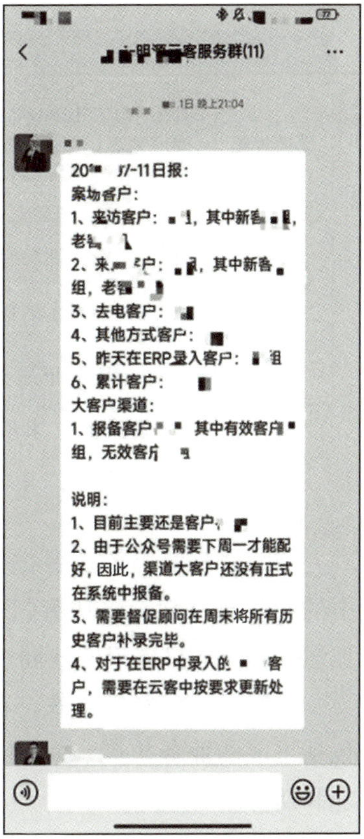

3.3.5　交付验收：让采买决策者脸上有光

完成交付培训后，我们将进入观察期。在这个阶段，我们将密切地关注客户的使用情况以及产品与客户业务的融合程度，以便及时解决潜在的问题。

此时，我们将准备一场精心策划的验收汇报，其目的不仅在于展示交付工作的价值，还在于让支持我们的采买决策者因为选择了正确的供应商而感到骄傲。

图 3-8　房地产客户交付后的日报

1. 策划交付验收汇报

精心准备汇报内容：全面回顾系统交付的全过程，包括关键里程碑事件、面临的挑战与解决方案，并且通过数据直观地展现业务改善和效率提升的成果。以房地产客户在交付验收时的价值报告为例，如图 3-9 所示。

邀请客户高层参会：确保在验收汇报时邀请到客户的高层、管理层以及其他关键人参会。他们是我们主要的汇报对象，也是影响续约的关键人，让他们感受到价值对续约工作起决定性作用。因此，我们必须利用此次汇报的机会，使客户高层对已完成的交付工作、参与交付的团队成员以及我们公司的整体能力产生信任。

项目建设成果 | 对比分析　　　　　　　　　　　　　　明源云

管理场景	应用前：问题详情	应用后：解决策略
渠道管理	• 身份不同，规则不同，渠道整合难 • 渠道截客，保护期事后才来核对 • 案场飞单，场景数据无法抓取	• 不同身份，不同规则，支持 20 个 • 防截客逻辑，画红线，多段式保护 • 电子登记，严控入口，数据留痕 • 统一报备入口和规则 • 摄像头无感抓拍，风险客户实时提醒
来访登记	• 漏客、藏客、恶劣的直接不登记 • 新老客户判定，人工确认 • 来访客户体验，满意度无法直接得知	• 入门即登记，按时完善客户信息 • 登记即判客，新客户/老客户/公共客户 • 自动发送评分短信，监督顾问服务态度、水平等
案场管理	• 跟进、交易逾期传递难，轮着计算机查看 • 判客归属、房源销控、客户详情查询难 • 客户资源盘点、利用难	• 移动端，每日待办自动提醒 • 置业顾问自主查询 • 随时管理逾期、无效、公共客户，提升资源利用率

图 3-9　房地产客户在交付验收时的价值报告

强调客户参与的重要性：在汇报中，强调客户高层和对接人在整个项目中的参与与贡献。将功劳归于客户内部，这不仅能提升客户的满意度，也能加强他们对项目成果的认同感。

展望未来的合作机会：在报告的最后，为客户描绘未来合作的美好前景，包括可能的业务扩展、系统升级或其他增值服务，激发客户对长期合作的兴趣和期待。

2. 确定下一步目标

从客户需求出发：与客户深入交流，全面了解他们的需求和期望，并将其作为确定下一步目标的依据。这些需求和期望可能包括系统的进一步优化、新功能的开发、业务流程的改进等。

设定新的服务目标：根据讨论结果，制定新的服务目标，明确下一阶段的计划、预期成果和时间表。这些目标应同时具有挑战性和可行性，以激发团队的动力。

3.4　成长期目标：兑现销售承诺

产品的成功交付仅仅是第一步。这就类似于医生在治疗病人时，首先需要确认治疗方案的正确性。然而，想要完全治愈疾病，病人必须持续遵循医嘱。同样，为了从根本上解决客户的问题并满足他们的购买预期，我们还必须确保客户能够充分地使用产品来实现业务升级。

3.4.1 兑现功能方面的承诺：提升客户应用黏性

交付期结束后，尽管我们已初步验证了系统与客户业务的适配性，但系统能否完全满足客户需求并提升业务效率，仍需进一步确认。为了确保这一点，我们需要采取一系列的措施。

以 SaaS 系统为例，提升客户使用黏性的策略通常有两大类，一类是积极响应客户提出的功能需求，另一类是定期迭代产品功能以满足客户的业务发展与需求。

1. 积极响应客户提出的功能需求

在使用产品的过程中，客户往往会基于业务需求提出各种功能需求。成长期通常是提出需求的高峰期。此时，服务人员必须充当起在客户和产研部门之间传递需求的桥梁角色。

接到客户的功能需求后，我们的首要任务是鉴别需求的真实性。通过这一步骤，我们不仅可以防止研发团队在不实际或次要的功能上耗费宝贵的资源，还能够确保我们更专注、更精准地满足客户的核心需求。鉴别需求的真实性可分为以下步骤。

第一步，调研需求提出者。很多时候我们接收到的需求都是经过传达的，其中一些是客户对接人转达领导的需求，另一些是转达用户的需求。为此，我们应直接找到需求提出者，与其正面沟通以便准确了解需求背后的业务背景。

第二步，分析需求背景和重要性。首先，我们需要明确谁在何种场景下实现何种目标。接着，我们需要分析该需求与客户业务的关联性。例如，需求实现后会对业务产生怎样的帮助？若对业务的帮助微乎其微，则可能是伪需求。另外，如果该需求需要跨部门合作，而需求提出者又无法获得其他部门的支持，那么这也可能是伪需求。

第三步，分析需求的可行性。通过开展市场调研来辨析需求是共性需求还是个性化需求。

共性需求：适用于大多数客户的业务场景。

个性化需求：仅适用于特定少数客户的业务场景。这种需求要通过系统后台配置、功能升级或定制化方式才能满足。

如果是共性需求，那么其为真实需求的可能性就很大；若是个性化需求，则应综合考虑需求实现的成本与潜在的商业价值，以确保投入产出比的合理性。

分析需求后，我们需要向客户反馈。

如果是真实需求，那么我们需要进行需求的跟踪管理，定期与产品研发部门沟通，并向客户明确功能上线的时间。

如果是无法实现的需求，应清晰梳理无法实现的原因并告知客户，同时，向客户提供其他解决方案，以获得客户谅解。

2. 定期迭代产品功能以满足客户的业务发展与需求

除了响应客户需求外，我们的产品研发部门也致力于定期推出新功能，以不断提升产品的市场竞争力和用户满意度。

举一个我曾做过的针对小 B 端客户的产品推广案例。

当时我在一家中医诊所 SaaS 公司负责客户成功的工作，为了提升该诊所在中医诊所市场的竞争力，公司投入了大量资源开发在中医理论中占据核心地位的"体质辨识"功能，以吸引更多中医诊所的客户。

"体质辨识"是中医进行个体化诊疗和疾病预防的重要基础，例如，我们熟知的"望闻问切"就与"体质辨识"密切相关。

当时市场上还没有中医诊所 SaaS 产品具备这一功能，而具备此功能的非 SaaS 公司产品又没有我们做得那么专业和完善。我们评估该功能对中医诊所而言价值巨大，不仅能够优化中医诊所的业务流程、增强客户黏性，还能显著提升其"治未病"业务的营收。

该功能（如图 3-10 所示）由公司高薪聘请的专业中医团队主导开发，严格依据

图 3-10 中医体质辨识及调理方法功能

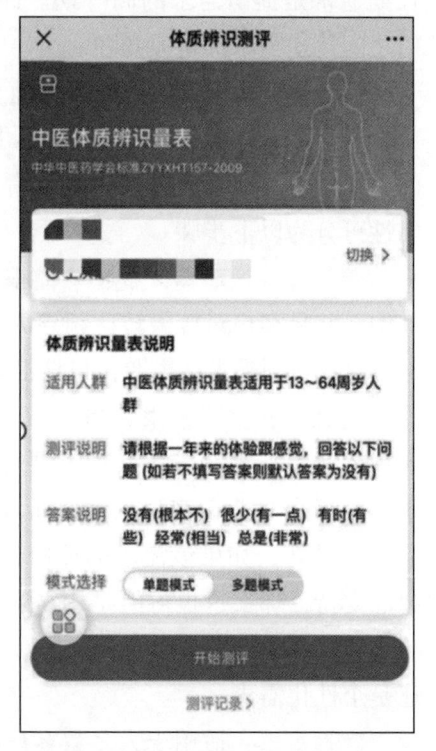

中医的"九种体质"分类法，将人体体质分为平和质、气虚质、阳虚质、阴虚质、痰湿质、湿热质、血瘀质、气郁质和特禀质。然后，通过让用户回答100多道题目的方式，帮助用户识别自己的体质。最后，依据识别出来的体质向用户提供调理方案的建议，从而达到调和阴阳、扶正祛邪的效果。

在深入理解产品功能和价值之后，我们便着手设计产品推广策略。

1）第一步：明确功能价值。

- **产品功能的重要性。**

该功能旨在帮助用户根据"体质辨识"理论自行识别自身体质。在中医"治未病"的理论中，清楚自身的体质极为重要，这有助于有针对性地预防疾病。

- **产品能够为诊所创造哪些价值。**

提升诊所服务能力：协助诊所增加与病人的互动，向病人提供免费的体质辨识工具。

促进商品销售：用户完成体质辨识后，系统会根据用户的体质来推荐调理套餐。如表3-5所示，系统会根据用户的体质（以平和质为例）并结合不同季节来推荐相应的养生产品。

表3-5 系统根据平和质推荐的调理套餐

编号	体质名称	季节	分类	商品
1	平和质	春季	养生茶	银耳茶
			养生粥	山药粥
			养生汤	荠菜豆腐汤
			足浴方	艾叶汤
		夏季	养生茶	枸杞防暑茶
			养生粥	薏苡百合粥
			养生汤	绿豆海带汤
			足浴方	明目除湿汤
		秋季	养生茶	芝麻养血茶
			养生粥	甘蔗粥
			养生汤	百合莲子汤
			足浴方	杏仁茶叶汤
		冬季	养生茶	枸杞红茶
			养生粥	黑芝麻粥
			养生汤	益寿鸽蛋汤

2）第二步：分析功能价值如何实现。

- 用户操作成本与支付意愿。

操作成本：用户必须愿意花费超过 10 分钟的时间来填写问卷。不要小看这 10 分钟的时间，许多人即使想了解自己的体质，也不愿意投入这段时间来完成问卷。当时，为了能够使填写问卷的时间尽可能缩短，我们与产品部门沟通了很长时间，其表示："为了确保体质辨识的准确性，用户必须回答上百个问题。"因此，用户在进行操作时一定是非常关注自己的身体健康状态，只有有这种意愿，才能驱动他花费 10 分钟回答 100 多道题。

支付意愿：用户目前非常重视身体健康，并愿意为改善健康而付费。这类用户可能正处于疾病阶段，或是异常注重养生，或对中医非常信任。

- 诊所推广意愿。

诊所老板意愿：有意愿但不知如何实施。诊所老板通常是医生，因此，他的团队管理和营销意识较弱。

内部员工意愿：本职工作已经接近饱和。如果没有激励引导的话，员工很难有意愿推广此功能。

- 推广传播难点。

推广方式：由于成本和意识因素的限制，仅能通过微信和店内推广来进行传播。

推广内容：诊所工作人员不是营销专业人员，因此，他们缺乏规划推广内容的能力。

3）第三步：为诊所客户制定营销方案。

- 找准人群，精准推广。

人群画像：主要针对针灸及输液病人进行推广。这类人因为身体不适，同时拥有大量的时间，所以，他们很可能会重视自身的健康问题。其次是到店的其他病人，因为他们对中医有信任感，所以也是我们的推广对象。

推广时机：输液和针灸通常需要 30 分钟以上，此时病人因身体不适会非常关注自身的健康问题，也很容易被与健康相关的事件打动。最为重要的是，他们拥有超过 10 分钟的空闲时间来填写问卷。

- 降低诊所推广成本。

护士和医生通常都没有时间进行操作指导，此时就需要我们为诊所制作一份"体质辨识"的宣传海报，以清晰地展示"体质辨识"的重要性和操作指引，并张贴在输液室、针灸室等显眼处。这样，护士和医生就只需进行简单的介绍引导即可。而对于我们而言，我们只需制作一份宣传海报就可以在多个诊所客户中复用，其边际成本非常低。

- **优化产品，降低退出率。**

产品的初版仍存在一些问题。例如，对较年长的用户来说，我们需要优化字体大小。另外，还需要调整问题顺序，将易回答的问题放在前面，以减少半途退出的情况。其次，还要增加回答问题的激励措施。当用户回答的问题达到一定数量后，弹出鼓励性话语。

- **激励一线，促进成交。**

建议诊所为护士团队增加养生套餐的销售提成，以提高其推广的积极性，特别是在病人咨询套餐时，护士团队会更有动力迅速地解答病人疑问。

4）第四步：寻找种子客户进行推广。

由于人们对稀缺性有一定的心理倾向，并且更愿意继续投入资源到已经投入成本的事物，我们设计了一个小门槛，要求有意向的诊所转发公众号的宣传推文后，才能获得免费开通"体质辨识"功能的权限。

这个小门槛不仅能够筛选出真正感兴趣的诊所，还能提升诊所对产品的重视程度，为后续调动积极性和资源奠定了基础。

对于首批表现出强烈意愿的诊所，我们积极地调动市场部门和产品部门的资源来协助它们进行首轮推广。在此过程中，我们不断地学习并调整策略，确保产品功能的价值得到有效实现。

可以看到，在推广新功能的过程中，我不仅是简单地将产品介绍给了客户，把产品价值告诉了客户，同时，我还结合客户的管理水平与业务现状为客户设计了如何通过新功能来提升营收的方案。当然，可能有人会说，工作做到这么细会导致成本有点高。但在我看来，如果设计出来的新功能没有发挥价值，那么成本会更高。

3.4.2 兑现结果方面的承诺：解决客户业务问题

除了通过系统满足客户需求外，我们还需凭借专业能力来解决客户的各种业务问题，以实现我们的价值。

1. 掌握系统思考的方法

正如医生将人体视作复杂系统来诊断疾病,我们在解决客户业务问题时,也可以运用系统思考的方式来识别和分析问题。

什么是系统思考呢?

德内拉·梅多斯(Donella H. Meadows)所著的《系统之美:决策者的系统思考》被誉为系统思考领域的经典之作。她在书中指出,对于一个系统而言,整体大于部分之和。这一观点是系统思考的核心原则。

系统思考认为任何系统都由三个元素组成,分别是要素、连接以及目标。系统的三元素如图 3-11 所示。

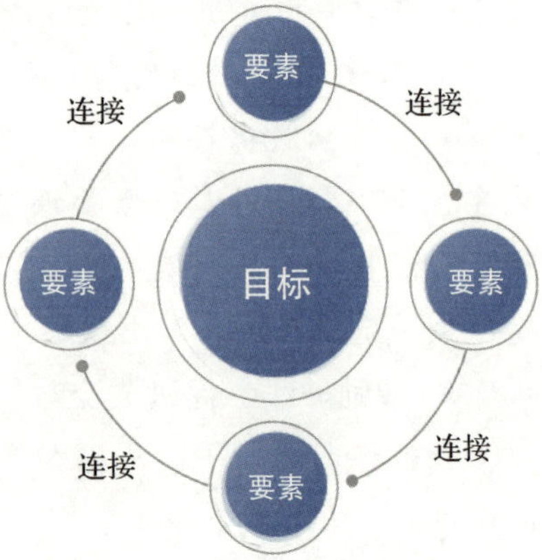

图 3-11 系统的三元素

(1)要素:系统中的最小单元

要素是构成系统的基础单元,它类似于人体内的细胞或足球队中的球员。同时,它也是系统的最小单元。

在企业这个系统中,要素指的是企业内的各个部门或个体。每个要素都有其独特的目标,这些目标与整个系统的大目标相结合,形成最终的目标达成结果。例如,某家企业可能有两个事业部同时向同一客户销售产品。此时,如果两个事业部都仅关注自身的业绩目标,那么就会产生内耗,最终导致未能最大化地实现业务目标。

以人体为例,每个人都追求身体健康这一终极目标。人体是由心、肝、脾、肺、肾等多个组成部分构成的复杂系统,且每个部分都有其独特的功能和需求。然而,当这些部分在追求其独特的功能和需求时,可能会做出与整体健康目标相悖的行为。比如,味蕾可能喜欢刺激性食物所带来的味觉享受,但消化系统更适合处理清淡的食物。同样,大脑可能追求酒精带来的短暂快感,却未意识到这会给肝脏增加额外的负担。在这种系统中,我们必须在各个器官的需求和偏好之间寻找平衡。这意味着我们需要在追求即时满足和保持长期健康之间做出合理的选择。

(2)连接:连接方式决定了系统的效率与形态

一个系统虽然由多个要素组成,但仅凭要素本身并不足以形成一个完整的系统。要素之间必须存在内在的关联，这些关联决定了系统中一个部分对另一个部分的状态变化的响应。

例如，在足球队中，这种连接体现在球员之间的沟通、教练的战术指导以及比赛规则上。而在企业中，连接则表现在信息的流通与共享和企业文化上。

这些连接方式的变化可能会对整个系统产生深远的影响。在足球队中，若球员不变，但球员间的关系变得更加紧密了，那么其配合会更加默契，球队的表现也会焕然一新。另外，可能仅仅是更换了教练或调整了战术，球队的战斗力就发生翻天覆地的变化。

在企业中，无论其企业文化是"以客户为中心"还是"以上级为中心"，都会对员工的行为和工作风格产生深远影响。在"以客户为中心"的企业中，员工在协作时会首先考虑客户的利益。相反，在"以上级为中心"的企业中，员工的协作则更倾向于遵循上级的指示。

因此，在分析客户时，我们必须深入研究客户的连接，包括管理规则、部门间的协作方式、工作流程、企业文化等。通过理解这些连接的现状，我们可以更准确地诊断客户目前面临的问题，并提出有效的解决方案。

（3）目标：系统目标决定系统的行为和方向

系统的目标是其存在的基础，也是最为关键的环节。它决定了要素的配置、属性以及要素之间的连接方式。例如，如果足球队的目标是赢球，那么这一目标就指导着球队的各个方面，包括招募合适的球员、制定战术等。同样，如果企业的目标是扩大营收规模，那么各部门的工作就将围绕生产和销售客户愿意购买的产品展开。

在服务客户时，我们必须清楚地了解客户的目标，因为目标的差异会深刻影响系统的表现。比如，足球队的目标若从赢球调整为不输球，那将导致球队的战术和球员的行为发生根本变化。企业也是如此。如果企业的目标从追求营收规模转变为追求利润，那么企业中各个员工的行动都将相应调整。

在系统思考中，要素的连接方式与系统的目标是系统的关键，它们对系统行为和性能有决定性影响。因此，当我们采用系统思考的方法分析客户现状时，我们不仅需要观察客户系统中的各个要素，还需深刻理解这些要素之间的连接，以及它们如何相互作用以达成系统的整体目标。

2. 以系统思考的方法诊断问题

以系统思考的方法诊断客户问题，即评估客户目标是否存在偏差、客户连接是否有效推动业务发展以及各要素的健康度。

（1）客户目标是否存在偏差

目标决定了系统的方向。如果目标出现错误，那么其他元素即使再优秀，也无法取得预期的结果。

1）客户目标是否有误。

我们需要分析客户的整体目标是否与市场趋势和需求相符。如果整体目标存在偏差，那么可能会导致资源投入不当，影响最终结果。

例如，一家跨境电商企业的目标客户群体主要活跃在平台 A 上，但该家企业却希望通过我们的系统在平台 B 上进行投放以获取客户。在这种情况下，即使我们为该家企业提供再多的帮助，也无法实现该家企业期望的结果，最终会导致双方都不满意。

再比如，一家企业希望通过我们的系统进行自己的老客户运营以提升"老带新"的比例，从而推动"老带新"政策的发展。然而，该企业的老客户群体是高端客户，他们根本不关注"老带新"的激励措施，而是只关心服务的质量和体验。在这种情况下，即使在"老带新"的激励政策上投入再多努力，也无法达到预期效果。

因此，我们需要及时发现问题，并利用充分的证据说服客户制定正确的目标。

2）系统与要素的目标是否协调一致。

系统中的各个要素都有自身的目标。当各要素的目标不一致时，每个要素都会采取行动将整体目标朝更靠近自身目标的方向调整，最终会使整体目标达到平衡。如果这个平衡后的目标大于各部分目标之和，则表明系统是健康的。

例如，若营销部门计划开展"老带新"活动，而售后服务部门专注于提升服务的品质，此时，双方的目标一致，因此能事半功倍，进而可以以良好的口碑带动客户转介绍。然而，如果此时售后服务部门的目标侧重于利润，即计划减少服务投入以获取更多利润，那么老客户可能会察觉到服务质量的下降，这将对营销部门的"老带新"活动产生负面影响，且整体效果也不如预期。

（2）客户连接是否有效推动业务发展

许多 SaaS 系统的核心价值在于解决客户协作问题。在识别这些问题时，我们需要分析客户是否存在部门间沟通不畅和信息孤岛等现象。首先，我们要分析客户的核心连接因素，如一号位、企业文化、跨部门协作、业务流程等，这是决定客户行事风格的因素。接着我们要分析客户的内部管理方式，这是决定个人与企业关系的连接因素。最后我们要分析客户与外部供应商的连接方式，这决定了供应商的市场竞争力。

1）**主要连接因素**：分析客户公司级和部门级的现状。

一号位：很多时候企业的一号位即决定了一家企业的协作情况。比如，一号位如果喜欢独断专行，那么各部门之间就势必会减少沟通，而向一号位直接汇报。因此，我们在分析客户的业务问题时，首先要分析一号位对公司的影响。

企业文化：研究客户所推崇的文化理念以及反对的行为。这些理念是促进了全公司为共同目标而努力，还是导致了公司内部形成派系斗争。

跨部门协作：识别客户各部门之间是否存在沟通不畅和信息孤岛的问题。如有，应确定是管理机制问题还是系统问题。

业务流程：剖析客户在生产与销售以及销售与售后的协作关系中是否存在各自为政的现象。考察从客户需求端到生产端的信息传递是否畅通以及客户投诉从接收到处理的流程是否高效。

2）**次要连接因素**：分析客户公司与个人的关系现状。

人力资源管理：分析员工受到人力资源管理影响的程度，例如，关键人的稳定性、一线员工的评价，以及企业的培训、考核和激励制度是否有助于激发员工的积极性等。

信息技术：分析客户正在使用哪些系统、各系统满足了客户的哪些运营需求，以及哪些需求尚未得到满足。

3）**外部连接因素**：分析客户公司与上下游的关系现状。

供应链管理：对客户的供应链进行全面分析，包括供应链的结构、流程、效率和可靠性。识别供应链对业务的影响和风险，例如库存过多或过少、物流延误、无法按时交付等情况。

采购管理：分析客户的采购制度与偏好以及供应商对客户的态度。例如，客户是价格偏好型还是质量偏好型，以及供应商是帮助客户提升产品或服务质量，还是影响了客户的产品定价。

（3）各要素的健康度

为了确保提供全面的服务并解决客户面临的问题，我们需要从多个角度来审视客户的系统。

1）从生产系统的视角分析：

生产效率：我们需要深入客户的生产现场，直接观察并分析生产线的操作流程。重点关注生产信息流转的准确性，包括生产计划、库存水平、物流状态等关键信息的共享情况，以及这些信息是否因延迟或失真导致库存积压或短缺。需要指出的是，这里的生产是指广义上的生产，非特指生产车间内的产品制造。

质量控制：我们应详细地了解客户的产品质量控制流程，包括质量检测标准、方法和频次。通过分析历史质检记录和不合格产品数据来识别质量问题的根本原因。

成本管理：我们应对客户的生产成本进行细致分析，涵盖原材料、人工、能源、设备、库存等各个方面。识别生产过程中的浪费环节，例如，非必要的运输和等待时间，以及库存管理策略和物流布局的优化空间。

供应商管理：分析客户的供应商选择和管理流程，审查供应商的历史服务记录和响应速度。同时，分析原材料价格波动、供应中断、物流延迟等历史数据，以优化供应链的稳定性和效率。

2）从营销体系的视角分析：

市场定位：评估客户的产品或服务是否精准地匹配目标客户群体。通过分析客户的市场调研报告，判断所处的市场是否足以支撑其业务目标的实现。

营销策略：采用营销4P框架进行分析，评估客户产品的价格是否足够吸引目标客户群体，渠道合作方式是否有效且成本低廉，以及是否能接触到更多客户、产品质量是否符合目标客群的期望、推广方式是否准确触达目标客户。

客户关系：从客户的视角出发，体验销售和服务的全过程。同时，需要分析销售团队的沟通技巧与方法、研究销售体验中的峰终瞬间以及各销售工具的有效性。

市场连接：分析客户的市场反馈收集机制，评估他们对市场动态的响应速度和营销策略调整的灵活性。例如，客户如何利用市场数据来优化营销活动。

3）从售后服务系统的视角分析：

- 评估服务过程质量。

服务流程：分析客户当前的售后服务流程，检查投诉处理机制是否为闭环。另外，还需评估流程能否确保问题被迅速识别和解决，以及是否存在流程中断或效率低下的环节，包括投诉反馈渠道数量、投诉过程是否便捷、服务响应速度、用户投诉和反馈的平均解决时间、解决问题的完成率、问题解决后是否反馈给投诉人以及投诉人对处理结果的评价。

服务记录：分析服务记录的详细程度和准确性，以及服务记录是否有助于对质量进行分析，包括投诉问题的性质、服务团队的响应速度、采取的解决方案以及问题的最终处理结果。

售后政策：分析现行售后政策，评估其是否能够安抚投诉人的情绪、是否能够有效地解决他们的疑虑和关切以及是否具备足够的吸引力来维持用户忠诚度，包括是否提供无条件退货退款、是否给予一线人员灵活的补偿权限、是否为每位用户建立档案等。

- 评估服务结果。

客户缴费速度：对于负责货款回收的售后服务组织来说，应评估其款项回收的速度。

客户复购率及频次：这体现了售后服务的另一项价值。分析复购率和复购频次可以间接地反映服务质量。

客户满意度：分析反馈的内容，包括满意度调查结果、产品体验反馈和服务体验评价，识别服务的优劣势。

我一直认为，要想解决客户的问题，就必须有深入挖掘问题本质的精神。因此，要采用系统思考的方式解决客户问题，通过点、线、面层层递进地分析，识别问题产生的根本原因，进而提出有效的解决方案。

系统思考不仅是一种解决问题的工具，更是一种思维模式。它能够提升我们对客户问题的理解程度，帮助我们设计出更加全面和持久的解决方案。

3.4.3 应对客户投诉

在服务客户的过程中，虽然我们始终追求卓越的服务品质，但难免会遇到客户不满意的情况，这可能导致客户投诉。面对投诉，我们不应感到害怕或退缩，而应以积极正面的态度应对和解决，并将其作为提升服务质量和客户满意度的契机。

1. 投诉管理机制

首先，我们应建立客户投诉管理机制，如图 3-12 所示。

接收投诉 → 调查投诉 → 分析投诉 → 处理投诉 → 客户补偿

图 3-12　投诉管理流程

（1）接收投诉：优先处理客户情绪

在接到客户投诉时，我们的首要任务是妥善处理客户的情绪。经验告诉我们，客户在首次投诉时往往是在宣泄情绪。因此，我们应先安抚客户，缓解他们的情绪，为后续投诉的解决创造有利条件。

在处理情绪的过程中，最重要的是避免任何可能激化客户情绪的行为，如推卸责任或否认问题的存在。这些行为不仅无助于解决问题，还可能导致客户感到更加沮丧和不被理解。

（2）调查投诉：快速了解投诉原因

在确保客户情绪稳定后，我们应对投诉事件进行详细的询问、调查和分析，以全面掌握事件的具体情况。在这个过程中，速度至关重要。我们必须在 24 小时内查明投诉原因，并据此制定相应的应对措施。

判断客户情绪是否稳定的标准包括语调的平和以及用词的客观，例如总是使用"你们总是……"、"每次都……"等情绪化的表达。

（3）分析投诉：分析投诉事件性质

在处理客户投诉时，我们首先需要从投诉事件导致的结果来分析其性质。

影响客户体验：分析投诉是否影响了客户的销售以及客户体验，例如产品稳定性、使用便捷性等。

影响客户与生态伙伴的合作：分析投诉是否影响了客户与渠道、生态、供应商等相关合作方的协作。

影响客户的工作效率与成本：分析投诉是否引发了客户工作效率的下降或成本的增加，例如系统故障、流程复杂、资源浪费等。

在了解投诉的性质之后，我们需要进一步寻求导致这些投诉的原因。

服务或销售人员问题：判断问题是否源于服务或销售人员的失误、疏忽或不当行为。

系统问题：分析问题是否由系统故障、设计缺陷、操作复杂性等技术因素导致。

公司规章制度：评估问题是否由公司的政策、流程、规定不够合理或缺乏灵活性造成。

（4）处理投诉：快速响应以降低后续影响

及时响应：无论投诉事件的严重程度如何，我们都必须在24小时内完成以上三个步骤，也就是说，我们应在24小时内给予客户初步回复。这一行动向客户展示了我们对投诉的重视和解决投诉问题的决心。

快速解决：对于非严重的投诉事件，我们应在24小时内努力解决。对于更严重的情况，即使我们无法立即解决，也应制订一个明确的后续处理计划，确保客户感受到我们的积极态度和专业水平。

（5）客户补偿：通过补偿重获信任

补偿方案：根据投诉的严重程度，提供相应的补偿措施。这可能包括赠送额外的系统使用时间、提供折扣或其他客户可能感兴趣的补偿措施。

重建信任：补偿措施旨在重建客户信任，并维护与客户的长期合作关系。通过这些措施来表明我们对客户满意度的承诺以及愿意为未能达到客户期望的情况负责。

2. 投诉复盘机制

为了不断提升服务质量并防止未来再次出现客户投诉，我们应当建立并实施一套系统的复盘机制。

（1）归因分析：深入探究投诉产生的根本原因

沟通不畅：沟通不畅或沟通不足是引起大多数投诉事件的最常见原因。沟通问题可能发生在内部，也可能发生在外部。我们需要识别问题所在之处，并采取相应措施进行改进。

资源投入不足：评估资源配置是否充足。如果投诉是由于人力、研发或其他资源投入不足引起的，那么我们必须重新考虑资源分配，确保关键领域得到充分的支持。

专业与技术水平不足：分析团队是否具备满足客户需求的专业能力和技术水平。如果存在不足，那么应制订培训和发展计划，提升团队的整体能力。

目标设定错误：检查团队的目标设定和考核方向是否准确，这可能导致服务人员行为上的偏差。例如，过度重视项目进度而忽视项目质量。

（2）因素分析：全面分析引发投诉事件的因素

人员因素：评估参与人员的服务态度、性格特点、专业能力等是否影响了事件的进程。

流程因素：分析与客户相关的业务流程，并检查是否存在流程漏洞。另外，还需评估流程是否存在监督和纠偏措施的不足，以及执行过程中是否存在疏忽。

供应商因素：如果投诉源于外部供应商，那么我们应分析其管理方式和评估体系，以确保供应商的高质量和可靠性。

这样的复盘制度不仅能够帮助我们及时解决客户的问题，还能够从根源上提高我们的服务水平，确保客户满意度的持续提升。

3.5 成熟期目标：赢得关键人的信任

在实现客户业务升级的过程中，我们应抓住时机，赢得客户关键人的认可和信任。

事实上，在第一次接触客户时关键人的经营活动就已经开始。基于此，我们需将关键人分为两个层级，以此来区分优先级，从而更有针对性地赢得关键人的信任。

- 一级关键人：指对续约具有决策权的部门负责人或公司高层。
- 二级关键人：包括业务对接人或其他对产品价值实现有直接影响的人员。

3.5.1 如何赢得一级关键人的信任

一级关键人是拥有续约决策权的关键人。无论是对于 SaaS 行业还是其他

ToB 行业，无论是大 B 端还是小 B 端客户，与客户高层建立良好的关系都是极其重要的。

甚至对许多专注于服务大 B 端客户的公司来说，赢得客户高层的信任被视为评价人才的关键标准。

因此，能否获得一级关键人的认可成为完成续约的决定性因素。

1. 赢得高层信任的原则：光明正大才能走得更远

我们经常提到某些人喜欢搞小动作或心术不正，意思是说他们倾向于在不正当的途径上动心思，而非光明正大地解决问题。例如，在经营客户高层的过程中，他们不去考虑如何满足客户高层为完成其 KPI 指标所产生的需求，而是试图通过不正当的行为来拉拢关系。

他们可能曾以这种方式取得过成功，但从长远来看，这种方式难以持续。

如果我们要与客户建立长期的合作关系，那么必须遵循一个原则：始终致力于满足高层为完成其 KPI 指标所产生的需求。正当地完成这件事比利用人性的欲望和不正当手段去完成要困难得多，但正是这种困难会成为我们与客户建立深厚信任关系的基石。

首先，我们需要弄清楚客户高层的 KPI 是什么。这一步本身就可能充满挑战。其次，我们要深入理解这些 KPI，并思考如何根据它们来满足客户需求。这对服务人员的专业能力是一个巨大的考验。最后，我们要努力地满足 KPI 所带来的需求。尽管这非常困难，但我们必须努力完成，因为这些挑战正是我们的竞争优势。一旦我们的团队具备了这种能力，那么即便客户高层更替，我们也不会面临经营风险。

明源云所在的房地产行业也存在潜规则的现象，但明源云 20 多年来始终坚持"不返点、不行贿"的原则，公司引导团队专注于解决客户高层的核心业务问题，并持续提升专业能力。正是这种价值观使公司全体成员摒弃了走捷径的想法，反而以最慢的方法走得更远。

2. 赢得高层信任的难点：恐惧、急功近利、沟通障碍

（1）恐惧——内心的障碍

在与客户高层交流的过程中，我们面临的挑战往往并不是专业水平或人际交往能力的不足。更常见的情况是，内心的自卑感或恐惧感影响了我们的

行为，导致在关键时刻表现失常。这是一种很普遍的心理状态，在心理学领域被称为"瓦伦达效应"。

瓦伦达效应（Karl Wallenda Effect）源自美国著名的钢索艺术家卡尔·瓦伦达（Karl Wallenda）的真实故事。

瓦伦达是美国一个著名的钢索表演艺术家，以精彩而稳健的高超演技闻名。有一次，演技团安排他为一批非常重要的客人献技。瓦伦达非常在意这次表演，他知道全场都是美国知名的人物，如果这一次的表演成功了，不仅能奠定自己在演技界的地位，还会给演技团带来前所未有的利益。

他没有用保险绳便开始了演出。多年以来他一直这样，且从未出过错，因此，他有100%的信心。

但是，意想不到的事情发生了。他走到钢索中间，仅仅做了两个难度并不大的动作就从10米高的空中摔了下来，不幸坠亡。

事后，他的妻子在接受媒体采访时提到她知道这次一定要出事，因为他在出场前就不断地说："这次太重要了，不能失败。"这与他以往的专注态度不同，他没有像往常那样只专注于行走本身，而是被结果所困扰。这可能是导致他失误的原因之一。

后来，瓦伦达效应这个概念被心理学家用来说明一个现象：当一个人过分关注结果，尤其是负面结果时，过度的焦虑和压力可能会妨碍他的表现，导致他无法发挥出正常水平。

在与客户高层的互动中，瓦伦达效应尤为明显。患得患失、对结果过度关注以及恐惧感常常成为影响我们正常发挥的罪魁祸首，尤其是面对客户高层时的紧张和恐惧可能导致生理和心理的多种反应，如心跳加速、大脑一片空白、说话结巴、身体不稳定、语速加快、声音变小等。

在遭遇客户的冷淡或几次表现不佳之后，许多服务人员可能会感到气馁，不敢继续尝试。然而，这正是我们需要克服的。

（2）急功近利——短期思维的陷阱

除了恐惧之外，还有一些人在客户高层经营中因过度关注结果而产生急于求成的心理。他们期望通过一次接触就迅速获得客户高层的信任和青睐，这种心态往往会导致他们采取过于直接甚至粗暴的行动，如频繁互动、送礼或宴请。他们试图通过这样的方式迅速与高层建立利益共同体。然而，这种急功近利的沟通方式很可能引起高层的警觉甚至反感，从而降低了成功的可能性。

我们应该认识到，人与人之间的关系发展通常需要经历四个步骤：知道你、了解你、认可你和愿意帮助你。

这四个步骤不可能仅通过一两次见面就完成。尤其是对于客户高层而言，他们清楚我们的目的，因此可能对我们抱有更强的防备心。这意味着需要更多的时间和耐心来逐步感化他们并建立信任。

我们在与客户高层的互动中，应当先集中精力解决其关心的业务问题，然后在解决业务问题的过程中，让其认可你乃至愿意帮助你。这是一个逐步发展的过程，也是正常的人际关系发展逻辑。这不是仅凭几次会面、几次利益诱惑或耍嘴皮子就能实现的，而是需要时间的积累和真诚的互动。

（3）沟通障碍——不知如何开启对话

我们好不容易克服了恐惧心理，也消除了急功近利的心态。此时，我们虽然敲开了客户高层的门，却面临一个更大的难题——不知如何开启对话。

如果仅仅讨论我们的产品和服务，那么可能不足以引起客户的兴趣。如果话题转向日常琐事或时事新闻的话，又可能使对话显得生硬。如果想要开启涉及客户的业务的话题，那么我们可能不知从何开始。

这种"不知聊什么"的困惑成为许多服务人员心中难解的题。这个问题的根源并不在于我们的认知水平不够，也不在于前期准备不充分，而是因为我们与客户高层之间存在信息差。信息不对称使我们难以把握客户高层所面临的具体挑战，也难以产生真正的同理心。

解决这一问题，可以采取两种策略：一方面，我们可以通过多种渠道积极地收集信息，以更深入地了解客户高层；另一方面，我们要激发客户高层的表达意愿，并成为一位出色的倾听者。

客户高层通常青睐那些能力出众、态度积极的人。向他们请教是展现积极态度的一种有效方式。在请教时，我们应避免提出那些本应自己掌握的专业问题。

我们可以请教一些关于发展历程、企业文化和管理实践的问题，有时甚至可以询问如何更有效地与客户内部各部门协作的问题。这些问题不仅与我们提供的服务息息相关，也是客户高层乐于分享的话题。

在与高层交流时，可以开门见山地表达出你希望为他们提供优质服务的真诚态度，并请教如何能够更好地满足他们的需求，这通常能够促进更深入的对话。

3. 赢得高层信任的方法：高层经营五步法

（1）第一步：从相似性入手

在心理学领域中，相似性是一个备受关注的研究主题，它涉及人们如何建立联系与相互吸引。研究表明，人们天生倾向于与自己相似的人建立联系，这种相似性可能体现在观点、个性、爱好、背景或生活方式上。

这种倾向源于我们深层的心理机制，它影响着我们的社交偏好和人际吸引力。研究表明，这种相似性的影响是根深蒂固的，以至于我们在遇到穿着与自己相似的人时，会不自觉地产生积极反应。

因此，在准备与高层会面之前，我们可以深入研究他们，并寻找可能的共同点。无论是同乡背景、共同的母校、相同的兴趣爱好，还是某段相似的人生经历，都可能成为搭建沟通桥梁的关键。或许，在初次见面时，这些小小的相似之处能为双方的关系奠定良好的基础。

（2）第二步：根据客户高层的风格选择沟通方式

理解客户高层的个性和偏好对建立有效的沟通至关重要。尽管我们可以从多种角度对客户高层进行分类，但根据他们的决策风格，将其分为理性或感性类型，对我们的经营策略具有重大的指导意义。

这种分类方式来自美国心理生物学家罗杰·斯佩里（Roger W. Sperry）的左右脑分工理论。斯佩里教授的研究显示，左脑主要负责逻辑和分析，而右脑则主导直觉和情感。这种生物学上的差异在日常决策的过程中表现出来，形成了不同的风格和偏好。

在与客户高层的互动中，当我们面对理性风格的高层时，可以采用严密的逻辑、翔实的数据和强有力的论据来支持我们的观点。这种方法能够满足他们对信息深度分析的需求，并展示我们工作的合理性和可靠性。

当我们面对感性风格的高层时，则应强调事在人为、勇往直前以及积极进取的重要性。通过这种方式，我们能够引起他们的情感共鸣。

（3）第三步：通过刻意练习消除恐惧

在与几位在高层经营上表现出色的朋友深入交流后，我们领悟到了一个宝贵的道理：没有人天生擅长高层经营，所有的精通都是通过刻意练习和不懈努力达成的。

朋友们坦诚地分享了他们的经历。在刚开始接触客户的高层时，他们也会感到紧张和迷茫。但是即便如此，他们也会给自己设定一个时间目标。比如，第一次见高层至少要待够10分钟，第二次见面至少要待够20分钟等。

正是这份不畏惧、不放弃的坚定意志，使他们即使在过程中遇到高层拒绝或尴尬，也选择了坚持下来，继续寻求交流的机会。

正是这种坚持不懈的精神，使他们在持续的尝试与失败中逐渐地掌握了高层经营的诀窍，也使他们从最初的生涩和不自在变成后来的自信和从容。

他们的话让我联想到了另一个故事：

2012年，一位名为蒋甲的中国人在美国发起了"100天被拒绝的挑战"。这一挑战的核心在于，每天主动尝试一些可能遭遇拒绝的事情，以此锻炼自己对拒绝的承受能力，并从中获得学习和成长。他希望通过这一挑战，使自己对拒绝变得不再敏感，从而降低对拒绝的恐惧和焦虑。

第一天，蒋甲站在街头向陌生人借钱。正如预料，他被拒绝了。然而，他没有因此放弃。第二天，他尝试在一家汉堡店点一个并不存在的"奥运套餐"。同样，他也被礼貌地拒绝了。然而，蒋甲并未气馁，而是继续坚持他的挑战。

随着挑战的推进，蒋甲开始尝试更为大胆的请求，比如在大学课堂上授课，或是在餐厅免费用餐。令人惊讶的是，随着时间的推移，他发现拒绝并不像他最初想象的那样可怕。有时候，他甚至能够说服他人接受他的请求。

100天的挑战结束后，蒋甲不仅克服了对拒绝的恐惧，还收获了宝贵的人生经验和深刻的洞察力。他意识到，很多时候，拒绝并不是对个人的否定，而是他人基于自身情况做出的决策。他也学会了如何从拒绝中寻找机会，以及如何将拒绝转化为动力。

如果你此时正为如何与高层有效交流而烦恼，那么不妨借鉴蒋甲和我的一些朋友的做法。你可以设定一个刻意练习的目标，例如，每次见到高层时必须至少停留 15 分钟，即便出现冷场和尴尬也要坚持满足这一条件，相信在经过几次这样的练习后，你也能自如地与客户高层进行沟通。

（4）第四步：熟练运用价值汇报

在高层经营中，定期地向客户高层进行汇报无疑是一种关键的沟通手段。这种正式的业务汇报不仅能够展示系统的价值及其对客户业务的贡献，而且能够加深双方的信任与理解。

在准备汇报时，我们首先需要确保汇报内容与客户的核心业务紧密相连。这意味着汇报应聚焦于客户管理层所关注的业务指标，尤其是那些与 KPI 直接相关的指标。

其次，汇报应当以清晰且结构化的方式呈现。我们可以从提出主要观点开始，然后，再提供有力的支持论据，这种逻辑顺序有助于客户高层快速地捕捉到汇报的要点。这种清晰的呈现方式不仅展示了我们的专业性，也体现了我们对客户高层的时间的尊重。

最后，在汇报中我们应明确认可和感谢客户团队成员的贡献。这种肯定不仅能够增强客户的认同感，还可以进一步促进双方关系。同时，表达对他们的支持的感激之情，也展现了我们对合作伙伴的尊重和珍视。

细致策划内容：确保涵盖从服务启动到完成的每一个关键目标，特别是项目成功达成的里程碑和关键成果。强调系统上线带来的业务改进和效益提升，如效率提高、成本节约、客户满意度提升等，并以数据和实际案例作为支撑，使汇报内容更具说服力，如图 3-13 所示。

创新呈现方式：在报告呈现方面，除了传统的报告和演示外，还可以考虑使用视频、案例研究、客户见证等多种形式，使汇报更生动、直观，进一步提升客户的满意度。

准备成功案例：深入剖析具有代表性的成功案例，以此来展示我们如何通过专业服务帮助客户克服挑战，实现业务的飞跃。这些案例能够让客户直观地看到投资回报，增强他们对项目成果的认可和自豪感。

共同讨论未来方向：利用此次会议的机会与客户探讨项目未来的发展方向和长远目标，探讨如何基于当前的成功进一步深化合作，实现更大的业务价值。

目录 CONTENTS

01 22年数据洞察
02 22年数字化创新探索
03 22年数字化营销破局

2022上半年重点服务事项　　　　　　　　明源云客

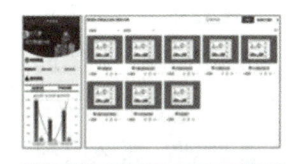

数据赋能
提升销管条线效率，
案场管理赋能
- 统计提效报表 8 张
- 管理分析报表 25 张

贝 x 家升级
构建贝 x 统一的线上
营销平台
- 装修升级
- 应用培训
- 运营策略及执行方案

业务保障
及时高效，保证应用稳定
- 季度、半年、年度业务巡检
- 项目走访及业务分享交流
- 日常运维

图 3-13　房地产客户的半年巡检报告

（5）第五步：关注高层的情绪价值

情绪价值对于每个人来说都是不可或缺的。高层领导也是一样，他们面临工作压力，也渴望得到认可和理解。

在领导面临压力时，我们可以提供支持与鼓励。这不仅能够缓解他们的压力，也能满足他们的情感需求。简单的陪伴或是运动都可以使彼此在轻松愉快的氛围中增进了解，进一步加强双方的联系。

除了建立友谊，我们还可以通过满足领导的个人诉求来获得信任。这里所指的个人诉求是基于马斯洛需求理论中的社交需求、尊重需求和自我实现需求。例如，领导可能期望在专业领域获得认可，或实现个人的抱负。

我们需要细致观察领导的个人诉求，而不是直接询问领导的个人目标。通过观察和倾听来掌握他们的兴趣爱好，并从他们周围的人那里获取信息，从而间接地了解他们的个人诉求。

高层经营不仅限于业务合作，更涉及情感交流。通过提供情绪价值、帮助解决问题以及满足个人需求，我们可以在尊重和真诚的基础上，与高层领导建立起更深层次的关系。

3.5.2　如何赢得二级关键人的信任

产品从上线到创造价值至少要经过五个环节，即**产品培训、业务线启用、产品与业务融合、产品赋能业务与产品助力业务创收**。在这五个关键环节中，二级关键人的作用不可或缺，他们是决定产品能否成功落地并创造价值的关键因素。

通常情况下，二级关键人是客户方的联络人，也是与我们接触最频繁的人。对许多服务人员来说，赢得二级关键人的信任是他们的长处。频繁的互动消除了他们的自卑和恐惧的心理障碍，这使得与他们建立友谊变得极为自然。

如果我们连与客户的二级关键人的关系都不能妥善处理，那么续约风险将会大幅上升。二级关键人通常在资源协调和向上汇报中扮演着重要角色。如果我们无法为他解决问题、降低他的工作难度，那么他很可能会向领导反馈我们存在的问题，并且不配合我们的工作。

当然，有时我们也会遇到一些难以应对的二级关键人。他们大多工作繁忙，而我们的业务在他们的工作中仅占很小的一部分，因此很难引起他们的更多关注。

在这种情况下，想要与他们建立亲密的关系可能会比较困难。为了克服这些困难，这里分享三个实用的小技巧，以供大家在遇到类似情况时参考使用。

（1）寻求共同深入一线的机会

通常，二级关键人是集团职能部门的成员，为了了解业务实施情况，他们通常需要深入一线。因此，我们应积极地争取与他们一同前往的机会。这样的共同经历不仅有助于我们更深入地理解客户业务，还能加强与二级关键人的合作关系，建立信任。

（2）适度做一些本职以外的工作

在与二级关键人的合作中，还有一种方式有助于获得他们的认可，那就是适当地做一些超出职责范围的工作。

例如，我的民宿 PMS 的销售人员在得知我们家民宿想在小红书上推广后，就经常与我分享运营和推广小红书的技巧。这无形中增加了我对他的信任。这并不是他的本职工作，但他仅仅是因为知道我对这件事感兴趣，就一直留意相关内容。

通常情况下，在月末或季度末，二级关键人需要向上级汇报业务数据。然而，数据的核对和清理往往是烦琐且耗时的工作。在这种情况下，如果我们能够在自身的能力范围内协助他们简化这项工作，那么就能显著提高他们的工作效率，同时也迅速拉近双方的关系。

（3）适当地承担额外的责任

最后一个小技巧是在合适的时机为二级关键人承担一些小责任。

分享一个我亲身经历的例子。

当时，客户高层在周一的例会中给我分配了一项任务，并让我与二级关键人共同完成。由于任务需要协调客户方资源，因此，在会议结束后，我立即联系二级关键人讨论具体执行细节。然而，因为任务还需其他部门的支持，所以他建议我暂时不要开始行动，而是等待他的进一步指示。

我尊重了他的意见，决定暂缓执行。然而，到了周三，客户高层发现任务尚未启动，十分不满，并对我进行了严厉的批评，还指责我的服务不到位。

那一刻，我感到非常委屈。但我明白，这不是推卸责任的时机。我迅速向客户高层承认了错误，并保证立刻采取措施，确保任务在周五下班前完成。当时，二级关键人也在场。虽然他没有明确表态，但我能感觉到他对于我主动承担责任的行为非常感激。

这件事之后，我和他之间的关系发生了微妙的变化。他开始更加信任我，并愿意与我分享更多的信息和见解，我们之间的沟通也变得更加坦诚和顺畅。

3.5.3 合作升级：从单一部门合作到跨部门合作

在获得一级关键人认可后，我们便可以发起另一个行动——合作升级。

合作升级不仅仅是为了增购，还为了增强与客户的合作黏性，也就是说，合作的产品种类越多，客户的替换成本就越高。

合作升级是指将合作范围从单一业务线扩展到整个部门，再从单个部门延伸到多个部门，最终实现在集团层面上的战略性合作。

以与营销部门的合作为例，起初可能只限于客户管理、渠道管理、业务数据管理等方面。随着合作的深入，我们可以依据 4P 营销理论的结构，拓展到市场推广、产品需求调研、价格管理等更广泛的合作领域。同样，与人力资源部门的合作也是如此，可能从最初的招聘管理模块，逐步深入到企业培训、人才评估等更深层次的合作。

要实现合作升级，关键在于两个方面：

首先，我们在首次合作中必须让客户看到我们拥有承担更大任务的潜力。

其次，我们需要与客户的决策层的关键人建立良好的关系，赢得他们对深入合作的支持和认可。

为了评估合作升级的机会，将合作深度划分为四个等级，每个等级都设定了相应的评估标准，作为升级的参考依据。请记住，只有在完成前一等级后，才可考虑进入下一等级，详见表 3-6。

表 3-6 服务水平评价表

维度	类型	客户关注点	服务精力投入	客户得到	评价标准
第一级：基础合作	以服务为基础	产品使用问题	提升产品应用活跃度	系统操作解答	及时响应且解决问题
第二级：解决问题	以需求为基础	业务问题	解决客户问题	解决方案	问题得以解决
第三级：客户信任	以客户成功为基础	工作问题	策划新业务	咨询服务、解决方案	增购
第四级：战略伙伴	以信任为基础	工作及个人问题	理解客户决策层的工作压力	提供企业战略发展的意见	战略合作

第一级是基础合作。在合作的初始阶段，我们主要为客户提供系统操作的解答服务，帮助客户正确地理解和使用我们的产品。在此阶段，我们的目标是确保客户能够正常使用系统，评价标准是响应速度和解决问题的反馈。此时，虽然可以获得客户的积极评价，但尚未形成较高的客户忠诚度和竞争壁垒。如果我们持续处于这个阶段，那么续约风险将会很大。

第二级是解决问题。在这一级中，我们开始聚焦于满足客户的业务需求，客户也更加关注其问题是否得到有效解决。我们通过提供有针对性的业务解决方案来协助客户应对挑战。这一级的成功标准是解决问题的效率和质量。合作进入这一级后，客户满意度会有所提升，但此时也不能掉以轻心，因为客户仍可能因价格或高层决策而选择其他供应商。

第三级是客户信任。这一级的合作关系建立在过往主动的客户成功服务之上。客户在遇到任何问题时都会主动寻求我们的帮助，同时，我们凭借专业能力为客户提供解决方案，并发掘新的合作机会。衡量标准是产品的增购率和渗透率。此时，我们与客户内部的各级关键人都建立了良好的信任关系，同时，客户不续约的风险降低了，但也不排除客户因价格因素或高层变动而选择不续约。

第四级是战略伙伴。这是合作关系的最高等级，需要基于深深的信任才能达成。达到这一级别后，客户的一、二级关键人会积极地寻求与我们建立更深层次的战略合作关系。无论是工作还是个人层面，他们都会寻求我们的支持和建议。衡量这一级别的标准是我们是否与客户的最高决策者建立了良好的信任关系以及是否与客户形成了战略级合作。一旦达到这一级别，便形成了强大的护城河，不仅客户会认可我们的价值，而且其他竞争者也很难取代我们。

3.6 续约期目标：按期续约和原价续约

在续约期，我们设定了两个关键目标，以确保服务的持续性和价值的最大化。

一是及时续约与回款。我们必须确保在系统到期前完成续约流程并收回款项。对于服务大型企业客户的公司而言，这一目标尤为关键，因为这些客户的内部审批流程可能相当复杂，这给到期前完成回款带来了挑战。

二是原价续约。我们努力以原有价格完成续约。因为大 B 端客户通常具有高客单价和多产品合作的特点，客户往往会在续约谈判中寻求整体折扣，这使原价续约的难度增加。

因此，设定具有挑战性的目标至关重要，它不仅能促使服务团队提前规划续约谈判，还能推动服务团队提升服务质量。

- **提前规划**：设定高目标以激励团队在续约谈判开始前三个月就启动准备工作，以有效控制谈判过程中的风险。
- **提升服务质量**：坚持以原价续约来推动服务团队持续精进服务质量，

确保客户感受到服务的实际价值，而不是仅仅因为价格因素而选择续约。

3.6.1 在客户规则内"跳舞"

企业之间的差异性导致每个客户的续约流程都独具特色，因此，我们在续约谈判时必须深入了解每个客户特有的采购和付款流程。在遵循客户内部规则的同时，努力优化自身的策略和行动。

1. 明确客户费用的来源与类别

续约谈判的首要步骤是明确客户负责谈判的部门以及费用的来源。

许多情况下，续约的谈判和决策部门并非系统使用或费用支付的部门。例如，我们与集团签订合同，但合同款却来自分公司的业务费用。

因此，我们首先需确定费用的来源部门，然后再推动其启动续约流程。通常情况下，这些部门是业务执行单位，如承担销售任务的分公司、负责预算费用的某个集团管理部门等。

接下来，我们必须深入了解续约费用的性质，判断它属于销售费用还是管理费用。这一点至关重要，因为它关系到客户预算的规模以及我们的续约风险。

如果续约费用的性质是管理费用，那么我们面临的续约风险可能会相对较高，因为在业绩下滑或经营困难时，管理费用通常是首先被削减的支出。

如果续约费用的性质是销售费用，那么我们需要关注客户对营销费率的考核指标［营销费率=（营销支出/销售收入）×100%］，因为该指标决定了客户预算的分配方向。

因此，准确地识别续约费用的来源部门，并赢得该部门的认可，同时，根据费用的类别来制定相应的续约策略，是续约谈判成功的关键。

分享一个我曾遇到的由于预算费用界定不明确而导致续约失败的案例。

我曾负责一家大型集团的省级分公司的续约谈判。当时我们的合作采用SaaS模式，为该省超过10个市级分公司及其近100个下属区县支公司提供业务管理系统。这次合作看起来似乎取得了巨大的成功，但实际上潜藏风险。

作为管理部门的省公司是没有营销预算的。我们的服务费用是在省公司某管理部门负责人的坚持下，从各区县支公司的营销预算中调拨而来。虽然各支公司负责人表面上接受了这一安排，但内心颇有微词。他们认为我们的服务占用了他们的营销资源，对销售活动产生了不利影响。

为缓解这一矛盾，我们在首年服务期间特别加强了对各分公司的业务支持，并且全力以赴地满足他们的业务需求，以此来证明我们服务的价值。我们的团队遍访了全省的各地市，为有需求的分公司提供了不遗余力的支持。

尽管我们付出了巨大的努力，但仍未能平息各分公司的不满情绪。在第二年的续约中，我们通过降低服务费用的策略，才勉强维持了合作关系。然而，到了第三年，省公司管理部门也难以抵挡来自其下属单位的压力，最终决定不再续约。

这次失败的经历让我深受启发：如果没有获得续约费用来源部门的充分认可，即便我们的服务再出色，即便我们获得了其上级部门或领导的支持，也可能面临续约失败的风险。

因此，在合同签署之初，我们必须确保与有着稳定预算的部门进行合作洽谈，以避免在续约时面临重大风险。

2. 明确续约谈判的不同角色

在明确续约费用的来源之后，接下来的关键步骤是识别并关注参与续约谈判的核心人员。由于企业间存在显著差异，因此，参与谈判的人员构成会因企业文化、规模及年度采购活动频率的不同而变化。为了更好地应对这一变化，应根据企业的决策层级和规模进行分类，以制定更具针对性的策略。

（1）多层级、多部门联合进行续约谈判——大型和中型客户

对于大型客户来说，想要完成到期前续约回款的目标是具有挑战性的。这主要是因为他们的高客单价带来的强大议价能力。这类客户每年处理的采购任务数量庞大，不仅需要高效地管理，还需要严格的风险和成本控制。

因此，大客户在续约谈判中常常采用跨部门联合决策的策略。这种策略涵盖了多个关键部门，包括但不限于审计、业务、IT和采购部门，通过协作来确保续约决策的全面性和均衡性。

例如，审计部门可能负责监督谈判的合规性，以确保过程透明且公正；业务或IT部门可能专注于评估供应商的服务质量，提供专业评价与反馈；采

购部门则可能聚焦于价格谈判,力求实现最佳的成本效益比。

在与这些部门互动的过程中,我们必须深入理解每个部门的利益与关注点,从而避免不必要的误解或冲突。例如,采购部门可能倾向于通过降低成本来展示其议价能力,而IT部门可能会通过对我们的系统和服务提出挑战,以证明其在推动数字化转型方面的专业性。

在谈判时,我们需要针对不同部门的代表采取不同的沟通策略。在与IT部门交流时,我们要强调我们的数字化建设会严格遵循其技术指导。而在与采购部门交流时,我们要明确传达我们的定价原则,并在必须打折时,让他们感受到折扣是基于他们高超的谈判技巧所得到的。

此外,为了降低续约过程中的风险,得到决策层的支持至关重要。在出现分歧或反对意见时,这些支持者能够为我们提供强有力的辩护,助力我们克服障碍,顺利达成续约协议。

(2)决策者亲自进行续约谈判——小客户

小客户的续约流程通常较为简单,续约谈判往往由客户决策者亲自进行。

因此,在为小客户提供服务时,我们需深入洞察客户决策者的具体需求与期望,以确保我们提供的服务能够精准地满足这些需求。除了提供系统工具之外,我们还应该根据客户的业务需求来提供定制化的解决方案。例如,通过定期举办行业沙龙活动,为客户决策者提供了解市场先进经验和前沿信息的平台,以此增强与客户的互动和联系。

同时,鉴于小客户可能面临经营挑战和倒闭风险,我们在服务过程中需要持续关注客户的经营状况,并与他们就经营管理进行深入交流。同时,还可以利用我们在特定行业或领域内的丰富资源,为客户的经营管理提供创新灵感和实用建议。

在续约谈判中,面对因竞争产品的影响而提出降价要求的小客户,我们必须坚持原价续约的原则,而不是以降价作为续约的条件。尽管从短期来看,降价策略可能会为续约带来便利,但从长远来看,这可能会影响客户对我们服务价值的认可,并可能为未来的合作埋下隐患。

3. 明确续约的干扰要素

在续约谈判的过程中,我们不仅要做好充分的准备,还必须警惕来自竞争对手和客户内部的干扰因素。这些因素可能会放大我们的弱点,对谈判结果产生不利影响。

这些干扰因素通常隐蔽性很强，有时我们需要通过"信息教练"的协助，才能识别出这些干扰因素。然后，我们需要评估它是竞争对手的干扰，还是客户内部某个关键人对我们不满。

在此，我分享一个成功抵御竞争对手的案例。

一家中型房地产公司的组织架构分为集团与项目公司两个层级。我们与该客户的合作关系已持续近10年，其合同签署主体为项目公司，费用从各项目公司的销售费用中支付。尽管单个合同每年的金额约为10万元，但由于有10个项目公司同时使用我们的产品，因此，整个集团每年需向我们支付超过100万元的SaaS订阅费用。

一直以来，双方都以这样的价格和方式进行愉快的合作。作为对我们服务质量的认可，每到年末，客户都会授予我们"最佳供应商"的荣誉称号。

然而，随着房地产行业的整体下行，集团营销部门也面临着销售预算的压力。在这样的情况下，集团不得不对各项开支都进行严格的审视和削减，其中包括每年需支付给我们的100多万元的产品费用。

此刻，一直对客户虎视眈眈的竞争对手看到了机会。竞争对手联系了集团的营销部门，提出了"150+20"的系统方案，即一次性支付150万元进行定制化开发，并加上每年20万元的运维服务费用，就可以满足集团内所有项目公司对系统使用的需求。

集团营销部门对此方案非常感兴趣，随即召集招采部和IT部门来讨论替换我们的可行性。营销部门采用"双轨并行"的策略，一方面让IT部门评估定制化系统的可行性，另一方面让招采部与我们就续约价格展开谈判。

客户的行为引起了我们的高度警觉，我们迅速地利用客户内部的"信息教练"了解具体情况，得知策划此次替换的决策者是集团营销总监，他对我们服务费用进行了重新评估，认为这笔开支对他的营销预算造成了较大压力。因此，他希望通过优化营销投入来降低营销费用。

"信息教练"还透露，尽管营销总监策划了此次替换，但他对系统替换可能带来的业务风险持保留态度。实际上，他更希望我们能够提供更优惠的价格，以维持双方的合作关系。

掌握了这些信息后，我们进行了深入分析。首先，我们确定了可以接受的最低降价幅度，以确保降价不会影响其他客户关系。随后，我们探索了可能的谈判突破点，并发现了三个对我们有利的因素。

竞品方案的缺陷：其二次开发缺乏透明度。鉴于营销领域的快速变化以及客户每年不断变化的营销策略，若客户选择定制化营销系统，势必会面临大量的二次开发需求。这些成本难以预测，且存在巨大的风险。

IT 部门的支持：客户的 IT 部门不希望我们被替换。因为转向定制化模式后，将显著增加 IT 部门的工作量。目前 IT 部门已经负责维护多个系统，并不希望再增加额外负担。

客户一线员工的支持：客户一线员工对更换系统也持反对意见。他们已经习惯了我们的系统，并对我们提供的服务感到满意。如果更换为定制化系统，他们不仅要重新适应新系统，还可能面临缺乏服务支持的问题，特别是数据报表的处理，如果没有我们的协助，他们的工作效率将显著降低。

最终，基于这些优势，我们调整了商务策略并成功保住了客户。同时，为了防止客户每年都提出降价要求，我们以一次签订三年为条件，与客户达成最终协议。

3.6.2 回款、回款、回款

回款是续约管理的最终环节。只有当客户完成回款后，续约工作才算真正结束。从续约到回款，通常需要一个周期，短则数天，长则数月。在此期间，我们必须严格监控回款进度，以确保客户能够在约定的时间节点前完成支付。

对于大客户来说，我们通常需要先开具发票，客户才能据此进行款项支付。然而，开具发票涉及一定的成本，如果客户延迟支付或未能支付，那么我们不仅将面临工作成果无法兑现的风险，还可能需要承担额外的开票成本或处理退票手续。

因此，从客户签约到回款的整个流程中，我们必须实施精细化的节点管理。

- 选择合适的开票时机：依据客户的资金计划管理制度和财务流程，确定最佳的开票时间，以确保付款申请能及时发起。
- 发票交付留痕：无论使用电子发票还是纸质发票，一旦交付给客户对接人，应确保其确认收到发票。这样可以避免客户对接人声称未收到发票而导致付款延迟，或防止其丢失发票后推脱未收到。
- **跟进付款申请流程**：与流程发起人保持良好的关系，确保在其收到发票和其他必要文件后能迅速地启动付款申请，并将进展及时告知我们。
- **监控审批进度**：持续跟踪审批状态，一旦发现流程延误，就立即查明原因并寻求解决方案。
- **明确付款时间**：在流程完成后，与客户对接人确认具体的付款日期，并在预期付款日密切关注款项是否到账。如遇未按时支付款项，应立即与客户联系并协商解决方案。

对于小客户来说，特别是个体经营者，我们应建立多元化的收款机制，以提高付款的便利性，这包括提供现金收款、扫码支付、服务人员微信代收、信用卡支付、个人对公转账等多种支付方式。通过这些灵活的支付方式来缩短客户的决策时间，促使他们快速地完成付款。

同时，在与小客户进行续约谈判时，应尽早确定负责续约的决策者，并与其定期保持沟通，以确保信息的及时传达。随着续约日期的临近，应提前介入谈判，通过适当的方式营造一定的紧迫感，以促使客户加快付款决策。例如，可以通过限时优惠或礼品激励的方式来鼓励客户在特定时间内完成付款。

对于不需要发票即可付款的客户，我们应优先处理其付款，然后再根据客户的具体需求开具发票。这种方式有助于加快回款速度，且能保持服务的灵活性和客户满意度。

3.7　本章小结

像医生看病一样解决客户问题
- 医生看病的原则：医者仁心、循证医学、临床经验、以病人为中心。
- 医生看病的逻辑：在"提出假设、收集证据、验证假设"这一过程中循环，直至做出准确的诊断。
- 医生看病的流程：病人主诉—医生问诊—体格检查—初步诊断—辅助检查—鉴别诊断—最终诊断。
- 医生治病的原则是根据病人的具体情况，先明确诊断，再进行治疗。

- 服务客户时不要急于提供方案，应该先找出客户真正的问题。
- 借鉴医生管理病历的逻辑，建立客户交接表以确保交付质量，以及建立一客一策表以确保服务目标管理和服务的连贯性。

交付期目标：赢得客户信任

- 重视第一印象的构建：利用海报和自我介绍来塑造专业形象。
- 交付流程：确定交付目标—设计交付方案—培训上线—交付验收。
- 实现交付目标的三重验证：内部交底会、外部见面会与启动会、调研与资料收集。
- 遵从设计交付方案的核心原则：以客户为中心制定交付方案。
- 系统培训上线的两个关键要点：邀请客户领导出面支持和深入基层参与日常服务工作。
- 交付验收的两个要点：策划交付验收汇报来展示价值、明确下步目标。

成长期目标：兑现销售承诺

- 需求管理：在接收需求时需辨别其真实性。若是真实需求，应进行论证分析，并反馈给客户上线时间；若为无法实现的需求，则需向客户进行必要的解释。
- 功能推广：确定功能价值—分析价值实现途径—制定实施方案—找到种子客户进行试点。
- 解决客户问题：首先通过系统思考理论的三元素诊断问题，然后结合客户的市场情况制定解决方案。
- 客户投诉处理：建立公司级的投诉管理机制。在处理投诉时，需先安抚客户情绪，再解决问题。

成熟期目标：赢得关键人的信任

- 关键人分为两个层级：一级关键人决定是否续约，通常是企业主或高级管理人员；二级关键人决定价值落地的成效，通常是具体对接人。
- 赢得一级关键人信任的原则：始终专注于满足高层 KPI 指标所产生的需求。
- 赢得一级关键人信任的难点：恐惧、急功近利、沟通障碍。
- 赢得一级关键人信任的方法：寻找相似之处、根据高层风格选择沟通方式、刻意练习、定期进行工作汇报、关注情绪价值。

- 赢得二级关键人信任的方法：共同走访一线、适当地承担一些超出职责的事务、协助其承担部分责任。
- 评估合作深度：基础合作、解决问题、客户信任、战略伙伴。

续约期目标：按期续约和原价续约

- 明确续约费用的来源和类别：确定续约费用的相关部门，以及这一费用是归属销售费用还是管理费用。
- 明确续约谈判的参与方与决策者：大中型客户采用多部门联合的续约谈判方式，小客户则由决策者进行续约谈判。
- 明确续约干扰因素：借助"信息教练"来获取真实信息，评估续约干扰因素有哪些，以及这些因素的背景。
- 大客户回款的闭环管理：选择合适的开票时机—发票交付留痕—跟进付款申请流程—监控审批进度—明确付款时间—款项到账。
- 小客户收款方式多样化：通过多种收款方式提高小客户中个体经营者的付款便利性。

CHAPTER 4
第 4 章

续约的"器"：
如何利用公司资源
实现续约

  本章中，我们将探讨续约的"器"。许多人初次听到"器"时，可能会认为它是指续约的管理工具，如续约管理系统、多维表格等。不可否认，优秀的工具确实重要，但工具只是为自身工作服务的手段，这与我们以客户为中心的原则不符。因此，在续约管理中，续约的"器"指的是 ToB 公司为使服务人员能够更好地服务客户而构建的资源体系。

  许多公司在建立内部资源体系时，往往过于偏重某一方面，比如，有些公司可能过于关注服务事项的管理，希望通过卓越的服务质量来确保客户续约。有些公司可能专注于与客户高层建立牢固的关系，希望通过高层的信任来促进续约。还有些公司可能依赖低价策略吸引客户，期望通过价格优势来保持市场竞争力。

  然而，续约管理是一个复杂的体系。它并不是仅针对某个客户，而是需要应对整个客户群体，因此，会受到"事、人、财"三方面限制因素的综合影响。

为此，在设计续约的"器"时，我们必须围绕这三个核心因素构建续约资源体系，如图 4-1 所示。

01 构建解决客户问题的资源体系
- 资源：产研团队、行业专家、生态伙伴、服务执行团队
- 服务团队与第三方合作解决客户问题

02 构建赢得客户高层信任的资源体系
- 资源：公司高层、市场部门
- 公司高层重视，市场部进行行业运营，为客户高层创造价值

03 构建具有谈判优势的资源体系
- 资源：客户的客户、客户的渠道
- 让客户主动与我们续约

图 4-1 续约的"器"

- **构建解决客户问题的资源体系**：通过与产研团队、行业专家及生态伙伴合作，建立解决客户业务问题的支撑体系。
- **构建赢得客户高层信任的资源体系**：在公司高层和市场部门的支持与协助下，赢得客户决策者的信任与认可。
- **构建具有谈判优势的资源体系**：通过提升客户渠道和客户的客户的使用黏性，增强客户对我们的依赖，以在谈判中取得优势。

4.1 构建解决客户问题的资源体系

作为一家 ToB 公司，解决客户的问题是公司的立足之本。

尤其是在激烈的市场竞争中，能够解决的客户问题越多，公司能够抓住的市场机会就越多。能够解决的客户问题难度越大，公司产品的客单价就越高，与客户的关系也就越牢固。

因此，作为公司的经营者，我们必须始终坚持"以客户为中心，以解决

客户问题为导向"的宗旨，并据此组建一支全面的服务团队来解决客户的各种问题。

服务团队由以下四个核心部分构成：

- **业务研究端**：由行业专家构成，专注于深入探索客户业务问题，寻找并制定最佳解决方案。
- **产品设计端**：由产研团队构成，专注于设计和开发高质量的 B 端产品，满足市场需求。
- **生态资源端**：由外部合作伙伴构成，专注于弥补我们的薄弱环节，与我们共同形成一体化解决方案。
- **服务执行端**：由客服、运维、交付、客户成功经理等构成，专注于解决实际问题，直接面向客户。

如图 4-2 所示，在客户问题解决组织架构中，客户问题是这个体系的"养分"，支持着整个团队的成长。业务研究、产品设计和生态资源则构成了这个体系的"树干"，它们的工作目标是解决特定的客户问题。服务执行相当于"树叶"，其目标是解决每一个具体的客户问题。在实际操作中，"树干"能解决的问题越多，就会变得越粗壮，"树叶"也会更加茂盛（即可服务的客户数量增多）。同时，"树叶"是"树干"吸取"养分"的途径，以一个个新的客户问题促进"树干"的日益健壮。这样就形成了一个正向的反馈循环，推动产品和服务的持续优化。

图 4-2　客户问题解决组织架构

4.1.1　与产研团队合作，让客户体验最好的产品

打造一款优质的 B 端产品是一个长期且复杂的过程。在这个过程中，服务团队与产研团队的协作效率至关重要。例如，服务团队如果能准确地向产

研团队提供高质量的客户反馈，那么产研团队可以利用这些反馈迭代出优质的产品。而如果服务团队反馈给产研团队的多为客户的个性化需求或伪需求，那么势必会影响产研团队的效率，导致消耗大量资源而无法快速设计出具有竞争力的产品。

根据系统思考的方法，提升系统效能首先需要确保系统内部目标的一致性和连接方式的有效性。在目标一致性方面，服务团队与产研团队通常不存在问题，均以打造优质产品为目标。然而，双方在连接方式上往往存在障碍，例如，由于相互不理解，导致协作效率低下。

这种情况在许多公司中都很常见。服务人员认为产品经理闭门造车，缺乏对客户业务场景的理解。而产品经理则认为服务人员未能充分理解产品的价值，并且在传达客户需求时不够客观。

这种误解导致双方在沟通时各说各话，谁也无法说服对方。最终，这不仅影响了客户需求的准确传达，还可能导致产品无法满足客户需求，引发客户的不满。

尽管服务人员一直与产品经理保持接触，但在调研了众多客户成功经理后，我发现，他们对产品经理的工作职责和思考方式并不十分了解。他们常常误以为所有对客户有利的需求都需要纳入产品经理的考虑范畴。然而，他们未意识到，这些需求通常是针对单个客户的业务场景提出的，而产品经理在进行产品设计时，通常关注的是所有客户的业务场景，旨在根据大多数客户的共性需求来设计产品。

因此，作为执行服务的人员，我们必须知道如何与产品经理合作。

1. 需求提出前的准备工作

在服务人员与产品经理的协作过程中，提出需求是最常见的工作场景。然而，许多服务人员在与产品经理沟通前都未做充分的准备。这导致产品经理的时间被浪费，产品设计的效率也受到了严重影响。

例如，在某些公司中，由于服务人员未能在客户提出需求之前进行必要的筛选和分析，导致产品经理需要花费大量时间进行解释，这严重降低了产研部门的工作效率。有产品经理反映，他们通常只能在下班后进行产品设计工作，因为常规工作时间几乎都在处理一线问题，难以进行深度思考。

为了避免这种情况出现，服务人员在与产品经理沟通需求之前，应该自问以下四个问题，并携带这些问题的答案进行沟通：

- 这个需求是否已经实现？
- 这个需求是不是真实需求？
- 这个需求是共性需求吗？
- 这个需求若不能立刻实现，会导致什么后果？

第一，确认客户的需求是否已经实现。

当客户提出需求后，我们首先要确认该需求是否已经被实现。这一步非常关键。在工作中常常会出现这样的情况：产品实际上已经满足了客户需求，但我们对产品和客户需求不够了解，误以为还未实现。因此，我们可以通过自行研究产品或询问其他同事的方法进行确认。

第二，验证客户的需求是不是真实需求。

在评估需求是不是真实需求时，通常考量需求与业务之间的关联。一方面，这个需求是否能够解决实际的业务问题。比如，需求的实现是否能够为客户连接更多的渠道，或者在实现后是否能减少更多的业务环节。另一方面，评估客户是否已经具备这个需求背后的业务场景所需的资源条件。比如，如果需求背后的业务场景需要跨部门协作才能实现，那么就评估其他部门是否愿意提供支持。

第三，验证客户的需求是否为共性需求。

在评估需求是否为共性需求时，最佳方法便是调研。通过寻找与客户规模、性质和管理风格相似的企业进行访谈，来了解它们是否对该需求产生了共鸣。

第四，评估无法立刻满足客户的需求的后果。

这是决定需求优先级的关键。首先，需要判断该需求是否会导致客户业务流程中断，无法开展业务，如有，则优先级高。接着，要评估该需求是否会给客户带来直接损失，包括从资金、客户、渠道流失等方面进行考量，如有，则优先级高。

完成以上评估后，服务人员便可以携带答案去找产品经理沟通需求。此时，产品经理就能从服务人员的反馈中准确判断需求的优先级。

2. 需求提取的方法与策略

在与产品经理沟通需求时，服务人员应保持开放的态度，专注于阐述业务场景和遇到的问题，而非急于提出自己认定的解决方案。这有助于产品经理更深入地理解需求背后的业务逻辑和实际需求，进而设计出更契合客户需求的解决方案。

如果服务人员固执己见，坚持认为自己的解决方案是最佳方案，而不是向产品经理阐述需求背后的业务场景，那么势必会限制产品经理对业务场景进行深入的挖掘，使他们无法充分发挥专业能力去探索问题的根本原因。

这就像我们去看医生时，如果我们直接告诉医生我们自认为的诊断结果并要求医生开药，那么不仅会忽视医生的专业判断，也可能会错过正确诊断和治疗的机会。

因此，服务人员在与产品经理沟通时，应当详细地描述业务场景和遇到的问题，以便产品经理凭借其专业知识和经验提出最合适的解决方案。

3. 需求提出后的闭环管理

在确定需求的排期后，服务人员的工作尚未完成。服务人员还需进行需求的闭环管理，协助产品经理完善最终的产品设计。

首先，积极确认方案。在产品经理完成产品方案后，服务人员应积极地联系产品经理，从客户业务的角度来审视方案的合理性并提出建设性建议。作为需求提出方，服务人员应在产品开发过程中参与产品设计。这虽然会增加沟通成本，但可以防止许多无效投入，从而能够提高工作效率。

其次，产品上线后应进行测试。在将新功能推给客户之前，服务人员需要从业务视角对新功能进行测试，以确保上线后的产品符合客户要求。测试确认无误后，服务人员便可进行客户推广和培训。如果在测试中发现问题，服务人员应及时向产品经理反馈，待问题解决后，再进行推广。

最后，收集客户反馈并传递给产品经理。收集客户反馈并传递给产品经理是至关重要的一步，但在实际工作中，极少有服务人员主动地承担这一责任。这可能是由于事务性工作过多，也可能是因为不愿与产品经理沟通。

在产品上线后，服务人员需要对提出需求的客户进行培训。这是为了使客户明白产品设计的理念，并帮助客户更好地使用产品。如果服务人员认为新功能对其他客户也有价值，还应向其他客户推广新功能。

当新功能投入使用后，服务人员应积极地收集客户使用新功能的具体场景及其反馈，并及时地将这些信息传递给产品经理。这些反馈对产品经理极为重要。它不仅可以帮助验证功能迭代的正确性，还能启发产品经理优化更多相关功能。

当以专业的方式进行需求管理时,服务人员将赢得产品经理的尊重,并在今后的协作中获得更多支持。

4.1.2 利用行业专家资源,成为客户"刚需"

在企业服务中,我们能明显地感受到仅凭产品来解决客户问题已经愈发困难。首先,客户的需求日益复杂,有些需求甚至超出了产品的范畴;其次,产品同质化现象愈加严重,单凭产品能力难以在竞争中占据显著优势。

因此,作为一家卓越的ToB公司,必须组建专家团队来满足客户的业务需求,从而与竞争对手拉开差距。

1. 专家资源的价值:提升客户的依赖性

这是一种"以客户为中心,以解决客户问题为目标"的经营策略,也是赢得客户信赖的必要投入。这种投入对竞争激烈的行业来说至关重要。它不仅体现了"产品可以同质化,服务不能同质化"的价值,还推动了客户从依赖产品到依赖服务的转变。

我们在评估专家资源投入的价值时,可以从两个方面进行考量:直接价值和间接价值。

直接价值体现在专家为特定客户提供专业指导上,包括解决客户的业务问题、项目交付、客户内部培训、客户售前支持等环节。这种指导将直接影响客户对服务的满意度。

间接价值体现在专家通过对客户行业的深入研究和分析,帮助客户找到解决方案上。这种方式能够塑造公司专业的品牌形象,并确立行业领导地位。

(1)专家创造的直接价值:直接解决客户业务问题

专家创造的直接价值主要有四个方面。

1)识别和解决客户业务问题。

尽管我们要求交付、客户成功等服务人员具备较高的专业水平,但在服务客户时,仍会遇到非常复杂的问题。这时,我们需要借助更高层次的专家来解决客户的问题。下面以明源云为例,介绍专家在解决客户业务问题时所能创造的价值。

明源云始终将解决客户的业务问题视为核心目标。为实现这一目标，明源云建立了一套定期业务汇报的反馈机制。明源云按照季度、半年或年度的周期，组织专家团队和客户成功经理共同分析客户的业务数据和问题，并通过定期业务巡检的形式向客户高层汇报发现的问题及其解决方案。

有一次，在为一家房地产客户进行年度业务巡检的过程中，明源云的专家在分析业务数据时注意到了一个异常情况：客户有80%的销售合同为折扣销售。这一数据显然不正常，因为任何公司都不可能接受如此高比例的折扣销售。这一情况立即引起了专家的警觉。

我们迅速行动，采用电话调研、实地询问等多种方式来查明这一异常现象的具体情况。调研结果显示，这些所谓的"打折销售"实际上并非真正的折扣，而是销售人员为了简化流程，将本应退还给购房者的住宅面积差价，错误地计入了车位的购买价格中。

例如，当购房者因实得面积减少而需被退还1万元房款时，如果该购房者同时又需要购买一个标价为7万元的车位，那么销售人员便只收取6万元车位费，将该笔交易在系统中标记为"打折销售"，并备注为"处理房屋退款"。

最初，我并未意识到这种做法的严重性。然而，专家对此表现出极大的担忧，他凝视着屏幕上的数据，思考片刻后，郑重地告诉我这种操作可能隐藏着巨大的财务风险。

见我疑惑，他进一步解释道："你了解土地增值税吗？它是房地产公司的主要税负之一，计算方式也极为复杂。首先，土地增值税采用分类计算，即住宅和车位需分别计税。其次，土地增值税税率随增值额梯度上升。也就是说，成本越低，收入越高，企业需要缴纳的税额就越多。"

根据房地产销售的实际情况，住宅的毛利通常高于车位，因此，住宅需要缴纳的税率也高于车位需要缴纳的税率。

客户车位的原价已是亏损销售，并不需要缴纳土地增值税。然而，为了图方便，错误地将住宅退款计入车位销售中，这不仅不能减轻车位的税负，反而导致住宅增值额虚高，增加了不必要的税负。

在听了专家的详细解释后，我立刻意识到了问题的严重性，并迅速联系了客户的财务部门。他们表示，报税是基于系统提供的收入凭证进行的，他们对此问题并不知情。

随后，我与专家立即赶赴客户现场，与财务部门及客户对接人共同进行了详细的计算。我们发现，这一错误操作使得每套房子多缴纳了大约2000元的税费。

在年度巡检汇报中，我们与客户对接人一起向客户高层如实地汇报了这一情况，并建议立即禁止此类操作。客户高层对我们能够及时发现并指出这一问题表示非常感谢。从那以后，我们与该客户的关系变得更加紧密，后续产品的销售也非常顺利。

2）完成创新项目交付。

明源云的专家团队不仅在巡检汇报中扮演着关键角色，还在创新或复杂项目的交付中发挥着至关重要的作用。尤其是在涉及创新的项目交付中，经常需要专家团队的深度参与，以确保项目能够满足客户的需求。

例如，近年来广受关注的线上营销和私域运营。此类体系的升级和管理变革项目都需要专家的深度参与。对私域运营来说，如何将公共领域的客户导入私域、采用何种价位的礼品吸引客户裂变、使用何种优惠券来提升客户转化率等，都需要高度专业的知识，因此，专家团队须在分析客户画像和行为后制定相应策略。

3）为客户提供内训服务。

在服务过程中，客户常因业务扩展或深化的需求提出内部培训的需求。这些需求通常只有具备丰富专业知识和实践经验的专家才能有效满足。

在为一家区域型房地产客户提供服务时，其强烈地表达了想要提升产品力，并请求我们安排专家进行培训。客户希望我们能够基于行业资源为其安排相关专家。通过讲解房地产行业顶尖的品质管理体系和案例，培训分管营销和运营的副总裁以及工程部、设计部、营销部等关键人员。

尽管住宅品质力的提升与我们专注的智慧营销服务不完全相关，但负责营销的副总裁对此表现出浓厚的兴趣，因此，我们决定精心地准备这次培训。我们将这次培训视为展示我们在其他领域专业能力的绝佳机会，不仅为了在客户内部树立专业形象，也为将来可能的工程产品增购奠定基础。

在培训当天，我们的专家带来了内容丰富的分享。他不仅展示了明源地产研究院在提升品质力方面的最新研究成果，还结合客户的具体情况，深入分析了一家与客户规模相似的房地产公司成功升级产品力的案例。在讲解案例时，专家专业的讲解吸引了所有参与者，互动环节也格外活跃。

在培训结束后，副总裁和各部门的负责人对这次分享高度赞扬。他们表示，这场培训不仅拓宽了他们的视野，还为他们的管理和产品升级提供了宝贵的新思路。

这次培训成为双方合作中的一个关键转折点。通过此次深入的知识交流和经验分享，我们不仅成功地在客户高层心中树立了专业可靠的形象，还为之后每年 50% 的增长率奠定了坚实的基础。

4）为客户提供售前支持。

除了企业内部培训，我们的专家团队有时还需要协助客户向其上级部门或客户展示其专业实力。此类需求不常见，但一旦客户提出，我们必须抓住机会，将其视为与客户增强关系的宝贵契机。

我曾在为保险客户提供服务时遇到过类似的需求。当时，客户期望我们能协助其赢得当地住建部门的信任。因此，要求我们安排专家向住建部门的领导展示保险公司在建筑安全领域的事故预防和风险管理方面的专业能力，使领导们认识到保险公司在参与社会治理方面的优势。

对此，我们迅速地采取行动。从公司内部找到了一位在工程项目安全领域具备丰富经验的资深专家，让他代表保险公司向住建部门进行了深入且详尽的方案介绍。

方案介绍的重点在于保险公司如何积极地参与工程安全生产事故的预防工作。我们的专家介绍了保险公司能够提供的一系列专业服务和措施，这些服务和措施旨在从根本上降低安全风险，提高工程项目的安全管理水平。

此外，我们的专家还阐释了这些预防措施对住建部门乃至整个建筑行业的安全水平产生的积极影响。另外，专家还详细地介绍了保险公司在风险评估、事故预防、教育培训等方面的专业能力，展示了保险公司在提升工程安全方面的重要作用。

这次专业的方案介绍类似于售前活动，我们利用专家资源协助保险客户与住建部门在工程领域开展保险业务合作。

（2）专家创造的间接价值：塑造专业的品牌形象，获得客户信任

除了直接参与客户服务以赢得客户信任外，专家团队还肩负着构建和提升公司品牌形象的重任，这对于巩固公司在行业中的领导地位至关重要。

其中，专家团队撰写书籍是提升公司品牌形象的有效途径之一。通过出版专业书籍，不仅能够展示公司的专业水平，还能在客户行业中持续地产生积极影响。书籍内容可以围绕公司的核心技术、行业洞察、最佳实践等展开，以此证明公司在该领域的权威性。

图 4-3 展示的是明源地产研究院自 2009 年成立以来已出版的地产领域的权威著作。这些出版物不仅提升了明源云在房地产行业的专业形象，也为整个行业的知识积累和创新发展做出了重要贡献。

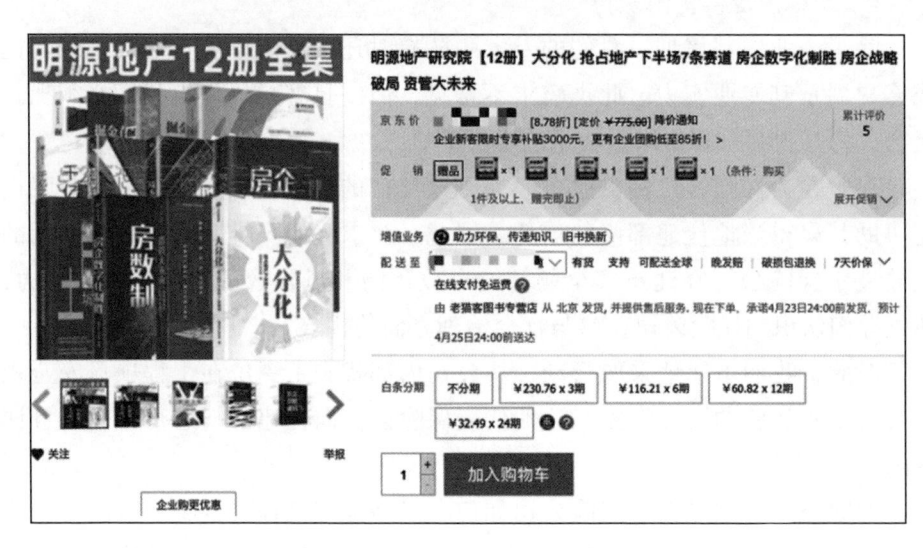

图 4-3　明源地产研究院部分作品

明源地产研究院在房地产行业享有极高的声誉，其出版的著作已经成为业内人士的重要参考书。许多客户反馈，他们进入房地产行业时阅读的第一本书便是明源地产研究院编写的。

除了出版书籍以外，明源地产研究院还运营着一个公众号，如图 4-4 所示。该公众号吸引了几乎全部房地产行业从业者的关注。大家通过这个公众号，持续地学习明源地产研究院每天发布的行业最新动态、行业分析和业务知识。这种持续的知识分享和行业教育不仅增强了明源云在房地产行业的影响力，也进一步巩固了其作为行业领导者的地位。正是在这样的强大势能下，我们在服务客户时，客户非常信任我们，并且认可我们的专业性。

不仅像明源云这样的成熟 SaaS 公司可以出版著作，即使是刚成立的 SaaS 公司，出书同样是一种展示专业性的有效途径。

这里举一个真实案例来给予处于创业期的企业主一些信心。

我曾任职的某保险 SaaS 公司自成立之初便坚定了专业制胜的战略，除了创始团队具备风险管理领域的顶级专家外，公司还创立了风险管理研究院。研究院由 7 名专家组成，通过自主研发和外部合作的方式进行保险与安全生产方面的风险管控研究。风险管理研究院的研究成果如图 4-5 所示。

图 4-4　明源地产研究院公众号　　图 4-5　某保险 SaaS 公司编写的书籍

服务大 B 端客户时需要通过专业能力取胜，同样，一些服务于小 B 端的 SaaS 公司也可以设立研究院，让专家团队依据客户行业及其关注点编撰各行业的业务手册（如跨境电商、门店运营），如图 4-6 和图 4-7 所示。

图 4-6　有赞的行业报告，指导小 B 端客户的业务手册（来源：有赞官网）

图 4-7　微盟研究院的行业报告，为小 B 端客户提供行业洞察（来源：微盟官网）

2. 专家资源的建立：产品同质化竞争激烈，唯有通过服务实现差异化

我们需要意识到，客户购买产品的目的在于解决特定的业务问题。然而，在选择供应商时，仅凭系统工具可能难以发现供应商之间的差异。因此，将系统工具与专家的专业服务相结合，采用"系统+专业服务"的模式有助于构建显著的差异化解决方案。

尤其是在小 B 端市场，由于产品同质化竞争激烈，专家的专业赋能显得尤为重要。这种模式不仅能有效地区分与竞争对手的差异，还能显著地提升客户的满意度和忠诚度。例如，上文提到的有赞和微盟，都组建了自己的专家团队，以增强其市场竞争力。

除此之外，专家团队还能协助原本服务小 B 端的 SaaS 公司扩展至为大 B 端客户提供服务。例如，微盟多年前依托研究院提出了"大客化"战略。

要清楚，大客户尤其重视 SaaS 公司的专业水平。有时，专家团队的专业能力甚至比产品本身的功能更具吸引力。在决策过程中，大客户通常先依据供应商提供的专业服务来评估其能力，然后才考虑产品和价格。因此，专家团队的专业程度往往是影响大客户购买和续约决策的关键因素。

在未来，将有许多专注于服务小 B 端的 SaaS 公司向服务大型企业转型。对于这些公司而言，应尽早建立自身的专家团队，这将极大地促进战略的顺利实施。

3. 专家资源的应用：做好三步，降低专家的工作成本

在服务客户的过程中，每个人都希望借助专家来更好地服务其负责的客户，但专家资源有限，并不能满足每个人的需求。高效利用专家资源成为实际操作中的关键。

（1）第一步：精细化的专家分类与等级划分

根据专家的专业领域和经验，进行细致的分类和分级。这一步可以帮助一线服务人员在需要专家支持时，能够迅速找到并联系到最合适的专家。这不仅提升了问题处理的速度，也确保了专家的时间和精力能够集中在最需要的地方。

（2）第二步：明确传达客户需求

在一线服务人员与专家进行沟通时，应提供完整的客户基本信息、业务

背景和详细需求。这样有助于专家快速地了解客户情况，并为其制定更为精确高效的解决方案，从而降低专家的时间成本，提升响应质量。

（3）第三步：为专家背书

在专家启动服务之前，向客户详细地介绍专家的专业背景和相关成功案例。这不仅可以增强客户对专家能力的信任，也为专家的介入创造了一个良机，使客户能够以更加开放的心态来接受专家的建议。

4.1.3 利用更专业的生态资源，解决更具专业性的问题

除了依靠内部的研发和专家资源来解决客户问题外，有时我们还会面临仅凭内部资源难以解决的挑战。这时，最经济的方法就是寻求外部资源的支持，通过与外部合作的方式共同解决客户问题。

这些外部资源，在行业内被称为生态伙伴。生态伙伴可以分为多种类型，大致包括：

- 平台型生态：如钉钉、企业微信、飞书等。
- 渠道型生态：解决特定地区或领域的销售、交付、服务等工作，如代理商、渠道商等。
- 商机合作型生态：专注于线索和商机资源互换的合作伙伴。
- 解决方案型生态：为解决客户问题而构建的合作网络。

其中，平台、渠道、商机合作型的生态主要以拓展销售为目标，而解决方案型生态则以解决客户特定问题为目标。

在解决方案型生态中，需让专业的人做专业的事。通过与更专业的生态伙伴合作，达成多方共赢的局面。对于我们来说，通过合作可以显著地提升我们的服务能力，并提供更全面和深入的解决方案，以满足客户更复杂和多样化的需求。对于客户来说，能够享受到更高效、更专业的服务，解决当前的业务难题。对于生态伙伴来说，通过合作能够获得应有的收益。

1. 让专业人士处理专业事务

在生态整合方面，直到近年来人们才逐渐意识到抱团取暖的重要性，并逐步开始生态间的合作。而在国外，SaaS 公司的发展主要依赖于生态伙伴。如图 4-8 所示，国外一家 ToB 赛道的公司 Pandium 对 2019 年增长最快的 1000 家

SaaS 企业进行了分析，其中列出了 15 家头部 SaaS 企业各自的生态集成数量。

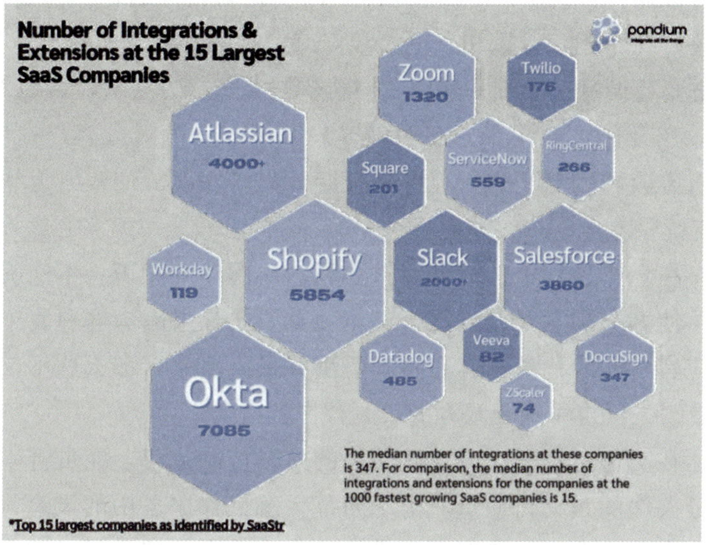

图 4-8　国外 SaaS 企业生态构建分析（来源：牛透社公众号）

（1）积极拥抱生态体系

软件公司之所以需要建立生态体系，是因为客户的需求过于复杂，而软件厂商通常只能专注于有限的几个领域，难以满足客户的所有需求。另外，部分客户倾向于只与一个供应商对接，期望其能够提供整体解决方案，从而减少因供应商过多而导致的数据孤岛问题。这就迫使我们必须整合足够多的生态资源来满足客户的多样化需求。

此外，在某些专业技术领域，我们也许不如其他厂商精通。在这种情况下，将不擅长的任务外包给更加专业的合作伙伴无疑是满足客户需求的理想选择。例如，一家智慧工程的 SaaS 公司的解决方案中包含了大量的硬件设施，但如果要求其承担这些硬件设施的管理或生产，显然超出了其能力范围。因此，寻求与相关专业公司合作，共同为客户提供定制化的解决方案便是最佳选择。

目前，对于许多软件公司而言，无论是主动拥抱变化还是迫于客户需求的被动响应，抱团取暖已成为行业发展的必然趋势。我们需要考虑的不再是是否建立生态伙伴关系，而是如何能够高效地与生态伙伴合作，共同为客户提供更完善、更高效的服务。

（2）良好的合作模式孕育良好的结果

国内SaaS行业若想发展，建立一个以多赢为目标的合作模式至关重要。该模式的核心在于相互尊重和公平。常言道"己所不欲，勿施于人"，在合作时，我们也要遵循这一原则，并以我们希望被对待的方式去对待他人。

首先，在合作之初，双方需明确客户归属。在为对方客户提供服务时，应始终以对方公司的名义进行。这是长期合作的底线，使双方无须担心客户资源被挖走。

其次，在合作过程中，双方应树立利益共同体的意识。不论服务于哪一方的客户，使客户满意对双方而言都至关重要。如果因为客户属于对方而不积极地回应客户需求，导致客户感到不满并最终流失，那么这不仅会导致合作伙伴蒙受损失，也不利于双方的长久合作。

最后，在交付过程中，应建立严格的质量控制流程。在负责生态方的交付时，我最关注的是交付质量。为了防范生态伙伴服务中的风险，我会设立若干控制节点，如双方交接客户需求确认表、生态伙伴交付过程全留痕、客户验收签字等，以确保交付质量达到预期。

2. 生态资源的建设

在生态构建方面，SaaS厂商可以借鉴工程行业的经验。

在工程项目中，总包公司通常非常直接，只追求利润最大化。对这类公司来说，只有少赚和多赚的选择，没有亏本做业务的选项。因此，为了降低风险，公司会将许多业务进行分包，例如土石方工程、基础工程、防水工程、装饰装修工程等。

工程行业的特点在于每天都会面临经营风险。若房地产行业是资金密集型行业，那么工程行业则可称为风险密集型行业。无论是资金垫付后的回收风险还是施工过程中的安全事故风险，只要出现问题，就会对总包公司带来巨大的损失，甚至可能直接导致其破产。因此，这类公司的忧患意识比其他行业更为强烈。

软件行业的风险意识相对较弱。软件公司通常不必担心因一个决策失误而导致公司破产，这使得许多软件公司更愿意着眼于长远。在遇到可以自行设计的产品时，软件公司往往希望亲自开发，而较少考虑产品之外的因素，如销售网络构建、售后管理等成本问题。

(1)用成本和风险思维评估生态合作的必要性

在考虑是否需要生态合作时，我们要保持清醒。例如，对于那些看似技术难度不大的业务来说，我们很容易一时冲动就决定自行处理。但这其中存在着人力资源协调困难、销售能力建设、后期维护投入大、边际成本无法递减等诸多问题。

一旦冲动地选择了自行开发，后续将面临无尽的投入。因此，我们在做决策时务必要精确计算，用成本和风险管控思维来评估生态合作的必要性。

首先，计算直接成本。在产品研发方面，需确定参与开发的人员级别，并估算完成产品开发所需的人员数量和时间。在销售费用方面，需评估是否需要组建新的销售团队，或者现有销售团队在销售新产品时需要多少培训投入。在售后成本方面，需评估构建交付能力的投入，以及现有团队的相关培训投入。

其次，计算间接成本。需考虑自行完成这些工作所需投入的人力资源是否会影响主营业务的发展，以及是否会影响现金流的安全。

最后，评估风险。判断独立创建第二曲线的可能性有多大，以及现金流是否能够支撑到产品实现盈利。

(2)与企业文化一致的公司合作

在明确需要寻找生态伙伴合作后，我们除了需要考量对方的技术实力外，还需要评估对方的企业文化和对接人的专业水平。

在我刚开始负责生态伙伴管理时，我非常重视生态伙伴的专业技术能力和价格优势。

但在经历了几次客户投诉后，我意识到仅有专业技术能力或价格优势无法维持长期的合作关系，因此我们还需要寻找那些与我们企业文化契合的公司。例如，假如我们的企业文化坚持以解决客户问题为首要任务，而我们的生态伙伴却以满足客户关键人的需求为首要目标，那么在合作时，就可能在成果验收、客户问题处理等方面出现分歧，从而大幅增加沟通成本。

此后，我改变了与生态伙伴合作的标准。除了要求生态伙伴具备满足客户需求、解决客户问题的专业技术能力之外，还要求生态伙伴与我们的公司有着一致的企业文化。因为只有这样，我们的合作成本才能更低，影响客户关系的风险才能更小。例如，如果双方都将诚实守信和高标准解决客户问题作为企业文化，那么沟通便会顺畅，项目监督管理也将更容易。

同时，生态伙伴的对接人也必须是一位可靠且专业水平较高的人。因为在生态合作中，需要进行客户需求传递，如果对接人专业水平不足，无法正确理解客户需求，那么在向客户交付时，就会存在错误交付的风险。

4.2 构建赢得客户高层信任的资源体系

除了解决客户的问题，我们还需要赢得客户高层的认可，并使客户的决策者认为我们是最佳选择。作为公司的管理者，我们不能仅将此类任务交给一线服务人员。必要时，我们除了要亲自参与外，还需投入必要的资源，以便一线服务团队可以更好地满足客户高层的需求。

4.2.1 客户高层管理：高层互动与创始人 IP

在高层管理中，服务人员必须清醒地认识到一个事实：无人能够取悦所有人。

作为高层经营的服务人员，我们可以赢得部分客户高层的青睐，但无法让所有客户高层都对我们产生好感。当遇到难以应对的客户高层时，我们需要学会借助公司高层的力量，邀请他们协助解决问题。

高层补位的方式有两种：一种是公司高层直接与客户高层对话，使客户高层感受到我们的诚意与决心；另一种是公司创始人通过打造 IP 人设，在公开场合不断地强调公司文化、品质管理等核心经营理念，让客户感受到我们的匠心精神。

1. 搭建高层互动桥梁，构筑信任基石

作为服务人员，当我们无法获得客户高层的信任时，必须坦诚地面对而非回避问题。回避问题不仅会错失解决问题的最佳时机，还可能给竞争对手提供可乘之机，并促使客户高层考虑其他替代方案。

在这种情况下，我们应主动向公司高层汇报现实情况，并邀请他们介入和支持。通过高层之间的直接互动，实现我们的业务目标。

（1）高层互动的启动：明确互动的主题和目标

明确互动目标，并为双方高层对话构建主题。例如，在一个重要客户的项目启动会议上，我们安排双方高层进行互动，互动主题是项目上线，交流目标是让客户高层感受到我们对他们的重视。因此，我方高层需要在交流的过程中聚焦主题，传达我方在交付质量管控方面的方法，并承诺交付上线完成的时间和效果。

如果在半年汇报中安排双方高层进行交流，那么主题将转换为诊断业务问题并提供解决方案，目标是令客户方高层认可我们的专业能力，并感受到服务的价值。在这个过程中，我方高层需要观察客户高层对诊断结论和解决方案的认可程度，并根据客户高层的反馈进行深入交流。

（2）高层互动的准备：充分进行高层互动前的信息沟通

在高层互动的准备阶段，信息传递是一项至关重要却常被忽视的任务。然而，信息传递的有效性是确保高层互动顺畅和成功的基础。这不仅可以使我方高层了解其职责所在，还可以让他们明确不应进行的行为。比如，在不清楚客户禁忌的情况下，我方高层可能会提及客户敏感的话题。或者，我方高层可能一直谈论自身感兴趣的话题，而忽视了客户的实际需求。这些情况都可能导致交流失败。

因此，为了避免这类情况出现，我们应当根据一客一策表中的信息，向公司高层进行详细介绍，包括客户的服务历程、尚待解决的问题、高层需要了解的相关信息以及客户的关注点。这种策略称为"提前控场"，它能够显著地增强高层在互动现场的表现，从而提升整体的交流效果。

（3）高层互动的成果：双方高层达成一致意见

一次成功的高层互动以达成共识作为标志。共识应基于我们过去的服务成果，由客户高层提出下一步的工作目标，并在互动现场指派专人与我们对接，共同推进目标的实现。

（4）高层互动后的执行：坚持履行并实现高层承诺

随后，我们需要与客户的对接人敲定后续行动计划和所需资源。在目标执行的过程中，由公司高层定期向客户高层汇报进展，确保透明度和沟通的持续性。项目完成后，应再次进行高层汇报，展示我们的工作成果。

2. SaaS 公司创始人 IP，通过短视频与客户互动

例如，万科的王石与杭州绿城的宋卫平都非常注重个人 IP 的打造，他们频繁在公共场合强调对品质和服务的重视。这些企业领袖通过公开表态，展

示了企业品质至上的核心价值观，也赢得了许多购房者的好感。

通过短视频以及其他新媒体平台，公司创始人可以向客户的各级关键人传递公司的价值观和企业文化。这是一种高效的沟通方式。只要确保传达的内容真实可信并与公司的实际行动保持一致，就能够在客户心中建立起强大的信任感。

但目前，除了极少数 SaaS 公司的创始人在个人 IP 上有所投入外，其他 SaaS 公司的创始人尚未意识到个人 IP 对于业务的助益。

（1）创始人 IP 的价值

首先，创始人的影响力可以在为客户提供服务时，加速客户对我们的信任。因为客户在初次接触我们时，通常处于观察阶段。此时，客户仅仅是听过产品方案，并与销售人员有过接触，因此，难以完全信任我们。在这种情况下，如果客户的决策者通过短视频了解了创始人对公司产品的高投入以及对客户行业的深刻洞察，那么便能够帮助客户更全面地认识我们。

其次，有助于客户对我们提出的每个举措的理解。例如，为什么在服务过程中我们需要对客户的各个层级进行调研？为什么在交付培训前要与客户进行彩排？为什么需要在客户一线观察体验？如果创始人没有通过短视频的形式阐述这些问题的原因，那么客户就很难理解我们提出的每个举措背后的意图。

最后，建立续约谈判时的价格锚定效应。比如，创始人可以通过短视频让客户了解产品价格体系的设计原则、介绍公司成本及行业恶性竞争的影响等内容。这样，当客户在进行续约谈判时，会将这些信息作为价格锚点，从而影响他们的决策。

（2）创始人如何打造 IP

创始人如何打造 IP 才能有助于续约工作的开展呢？

第一，要明确创始人打造 IP 的目的。这是为了向客户传递公司信息，而不是为了成为网红。

第二，传播内容应与客户密切相关。首先，可以通过传播对于品质的追求、创业的初心、产品研发过程、对服务质量的重视、定价原则等，让客户体会到我们用心做事的风格。其次，可以传播对客户行业的理解，使客户感受到我们解决他们问题的能力。最后，可以传播公司诚实守信、坚持商业道德的企业文化，让客户感受到我们是值得信赖的合作伙伴。

第三，创始人 IP 要具有"人性"。创始人应像与普通人交流一样自然地传播内容，而不是像 AI 或读稿机那样。

4.2.2 客户高层经营：市场部的行业运营策略

在争取客户高层认可时，我们还可以借助市场部的力量，通过其运营行业的方式，为客户高层提供拓宽视野、探索新知的平台。

在客户高层经营方面，明源云市场部表现得非常出色。

首先，明源云市场部承担着客户高层经营的重要职责。其次，明源云重视市场的网络效应，推动每个区域公司设立市场部，从而建立覆盖全国的市场网络。最后，市场部的成员不仅需具备市场专业知识，还需了解客户业务，像行业专家一样密切关注并深度分析当地房地产市场的政策动态、市场趋势、技术创新和竞争格局。

明源云会利用公司的专业和行业运营者的优势，定期组织行业沙龙、企业走访等活动，加强与客户高层的交流。同时，通过展示专业形象和提供丰富的行业信息资源，为客户提供关键资讯及深刻的市场洞察，从而赢得客户的信任和尊重。

1. 通过行业运营解决客户业务问题

在明源云，当客户成功经理无法接触到客户高层时，便会寻求市场部的支持，借助其影响力来赢得客户高层的认可，从而增加续约的可能性。

此时，市场部会以业务服务者的角色参与，为客户高层提供服务。例如，向高层介绍区域市场、组织高层交流、筹办主题峰会并邀请高层参与等。

（1）区域高端峰会

在 2021 年房地产行业下行初期，明源云西南公司迅速响应，主办了西南地区房地产总裁峰会。峰会以"推动西南地区房地产行业的健康发展"为主题，邀请了众多行业领袖共同探讨在政策收紧背景下的行业未来。

这次峰会不仅是区域性的行业盛事，更是一场成功的战略对话。它不仅加强了西南地区房地产行业领袖的交流与合作，也赢得了客户高层的广泛赞誉。

客户高层对我们的评价很高。他们认为明源云是一家致力于推动房地产行业发展的合作伙伴，超越了传统的软件供应商角色。这份认可和信任，为后续更紧密、更深入的合作关系奠定了坚实的基础。

（2）全国主题峰会

除了举办区域性的峰会，明源云集团市场部还与各地的区域市场部围绕房地产公司普遍关注的数字营销主题，策划了全行业的主题峰会，邀请了各大知名房地产企业的市场负责人到现场分享经验。在邀请一位央企的营销总监参与此次峰会时，他由衷地表达了对我们的认可："当前房地产行业下行趋势严峻，大家都缺乏信心。幸亏在这个关键时刻有你们明源云组织这样的峰会，为整个行业打气加油。衷心感谢你们！"

除了营销峰会外，明源云还举办了其他主题峰会，如房地产品质力峰会。

这些峰会广受客户欢迎。客户反馈说，这是明源云对行业的贡献。通过提供交流平台，让大家互相学习和借鉴，从中找到工作的解决方案，从而提高整个房地产行业的经营管理水平。

（3）友商走访参观

除了峰会，客户高层也非常喜爱市场部同事为他们组织的参观同行企业的活动。例如，明源云湖南区域市场部曾带领湖南房企走访重庆东原地产，进行参观交流。

（4）人才招聘

市场部还可以解决客户最为头疼的招聘问题。要知道，如果通过猎头公司来进行高管职位的招聘，其成本往往高达几十万元。而利用市场部的行业资源，则可以迅速地找到符合要求的人选。这不仅为客户节省了大量费用，还缩短了招聘时间。如图 4-9 所示，客户的招聘需求通常会由市场部解决。

以上这些都是市场部能为高层经营提供的

图 4-9 市场部经常帮助客户招聘人员（来源：西南明源云公众号与市场部）

有力支持。对于企业主来说，这些支持能让他们感受到我们是一家专业的并且关注他们经营状况的供应商。对于职业经理人类型的高层来说，能让他们在行业峰会上向全行业分享自己的案例，这对他们的职业发展有很大的帮助。

2. 协助客户进行案例包装和宣传推广

除了这些集中的行业活动外，明源云市场部还会协助部分客户进行案例策划包装。集团市场部从区域提交的案例中，挑选了一些具有话题性、对整个行业有益的案例进行宣传。

市场部安排拍摄团队前往客户现场。首先对客户的关键人和项目特点进行系统性的采访和采编，然后通过视频号和其他工具协助客户进行案例包装和宣传推广。

4.3 构建具有谈判优势的资源体系

续约的最后一步是与客户就续约价格达成一致。这是决定续约成败的关键一步，也是许多 ToB 公司最感到困扰的一步。

对于服务人员而言，他们的目标是在合同到期前按原价完成续约。而对于客户来说，他们希望逐年降低续约费用。这种天然的对立为续约谈判带来了不小的挑战。

为了改善这一状况，提高服务人员续约谈判的成功率，企业管理层应根据自身产品与客户的特点，制定攻守兼备的策略。其中，"攻"指主动出击，以稳住价格为目标制定服务策略并打造核心竞争力。而"守"则指被动响应，以保留客户为目标制定灵活的续约政策。

4.3.1 攻：将续约培育为客户的需求

近年来，各类 ToB 企业普遍面临着议价能力减弱、维持价格底线愈加困难的挑战。以我们熟悉的软件企业为例。在续约运维服务费用时，无论是 SaaS 模式的公司还是 OP（On-Premise，本地部署）模式的软件公司，续约谈判通常都处于被动状态。当客户要求折扣时，服务人员要么说服公司给予优惠政策，要么因坚持不降价而导致客户重新选择供应商。

续约谈判的本质在于在客户的续约意愿与续约价格之间寻求平衡。当客户的续约意愿高时，即便他们预算有限，他们对价格的接受度也会提高。而当客户的续约意愿低时，他们对价格的接受度也会随之下降。直至续约意愿降至最低，客户便不再接受任何报价。价格接纳曲线如图4-10所示。

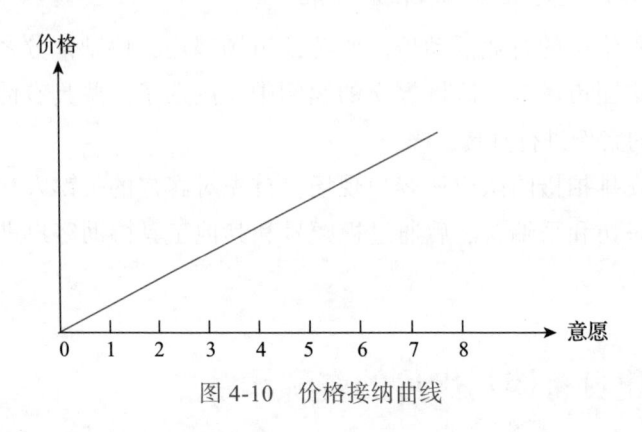

图4-10 价格接纳曲线

因此，若想让客户接受价格，我们需要提升客户的续约意愿，将续约的动因从"我们希望客户续约"转变为"客户希望与我们续约"。

如何提高客户续约意愿呢？除了让服务人员赢得客户高层信任与满足客户需求外，最为关键的是，公司管理层应有意识地进行服务引导，促使团队在服务好客户的同时，也服务好为客户创造收入的相关方。此外，管理层还需根据产品和业务的特性，指导其如何正确打造公司的核心能力。

1. 引导服务团队赢得客户收入来源方的信任

在商业领域中，要使甲方对乙方产生依赖，通常只有一种可能：乙方能够为甲方带来收益。

这种收益的实现方式可以是直接的，例如，乙方作为甲方的主要渠道，助其获取收入，也可以是间接的，比如，乙方能够帮助甲方赢得其客户、主要渠道和监管机构的信任，从而提升收入。

（1）让客户的客户信任和满意

让客户的客户满意的案例有很多。在国外，有杜比实验室、英特尔等企业通过赢得客户的客户的青睐，成功成为客户首选的供应商。在国内，贝壳也是如此。

近年来，房地产行业的下行趋势日益严重，因此，与房地产公司合作的供应商不得不通过降价来维持合作。然而，有一家供应商例外，那就是贝壳。近年来，贝壳在与房地产公司的合作中表现得越来越强势，合作费率从最初的2%逐步攀升至5%以上，一些偏远郊区项目的合作费率甚至超过了8%。

这是因为贝壳掌握了大量购房者资源，使其能够从房地产公司获取更多优惠来提供给自己的客户，而这些优惠进一步增强了其吸引客户的能力，从而形成了一个正向循环。从数据上来看，贝壳的销售占比从初始的20%一路攀升至60%以上。似乎一夜之间，所有房地产公司都失去了自我拓展客户的能力。在这一趋势下，房地产公司在与贝壳的合作中已完全丧失了议价能力。

形成这一局面的关键在于，贝壳尽管与房地产公司合作，并向其提供拓客和其他营销服务，但更重视购房者的服务质量。当通过优质服务掌握了大量的购房者资源后，便利用这一优势与房地产公司谈判，以争取更高的合作费率。随后，贝壳将部分费率以补贴形式返还给购房者，从而以更显著的价格优势来吸引更多的购房者。

这种价格优势不仅吸引了更多客户，还进一步巩固了贝壳的市场地位，形成了一个难以撼动的局面。最终导致房地产公司与渠道进行分销合作时，利润被压缩，若不合作，则可能无法获取客户。

尽管软件公司无法在房地产行业中像贝壳那样占据主导地位，但我们在与客户的合作中仍可以借鉴贝壳的经验，即除了服务好我们的客户外，还可以通过卓越的服务去影响客户的客户或客户的渠道，使客户离不开我们。

（2）赢得客户渠道方的信任与满意

明源云智慧营销产品线中的"渠道管家"和"渠道风控"是让客户渠道方满意的产品。它们通过促进房地产公司与渠道方之间的高效合作而成为爆款，不仅达到了年销售亿元级的规模，还在续约和续费率上领先于公司的其他产品。

这两款产品的成功在于解决了房地产公司与渠道方之间信任脆弱的核心问题。渠道方担心其推荐的客户被房地产公司"转化"为自己的客户，而房地产公司则担心其客户被渠道方"抢夺"。

这两款产品通过打造一个公平和安全的合作环境，使双方能够放心合作，确保合作过程中的透明度和可追踪性，从而避免潜在的利益冲突。

因此，在房地产公司与其渠道方洽谈合作时，渠道方会率先提出使用明源云"渠道管家"的要求。因为渠道方在其他项目上使用"渠道管家"时感受到了产品对其权益的保护，并认可产品的公平性。

这种信任不仅使我们在该产品的续约谈判中占据绝对优势，还提升了其他产品的续约率。许多客户表示，他们愿意续约其他产品的主要原因是"渠道管家"和"渠道风控"需要与这些产品配合使用才能发挥最佳效果。

（3）赢得客户监管方的信任与满意

除了客户的客户和客户的渠道方之外，客户的监管方也能够为客户提供收入。赢得监管方的信任和满意，也是在间接地帮助客户获取收入，从而实现客户对我们的依赖。

例如，我曾参与的保险服务项目就因赢得了客户监管方的信任，从而增加了谈判优势。当时，某地区应急部门依据新《安全生产法》的要求，在高危行业中推广安全生产责任保险，并为此提供一定比例的政府补贴以支持企业投保。

但政府在提供补贴的同时也提出了一个要求。政府希望保险公司为每一家投保企业提供与安全生产相关的增值服务，以提升投保企业的安全生产管理能力。保险公司为了持续获得政府的支持，便找到我们进行增值服务体系的搭建，以满足政府的要求。

我们获得这一项目后，便确立了获得政府和投保企业认可的策略。即便我们的委托方是保险公司，我们依然投入大量的资源来服务政府与投保企业，以便在帮助保险公司获取资源的同时，使保险公司对我们的依赖性增强。

在这样的策略指导下，我们逐渐地建立了良好的口碑。在每年的续约谈判期，我们不仅能够实现原价续约，还常常出现客户催促我们尽快签订合同的情况。

因此，我始终坚信，在为客户提供服务的过程中，不仅要提供优质服务，还必须投入资源去深入研究能够为客户带来利益的相关方。分析这些相关方的特征及其能为客户提供的价值，进而针对这些相关方进行产品设计和服务规划，以赢得他们的认可，从而在与客户的谈判中获得巨大优势，建立一个让客户无法离开的"局"。

2. 基于业务本质构建公司的核心能力

除了在服务对象上下功夫以及让客户对我们形成依赖外，公司管理层还应理性且客观地看待自身业务的本质，并基于此构建自家公司的核心能力。

那什么是业务的本质呢？简而言之，就是客户选择我们的原因。比如，一家软件公司在评估自身业务的本质时，首先就要思考其他公司是否能轻易地提供我们的产品和服务，然后将自己的业务本质划分为人力服务与专业服务。

对客户而言，当其认为我们的产品与服务和竞争对手无异时，客户会选择一个价格较低的人力服务供应商。而如果客户认为我们的产品与服务是独特的，那么我们则变成了解决客户某个问题并帮助其盈利的合作伙伴。

但许多公司的管理层在审视自身业务时，往往忽视了业务的本质。例如，软件公司会强调其系统的强大，然后将大量的成本投入到与竞品的竞赛中，而忽略了强化客户选择我们的理由。因此，我们应当转变思维，不仅要关注产品与服务本身，还要根据客户选择我们的理由来强化我们的优势。

目前市场上ToB业务的本质主要分为四类。

（1）第一类：销售标准化产品的业务，通过提升成本控制的能力来留住客户

标准化产品的业务就是任何人都可以完成的工作。这类业务本质上是在销售劳务服务。例如，贸易服务、员工服务、部分软件与运维服务等。

这种业务类型的产品毫无竞争优势，不仅客户可以自行完成，竞争产品也极其丰富。因此，在每年的续约谈判中，这种类型的产品都会面临客户比价的威胁，从而导致利润逐年减少，最后沦为一项仅能获取人工费用或资金利息的业务。

这类业务的续约谈判是非常困难的。暂且不说按照原价续约，仅仅是为了留住客户就极具挑战性。因为这不仅需要服务人员妥善处理客户的"人"与"事"，还需要业务管理层在成本管理上深入研究，将成本领先作为公司的发展战略，将成本管控能力作为公司发展的重点，将自身产品的价格打造成行业最低，从而利用低价优势获取并保持市场份额。

（2）第二类：销售专业理论的业务，通过培养获取信息的能力来留住客户

专业理论的业务就是销售解决方案，这是一种"我不做，但我教你做"的陪伴式服务，比如咨询、法律、设计、培训、代运营、软件等业务。

此类业务的本质在于向客户提供其他人未掌握的信息。此信息可以是先进的经验与专业的知识，能够帮助客户解决业务问题，也可以是其他公司的工作方法论，帮助客户从无到有创造产品、蓝图、业务流程等。

此类业务的难点在于其掌握的专业知识通常具有保质期。一旦过了保质期，所掌握的信息与专业知识便可能被他人掌握。此时该业务可能沦为标准化业务，并陷入价格战的竞争中。

因此，管理这类业务的负责人应当清楚，该业务本质上赚取的是信息差的钱，也是学习能力的钱。为此，公司需要"懂得花钱、舍得花钱"，通过持续投入资源获取最新、最前沿的信息内容，并将这些内容转化为客户所需的专业知识，从而确保客户对我们产生依赖。

（3）第三类：销售专业技术的业务，通过培育工匠精神来留住客户

专业技术的业务就是提供动手能力，是"我不教你做，我直接做"的代工服务。这类业务强调动手能力，比如创意、高端设计、高端制造、部分软件等业务。

这种业务有时会被误解为提供劳务服务，但它与劳务的区别在于其代工的产品与服务在市场中只有少数几家公司可以提供。因此，其本质是售卖一种"他人知晓怎么做，但就是做不出来"的动手能力。例如，为客户设计顶级豪宅小区，或协助客户制作一款酷炫的广告片，以及某些高难度产品的代建代产业务。

这类业务通常面向高端客户，其客单价和利润往往较高。在续约谈判中，客户通常不会要求折扣续约。因为对客户来说，要么选择不续约，要么按照原价续约。因此，开展这类业务的公司，若想留住客户，就需投入大量资源来培育企业的工匠精神，以此驱动公司时刻保持行业领先。

（4）第四类：销售特许经营的业务，通过持续获取优质资源的能力来留住客户

特许经营的业务的本质在于出售资源，出售"只有通过我，你才能实现特定目标"的专营权。例如，政府或某些大型企业授权其他企业在特定条件下开展经营活动。

通常情况下，从事此类业务的公司不会面临续约谈判的压力。因此，其最重要的任务是保持持续获取资源的能力。这不仅要求管理层维持现有资源，

通过做好内部合规性审查，确保服务人员的行为符合相关要求，还要求管理层投入精力与各类圈层的人士打交道，以获取各种类型的资源。

以上四种类型涵盖了市场上绝大多数的公司业务。在这四类公司中，第一类的续约谈判最为困难，而第四类的续约谈判最为简单。

4.3.2 守：构建实时监控与快速响应的管理机制

在构建具有谈判优势的资源体系时，除了前文提及的"攻"，即积极主动地构建服务与核心能力外，还有"守"，即通过构建实时监控与及时响应的管理机制，应对客户提出的各种需求。

实时监控是指 ToB 公司需要及时掌握客户的变化以及竞争对手的最新动态，以便在续约谈判中充分地了解所面临的挑战。

及时响应是指 ToB 公司需根据掌握的最新信息制定相应对策。尤其是对于具有三级以上组织结构的大型公司来说，其决策层通常距离客户较远，这会导致商务政策的制定过程失去以往的灵活性。因此，这类公司的管理者需要提升反熵增思维，通过积极地干预与管理，确保决策层能够持续获得最新的客户反馈。

1. 实时监控市场动态

实时监控是一种从客户视角出发，观察客户除了续约之外还有哪些可选方案，然后根据这些方案制定商业策略的管理方式。这种管理方式需要在公司层面进行统筹，通过实时监控客户变化与竞争对手活动来获取信息。

有些公司对于关注竞品的变化不屑一顾，认为只需专注自身即可有效地管理业务。其实不然。在续约管理中，我们不仅要关注竞品的变化，还需实时关注、定期分析。因为竞品的变化反映了客户的一种选择，而成为客户的最佳选择是我们始终追求的目标。因此，了解客户的所有选择，并确保我们成为客户的最佳选择，是续约管理中最为重要的任务。

2. 灵活多变的商业策略

大多数公司在续约的商务政策上缺乏灵活性，不仅应对市场变化的速度慢，而且续约的商务方案也极其有限，这些都给服务人员的谈判带来了相当大的压力。

因此，公司需要强化三方面的管理，以减轻服务人员的谈判压力。

（1）维护全公司的价格底线

在管理续约和续费率方面，公司与个人是存在博弈关系的。公司层面关心的是整体的续约和续费率，而对于服务人员而言，他们只关注自己所负责客户的续约和续费率。因此，有些服务人员可能会为了自己的利益而伤害公司的整体利益。比如，个人为了留住客户而进行低价续约，然而，如果给了某客户低折扣优惠，那么其他客户也会要求以相同的价格进行续约。

为此，公司应对所有的续约价格进行统一管理，以防止出现低于底线价格续约的情况。要知道这不仅是保护公司的利益，也是在保护其他服务人员的利益。

（2）根据客户的变化及时调整续约方案

在续约管理中，最大的误解是"仅我方会进步，而客户不会"。尤其对于具有三级以上组织结构的大型公司来说，决策层离客户较远，难以及时掌握客户的变化，因此，极容易将对客户的印象停留在其上一次拜访客户时，从而无法感知客户的现状，以至于无法迅速地调整续约策略。

客户的变化主要有两种。

一种是时间方面的变化。例如，我们是按项目周期提供的产品（如工程、房地产销售、设计等），当项目结束后，客户便不需要产品了。这就会出现大量客户项目不满一年的情况。此时，我们就需根据客户的变化及时地调整续约合同的期限，然后推出季度或半年期的续约方案。

另一种是价格方面的变化。例如，我们原本是一家销售专业解决方案的软件公司，但随着客户的发展，我们的专业技术已被大多数客户或竞争对手掌握。此时，对客户而言，我们不再是一家专业公司，而是成为一家提供人力服务的公司。如果我们不及时调整续约价格，那么就可能面临客户自行解决或寻找成本更低的替代方案的局面。

（3）创新的续约方案

除了传统的续约方案外，我们还可以推出各类创新的续约方案。例如，我们可以根据服务期限推出不同时长的续约方案，或者根据服务内容推出产品、服务、产品+服务等多种形式的续约方案，以满足不同能力的客户的需求。

4.4 本章小结

续约资源体系

- 在续约的"道、法、术"方面，各家 SaaS 公司差别不大，差异主要体现在"器"上。
- "器"是指对续约产生帮助的资源体系，包括解决客户业务问题的资源体系、客户高层经营的资源体系、具有谈判优势的资源体系。

构建解决客户业务问题的资源体系

- 在与产品经理沟通前，应先了解他们的职责和思维方式。在沟通中提出需求时，应仅陈述业务场景而非解决方案。沟通后，我们要主动确认方案，并从业务视角测试功能，收集客户反馈。
- 专家资源的价值：让客户从依赖产品到依赖提供服务的团队。
- 利用专家资源直接提升客户满意度：定期进行业务巡检，识别客户问题并提出解决方案；完成创新或复杂项目的交付；为客户提供内部培训及售前支持。
- 利用专家资源塑造品牌形象：通过撰写书籍展现对客户行业的深入研究，使客户认同我们的专业能力。

构建赢得客户高层信任的资源体系

- 并非每位服务人员都具备经营高层的能力，也没有人能获得所有人的青睐。因此我们需要公司高层随时进行补位。
- 高层互动是赢得客户高层认可的有效途径，我们需通过对互动前、中、后的过程进行管理保证互动目标的达成。
- 创始人 IP 是增强客户信任感的有效途径。创始人应勇于挑战，为一线服务人员赋能。
- 市场部是高层经营的重要力量，可以通过行业运营的方式增强与客户高层的互动。
- 市场部的高层经营活动包括行业峰会、区域研讨会、企业拜访、人才招聘、案例构建等。

构建具有谈判优势的资源体系

- 客户的续约意愿越强，客户可以承受的价格就越高。

- "攻"策略：通过产品设计和服务规划，有效地服务客户的收入来源方，如客户的客户和客户渠道方、监管方等相关方。通过赢得其信任与满意，使客户对我们产生依赖，并形成谈判优势。
- 根据业务的本质，需有意识地建立核心能力。比如，从事标准化产品销售的业务，需要按照成本领先战略将成本管控放在第一位。涉足专业理论的业务，需要持续打造获取信息差的能力。涉及专业技术的业务，需要以工匠精神持续研发行业领先的产品。专注于特许经营权业务的公司，需要确保合规管理，以维持特许经营权的持续获取。
- "守"的策略：实时监控客户和竞品的变化，并根据变化适时调整策略。
  - 实时监控：需指定专人负责，确保信息准确无误。
  - 及时调整：维护公司的价格底线，并依据客户的续约时间和内容进行调整，制定更具创新性的续约方案。

CHAPTER 5
第 5 章

"道、法、术、器"的应用：管理者如何高效管理服务团队

在续约管理过程中，"道、法、术、器"的实施依赖于每个鲜活的个体。然而，每个人执行的效果如何，很大程度上又取决于管理者如何引领和激发潜力。我们常说，没有不好的学生，只有不好的老师。在团队管理中同样如此，没有不好的员工，只有不好的管理者。

那么，一名优秀的管理者应如何运用"道、法、术、器"的哲学来进行服务团队的管理呢？

首先，续约的"道"是从客户的视角出发，观察其续约与不续约的原因，进而制定相应的服务策略。而管理的"道"则是从业务的整体视角出发，以企业主的视角与需求来看待团队管理，再将管理的目标设定为以更低的成本获取更大的成果。

"更低的成本"意味着降低人力成本，也称为提高人效。对于软件和其他提供专业服务的企业来说，人力成本是最大的开支之一。例如，用更少的人完成更多的任务。因此，管理者需要根据每位员工的特长与优势，将其与相应的客户需求进行精确匹配，确保人尽其才、才尽其用。

"更大的成果"指的是通过应用续约的"法"与"术"制定客户服务策略和节点目标，并明确执行路径。例如，在客户的全生命周期中，按照续约五步法在规定的时间内完成既定目标。然而，在团队管理中，为了更好地执行续约的"法"与"术"，管理者必须构建清晰的人才画像和服务内容机制，并以此构建团队。

最后，管理者必须深知，管理的方式并无最佳，只有最合适。因此，在执行管理决策时，必须根据公司与业务的发展阶段灵活地调整管理方式和策略。

5.1 管理的目标：以更低的成本获取更大的成果

我们可以把管理者分为三种。第一种是失败的管理者，他们通常无法带领团队实现既定目标。第二种是合格的管理者，他们能够带领团队拿到优异结果。第三种是卓越的管理者，他们不仅能带领团队取得成绩，还能用最低的成本实现工作目标。

每一个管理者都应该以成为卓越的管理者为目标，将"用更低的成本获取更大的成果"视为自己工作价值的体现。

要实现这一目标，我们可以借鉴系统思考的方式开展管理工作，按照"目标""要素""连接"三元素的方式设计管理的策略。

首先，将人效指标视为系统的"目标"。其次，将每位员工视为系统的"要素"，了解每位服务人员的特点和需求，激励他们完成更多任务。最后，在这个系统中，员工之间的"连接"决定了效率，因此，管理者必须构建有利于实现目标的连接方式，即通过企业文化与业务的完美契合来实现。

5.1.1 目标：人效是管理者的试金石

首先，管理者若想提高人效，要在组建团队时就考虑清楚如何平衡业绩目标与人效之间的关系，做到既不因为追求业绩目标而牺牲人效，也不因为追求极致的人效而忽视业绩目标的达成。其次，管理者在管理团队的过程中，要知道有哪些行为会导致人效偏低，然后在管理过程中避免这类行为出现。

1. 管理者对下级工作情况缺乏了解，导致人效偏低

许多公司人效不高的根本原因常常在于上级缺乏对下级工作情况的了解。一些领导因工作繁忙等未能经常深入一线，导致他们对下级工作的实际内容和饱和程度缺乏准确把握。在考虑是否调整人员配置时，他们可能会更多地依赖下属的反馈、现金流状况、利润率等因素，而不是严格地依据人效纪律和科学的计算方法。

其中，人效纪律是指将人效视为与营收、续约率等指标同等重要的企业制度。从公司成立之初管理者就应将人效纳入核心管理目标，确保始终围绕人效目标组建团队和制定策略。同时，人效指标是一个动态平衡的指标，每次调整都应经过严格的评估和审批流程，以确保严肃性，并能通过动态调整满足企业业务发展的需求。

科学的计算方法是确保服务质量与成本平衡的关键。这要求管理者在优化服务质量和实现服务目标的基础上，精准地计算人均可服务的最大合同金额。这需要结合公司的产品特性、客户需求以及市场动态进行定制。

2. 管理者对未来过于乐观，导致人效偏低

人员冗余与人手不足是一个动态的过程。有时是因为管理者对未来的业务量过于保守或业务量突增而造成人手不足，有时是因为管理者对未来的业务量过于乐观或业务量突然下降而造成人员冗余。

为此，管理者至少要做好两点工作。一是经常待在一线，保持对市场的基本判断能力，同时，对业务未来的发展走势以及需要的人才储备有准确的预判。二是建立成熟的人才培养机制，这样即便遇到业务量突增的情况，也能快速地完成人才的招聘与培养。

3. 管理者未能充分发挥每个人的长处，导致人效偏低

优秀的管理者最基础的工作就是弄清楚团队里每个成员的特点与优势，然后根据他们擅长的领域分配合理的工作，使其潜力得到完全释放。

然而，多数管理者未能做到这一点。他们被下属的行为所蒙骗，最终无法合理分配客户与工作事项，导致成本增加，人效偏低。

4. 管理者缺乏自我约束，导致人效偏低

现实中，许多管理者缺乏这种自我约束。他们疏忽了自己的每一句话、每一个指令背后可能带来的直接或间接影响，极易依据自身的喜好做出管理决策。比如，一些管理者可能偏爱项目制管理，无论事情大小都要求成立项目组来推进执行。这种做法虽然可以增强某些任务的组织性，但也可能导致效率降低和成本上升。

又比如，一些管理者误将工作时长视为评估员工表现的标准。然而，这种观点忽视了工作效率和质量的重要性。追求加班文化未必能够带来更好的工作成果，反而可能使员工养成拖延的坏习惯，导致效率降低与成本上升。

5.1.2 连接：企业文化决定了成本管控的基本面

每家公司都是一个复杂的系统，其健康运作的核心在于确保整体的效能大于部分之和。要实现这一目标，关键在于加强系统内部的"连接"，确保大系统与其子系统之间目标的一致性。在企业管理中，这种"连接"即企业文化。

企业文化是一项核心工程，需要企业领导亲自参与和构建。如果其打造的企业文化不符合业务发展的需求，那么即便管理者采用再多的管理手段，也很难提升员工效率。

以明源云为例，公司始终坚持人人平等与专业制胜的企业文化，这在为客户提供优质服务的过程中起到了重要作用。首先，公司内部没有压迫性的上下级文化，服务人员在面对客户高层时能够自信地与其对话，而不会感受到来自等级制度的压力。其次，公司对专业的重视常常能够有效地激励员工主动研究客户业务，提高专业水平。因此，明源云的服务人员总能迅速以较低的成本获得客户高层的信任。

1. 企业文化应当支持业务发展，不能依领导的个人性格自由发展

市场上仍然有不少公司的领导未能充分认识到企业文化的重要性，也没有根据业务的实际需求有意识地塑造企业文化。这可能导致企业文化无序发

展,从而形成一种带有浓厚领导个人色彩的企业文化。这种以领导偏好为导向的企业文化不仅无法助力业务发展,反而可能成为制约因素。

与此相反,那些重视企业文化的领导会抑制个人的偏好,刻意地根据业务需求设计和塑造企业文化。他们将企业文化与公司的使命和价值观紧密结合。例如,如果业务需要持续创新,那么他们就会营造一种平等和开放的企业文化,鼓励每位员工大胆地表达自己的想法。如果业务依赖于优质服务,那么他们则会倡导诚实守信和专业至上,对任何欺诈客户的行为采取零容忍态度,以确保服务质量。

另外,企业文化不应简单地用"好"或"坏"来评价。我们应该认识到企业文化的存在是为了支持业务的发展。因此,企业文化只有适配和不适配之分。例如,奈飞的企业文化一直受到推崇,但这并不意味着这种文化适合所有公司。如果不考虑公司实际情况而盲目模仿,可能会产生不良后果。

2. 企业文化的建立需要领导的坚定决心

要成功构建企业文化,公司领导必须有坚定的决心,这要求领导具有奉献精神,并且愿意为了公司的长期利益抑制自身欲望,放弃短期利益。

比如,对于需要持续创新的企业,领导就需要抑制自己的虚荣心和控制欲,放权给他人,营造一个让团队成员能自由思考和贡献创意的环境,激励大家自主决策,勇于表达创新想法。又比如,对于将优质服务作为核心竞争力的企业,领导就需要牺牲部分眼前的利润,增加投入去解决客户问题,以确保全体员工都能感受到公司的决心。

5.1.3 要素:用员工需求激励员工行为

任何系统都是一个有机的整体,它不是各个部分的机械组合或简单相加,系统的整体功能是各要素在孤立状态下所没有的性质。

——路德维希·冯·贝塔朗菲(Ludwig Von Bertalanffy)

贝塔朗菲是一般系统论创始人之一,他的这句话很好地诠释了一个组织应具备的特性,即整体应该大于部分之和。

就像蚁群由无数只蚂蚁组成,但蚁群展现了单个蚂蚁所不具备的特性,群体通过每只蚂蚁之间的信息交流、角色分配和密切的合作,展现出惊人的组织能力和适应性。这种集体智慧使得蚁群能够完成复杂的任务，如寻找食物、建造巢穴，甚至在面临威胁时迅速反应。

同样，许多公司提倡"力出一孔，齐心协力"的理念，其目的就是希望员工能够高效协作，实现整体大于部分之和的协同效应。但要实现这一目标，我们必须对员工的行为进行管理，使其能够将公司的目标视为个人的目标。

1. 员工关心的点：薪酬与情绪价值

员工的行为在很大程度上取决于他们所获得的薪酬和情绪价值。设计一个与公司目标紧密相连的薪酬体系，这对于确保员工与公司利益保持一致至关重要。例如，如果公司期望员工提升服务的主动性并发掘更多的增购机会，那么服务人员的薪酬中应包含相应的绩效考核和激励措施。没有这样的激励，员工可能就无法感受到公司要求的紧迫性或重要性。

除了薪酬之外，员工也非常关注他们的情绪价值是否得到满足。情绪价值就是马斯洛需求理论中的社会认可、尊重与自我实现。转化为员工的需求，就是员工是否受到上级的尊重、认可与赞赏。对于绝大多数员工而言，获得领导的认可与赞赏可以显著地激发他们的工作热情，使他们在工作中充满动力。受到尊重则使他们敢于直言不讳，且敢于将最真实的情况告诉管理者。

根据《史记·孙子吴起列传》的记载，有一次，吴起见一名士兵生了脓疮，便亲自为他吸脓，以减轻士兵的痛苦。士兵的母亲听说此事后痛哭不已。有人问她："吴将军为你的儿子亲自吸脓，你应该感到欣慰才对啊！为何要哭呢？"

士兵的母亲说道："当初他父亲就是脚上长疮，吴将军用嘴为他吸，这让他感动得赴死沙场。现在我儿子肯定也会不顾生死了！"

吴起的行为就是满足下属的情绪价值。他通过激发下属内心的愉悦感，使其能自发地追求更高的工作标准，甚至是为其付出生命。

2. 公司如何对待员工，员工就如何对待客户

归根结底，企业是由人构成的集合体，无论是我们还是客户，都由具有独特性和情感的个体组成。

这句话乍一听似乎无用，却是我对企业服务本质的理解，即企业服务不

仅需关注技术和流程，更应重视人与人的交流，关注人性所发挥的作用。

在这里，人性的含义相当宽泛：既指客户决策者在人性驱动下做出的选择，也指服务人员在提供服务时所体现出的人性特质。

这种对人性的尊重和重视是我作为管理者时一直坚持的信念，即团队管理应以人为本，并将每个人视为具有独立思想和情感的个体。

尤其对提供服务的员工而言，他们代表公司服务每一位客户，他们的服务质量和态度直接影响客户的满意度以及公司的品牌声誉。由于服务具有即时性和个性化的特点，公司很难对员工的每一次服务都进行监管。因此，员工的自我驱动力在服务过程中就起着至关重要的作用。

然而，员工的自我驱动力源于人性，也就是说，公司如何对待他们，他们就会如何对待客户。

5.2 人效管理：知彼知己提升人效

故曰：知彼知己，百战不殆；不知彼而知己，一胜一负；不知彼，不知己，每战必殆。

——《孙子兵法·谋攻篇》

孙子说，了解对手又了解自己的军队，在所有战争中都不会遇到险情。不了解对手但了解自己的军队，有时能赢，有时会输。既不了解对手也不了解自己的军队，每次战争必然会遇到险情。

在服务管理中，"知彼"意味着深入了解客户，包括他们所需的服务内容与偏好的服务方式。这要求我们能够洞察客户的需求，并预测他们的期望，从而提供符合其需求的服务。"知己"则指对自身团队的优劣势有清晰的认识，明确团队的能力和局限。这要求我们诚实地评估团队的资源和能力，以便更好地分配任务，优化团队配置。

作为服务部门的负责人，"知彼"意味着明确服务内容，并根据客户的特点与需求制定能够确保客户续约的服务方案。而"知己"则是清楚自身优势，了解每个成员的长处和短板，合理地分配工作，从而提升工作效率与人员效能。

5.2.1 知彼：盘点客户所需服务

我们首先进行"知彼"，盘点客户通常需要的内容有哪些。为此，可以将服务事项划分为两大类：主动服务和被动服务。

1. 主动服务

主动服务指的是即使客户未明确提出要求，也应基于对客户需求的深入理解主动提供的服务。这种服务展现了我们的前瞻性和专业性，有助于建立客户的长期信任。

主动服务主要包括三大类——"事、人、财"，它们分别对应影响客户续约的三个关键因素。

（1）与"事"相关的主动服务

在提供与"事"相关的主动服务时，我们的目标是彻底解决客户的业务问题，提升客户体验和价值。用通俗的话来说，就是要让客户感受到钱花得值得，且花了之后仍然愿意继续花。

1）产品应用提升。

主动服务的第一步是确保客户能够利用我们的系统高效地解决他们的业务问题，从而确保他们的投资能够获得合理的回报。

随后，我们需要密切关注客户如何使用我们的系统，以及他们是否已充分挖掘并利用系统的全部价值。如果发现客户未能完全发挥系统的功能，那么我们应及时介入，并提供必要的指导和支持，帮助客户最大化利用工具的价值。

在提升产品使用上，通常有两个技巧：一是关注高层的使用情况，高层是杠杆点，通常高层使用得好，基层表现也不会太差；二是及时进行主动干预，一旦发现使用下降就立即介入，查明原因并采取措施。这是因为如果在问题初期不予以关注和解决，那么随着时间的推移，问题的复杂性和解决难度将会增加。

2）客户走访。

定期的客户走访旨在增进与客户的关系，同时更深入地了解客户的现状和需求。对于客户而言，他们通常非常期待服务人员的来访，并希望服务人员能更好地了解他们的现状，为他们提供更多有价值的建议和服务。

但基于成本考虑，服务人员难以对所有客户进行现场走访。因此，我们应对客户进行分类和分级管理，对于那些客单价高或成本可控的客户进行现场走访。对于无法进行现场走访的客户，则采用定期线上拜访的方式，从而实现对所有客户的深入了解。

3）**客户市场研究**。

B端业务中，企业必须将自身定位为行业的运营者，掌握该行业的变化及其所处的市场动态。而服务团队则应将研究客户的行业和市场视为服务客户的基础。

我们在与客户高层互动时，有时会感到无从下手，这往往是因为我们对他们的行业和所面临的市场了解不够深入。试想一下，当你与客户高层交流时，如果能够流利地讨论他们行业最近出台的政策、新兴技术，以及这些变化对行业未来的影响，那么客户高层必定会对你刮目相看。

4）**客户业务诊断**。

业务诊断是一项艰难的任务，它决定了服务的价值，以及我们是否可以轻易地被替代。

对于大客户而言，我们通常面对的是集团管理部门，其职责是管控一线业务的执行力，并为一线提供政策支持。然而，由于各种原因，他们又很难全面地了解一线的实际状况和业务问题。因此，他们需要我们这样的外部机构来帮助还原一线的真实情况并提供建议。

对于小客户而言，他们对于业务诊断的需求更加迫切。由于团队能力的限制，他们常常不知道如何解决业务问题，甚至不知道业务问题的成因。作为小客户的服务提供者，我们有责任去了解他们的困难，并提供针对性的建议。

另外需要特别注意，千万不要因为小客户的客单价较低就忽视解决小客户的业务问题。首先，这可以帮助我们培养团队，使其在实际业务中快速成长。其次，与小客户共同成长的价值是无穷的。许多明源云的客户正是从最初只有一个项目开始合作，逐步扩展到合作上百甚至上千个项目。

5）**客户案例打造**。

将每次客户服务视为打造案例的机会，这不仅体现了高规格的服务态度，也是对服务质量的严格要求。

对客户决策者而言，产品与业务的成功结合，若能达到宣传案例的标准，将带来极大的成就感。这不仅显示了他们的明智选择，还可能赢得内部表彰和行业声誉。

对于公司而言，丰富的案例库是销售和交付团队的宝贵资源，有助于增强潜在客户的信任，提升市场竞争力。

(2)与"人"相关的主动服务

在提供与"人"相关的主动服务时，我们的目标是满足客户各级关键人的工作需求，使他们成为我们的支持者。

1) 高层服务。

高层服务分为两种：一种是根据高层直接下达的指示完成任务，这要求我们准确地理解指令，并迅速高效地执行；另一种是我们主动策划，除了响应高层的指示外，还需主动策划和提供服务，以帮助高层达成工作目标或提升个人影响力，这可能包括为高层提供策略建议、市场分析、个人宣传等。

在大多数情况下，高层服务与系统操作无关，而是与业务密切相关。因此，我们在处理任务时需要从业务的视角出发，理解业务需求和目标。

2) 对接人服务。

对接人在客户组织中扮演着承上启下的角色，也是我们服务的杠杆点。他们不仅是信息传递的桥梁，也是影响决策的重要力量。如果我们能够协助对接人高效地完成工作，那么不仅能够加强与他们的合作关系，还能在整个客户服务过程中发挥积极作用。

同时，对接人也是我们发展"信息教练"的首要目标。通过提供卓越的服务，我们能够赢得他们的信任，使他们更倾向于成为我们的支持者和合作伙伴。这种信任关系有助于我们获取更全面的客户信息，从而更好地满足客户的需求和期望。

(3)与"财"相关的主动服务

在提供与"财"相关的主动服务时，主要提升两个方面的服务：一是专业性，二是服务态度。

专业性指的是服务人员在与客户进行续约谈判的过程中能够清晰地解释每一个合同条款，以及公司为何设定这些条款。另外，服务人员还要能够根据客户的实际情况，为客户申请到灵活的商务政策。

服务态度是指在续约谈判过程中，客户始终能够感受到被尊重和重视。例如，及时的付款提醒可以避免因客户遗忘或延误付款导致服务中断，使用以客户为中心的沟通策略使客户感受到续约后我们依然能保持服务品质。不少人可能会有疑问：签约和回款难道不是我们更需要的吗？其实不然，对于需要我们的产品和服务的客户而言，及时的提醒与周到的续约服务能够让客户感受到我们的专业和贴心。

1）续约谈判。

主动在合同到期前三个月启动续约谈判，对双方而言是一种负责任的做法。通过提前了解客户对续约的期望和要求，我们能够更好地为下一年的服务目标和商务条款做准备。

服务人员在这一过程中应秉持开放和真诚的态度，与客户就价格和其他关键议题进行开诚布公的沟通。这种坦率且直接的沟通方式不仅展示了我们的专业性，也是我们提供高质量服务的体现。

2）续约回款。

确保与客户的合作不中断，不仅是我们的工作职责，也是客户的需求。这种连续性对于维持客户的业务运营至关重要。

尤其是对于大客户来说，与客户的对接人紧密合作，共同完成资金计划的申请和付款流程的跟进，是我们服务中的重要组成部分。这种协作确保了续约过程的顺畅和及时。而对于小客户来说，应及时提醒关键人，防止因疏忽导致系统中断。这种提醒服务是确保小客户能够持续享受我们的服务的重要措施。

2. 被动服务

被动服务指的是根据客户主动提出的请求而提供的服务。这类服务具有明确的针对性和时间要求，并且客户期望我们在约定的时间内完成特定的服务内容。此外，被动服务也是一种履约行为，这直接体现了我们对客户承诺的尊重和执行力。

在服务过程中，任何延误或失误都可能影响客户对我们的整体印象和信任。因此，我们必须确保被动服务的响应速度和执行质量，以维护我们作为服务提供者的声誉。

（1）产品交付

在交付期间，我们追求快速且平稳地上线产品，以确保产品能够迅速地融入客户的业务流程。同时，交付质量始终是交付过程中的首要考量因素，我们必须确保每个交付环节均符合最高的质量标准。

（2）客服或运维

客服或运维服务的质量可以用四个字概括——及时响应。

系统越接近客户业务，客户对系统的稳定性和服务响应的及时性的要求就越高，特别是在涉及收支的业务场景中，每分钟都需要系统的支持。优秀的客服或运维人员能够时刻确保系统的稳定性，即便出现问题，也能在几分钟内迅速响应并解决。

总之，主动服务是我们服务策略中的关键，根据客户续约的决策因素——"事、人、财"而制定。有些客户只需满足其中一项即可续约，而有些客户则需要全部满足。因此，我们需要根据客户的具体情况和需求来策划我们的服务内容，力求以最低成本满足客户的最高要求。

被动服务是基础服务，也是复杂而紧急的服务事项，需要面向所有客户提供。

如图 5-1 所示是一个客户服务框架。其中，被动服务是基础，无论何种产品皆需满足"产品交付"与"客服或运维"的要求。此外，"事""人""财"是主动服务，也是服务框架的核心。"事"处于底层，是主动服务的第一步，即满足客户的需求。接下来是"人"的服务，即赢得客户高层和对接人的信任，这一步对提高续约率至关重要。最后是"财"的服务，这一步看似为价格谈判，实际上是双方对产品与服务价值认定的各自表述。

5.2.2　知己：盘点团队成员能力模型

知己主要是为了探讨在执行主动服务和被动服务时，我们需要具备哪些能力。图 5-2 将服务团队的能力模型根据**专业能力、业务能力、商务能力、职业素养这四个维度**进行了划分，以对应客户服务的事项。在此需要明确，这四个维度的能力并非要求每位服务人员都具备，而是服务团队整体需要具备，以便更好地服务客户。

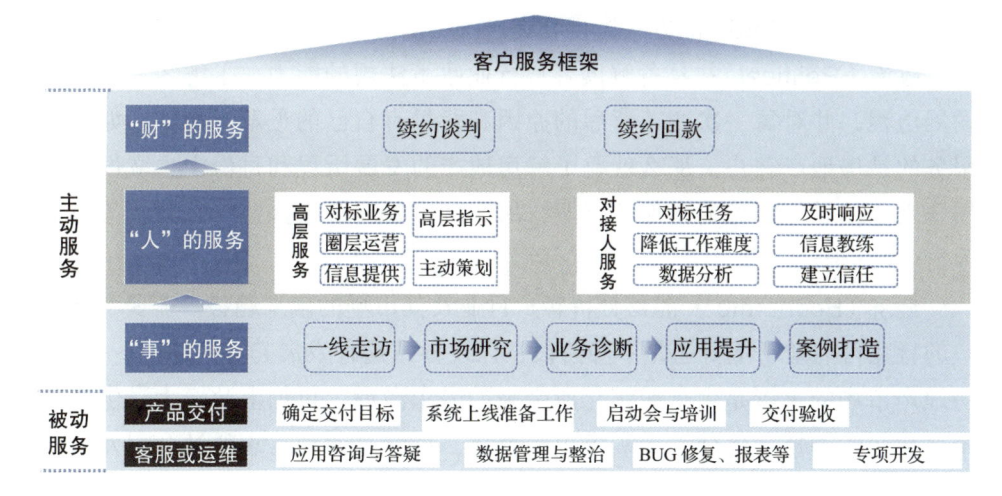

图 5-1　客户服务框架

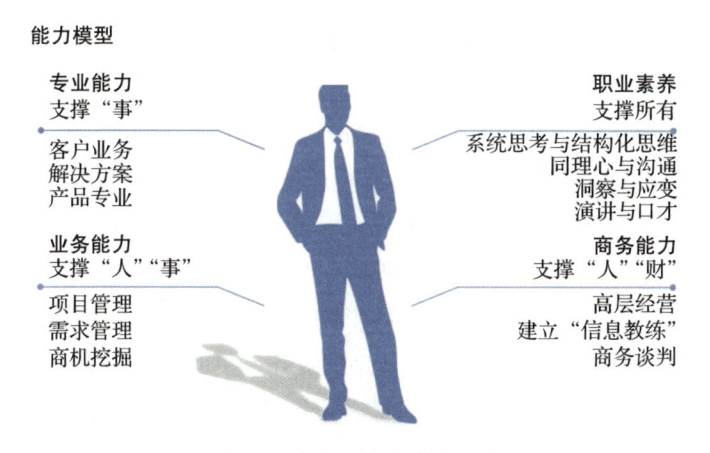

图 5-2　服务人员能力模型

1. 专业能力：支撑被动服务和主动服务的"事"

专业能力包括客户业务能力、解决方案能力以及产品专业能力。专业能力是服务客户、引导客户的必备技能。这一能力是区分服务人员级别的关键。刚入职时，员工可以暂时欠缺专业能力，但如果在入职一年后仍未达到专业能力的要求，那说明该员工要么缺乏学习能力，要么未准备长期从事这份工作。

（1）客户业务能力

我们需要从宏观和微观两个层面对客户的业务进行学习和掌握。在宏观方面，可以借鉴 PEST 的方式进行分类。

政治（Political）：具备解读客户行业政策法规的能力，了解客户行业的发展历程，并对每一次变革背后的原因和背景有自己的见解。例如，如果你服务的是房地产客户，那么就要了解房地产的发展历程和每份中央文件的深层含义。如果你服务的是保险行业，那么就需要理解银保监会每项政策对保险行业的影响。

经济（Economic）：能够分析客户行业及其市场的未来趋势。需要了解客户的行业目前处于上升还是下降阶段，以及导致这种发展趋势的原因。例如，房地产市场的火爆是由于城镇化所带来的需求激增，再加上政府大量供地与金融化属性加持，促使大量需求提前释放，最终这两种需求的结合引发了市场的火爆现象。

社会（Social）：全面了解客户市场的供需变化及竞争态势。具备分析客户市场的能力，同时，掌握市场对客户行业的需求和期望。例如，民宿对消费者的意义是什么？消费者在什么情况下会选择民宿而非酒店？消费者需要什么样的民宿服务？市场上有哪些优质的民宿？

技术（Technological）：掌握客户行业的各种技术发展趋势，以及这些技术对行业发展的影响。当新技术出现时，能够敏锐地识别客户行业中会发生哪些变化。例如，人们普遍认为短视频对房地产营销有影响，但很多问题需要服务人员自己去思考，例如：具体影响是什么？影响了以往营销过程的哪个环节？哪些环节没有受到影响？因此，服务人员必须具备自己的判断能力。

在微观层面上，需要深入地了解客户行业的潜规则、业务场景以及行业从业者的认知和思维方式。这些内容无法通过书本或网络获得，只能通过直接接触客户并深入一线体验来学习。借助公司行业运营者的优势和庞大的客户基础，持续地向客户学习，然后利用所学专业知识与更多客户沟通，形成一个良性循环。

该能力可用于以下服务：定期走访、市场研究、业务诊断、对接人服务。

（2）解决方案能力

解决方案能力就是顾问力，即听、说、读、写、问的能力，它需要非常强的结构化思维和系统思考能力。当客户提出各种需求，并希望我们帮助他们实现或是询问某问题的解决方案时，我们需要快速地回复客户。这样，次数多了自然就获得了客户的信任。

该能力可用于以下服务：**业务诊断、高层服务、对接人服务**。

（3）产品专业能力

产品专业能力体现在两个方面：首先是对自家产品的熟悉程度，能够准确地回答客户关于产品使用的疑问，并通过产品解决客户的业务问题；其次是对互联网及软件行业的了解，掌握市场主流产品的价值和形态，了解各类产品、数据库和编程语言的优劣势，能够随时依据客户的需求提供产品建议。

该能力可用于以下服务：**产品应用提升、产品交付、客服或运维**。

2. 业务能力：支撑主动服务的"人"和"事"

业务能力包括项目管理能力、需求管理能力与商机挖掘能力，这些是优秀服务人员必备的基本能力。

（1）项目管理能力

我们可以将每个客户服务视为一个项目，并从进度、风险、资源、质量、关键人等维度进行管理。然而，需要注意的是，与传统的软件项目管理不同，按年付费的服务合同并没有明确的验收节点，也不存在所谓的项目结束，因此，项目管理的目标是使这个过程持续进行。

同时，多项目并行也是日常工作的常态，这极大地考验服务人员的时间管理以及协调和推进项目的能力。如果这个能力不合格，那么就无法独立地为客户提供服务。

该能力可用于以下服务：**产品应用提升、产品交付、案例打造**。

（2）需求管理能力

这是服务人员的关键能力，关系着服务质量的上限。如果服务人员无法理解客户需求，就无法满足客户需求。特别是服务大客户的服务人员，每天面对的都是多变且复杂的客户需求。如果缺乏需求洞察能力，不能很好地抓住客户需求的机会，那么客户可能就会选择其他供应商。

服务大客户非常依赖于需求管理能力。如果达不到要求，那么将无法有效地服务大客户。

该能力可用于以下服务：**业务诊断、定期走访、高层服务、对接人服务**。

（3）商机挖掘能力

千万不要将挖掘商机和促进增购狭隘地看作获得更多收入。增购除了能带来营收外，还具有增强客户黏性和防止竞争对手渗透的作用。这是一种以攻为守的策略，因为合作产品越多，客户对我们的信任和依赖就越强，我们也就越难被替代。

因此，服务人员需具备发现客户业务痛点并将其转化为商机的能力。然而，原则上来说，服务人员仅负责挖掘商机，而后续的商务工作由销售人员完成。

该能力可用于以下服务：业务诊断和高层服务。

3. 商务能力：支撑主动服务的"人"和"财"

商务能力包括高层经营能力、建立"信息教练"能力和商务谈判能力。这是与人沟通的能力，也与工作结果密切相关。

（1）高层经营能力

有些人会认为与客户高层打交道是销售的职责。但事实并非如此，正如在足球比赛中，虽然进球是前锋的责任，但其他队员也应具备进球能力一样。服务人员具备这种能力也是同样的道理，他们能够在适当时机以"奇兵"的形式与销售协同配合和进行补位，创造出意想不到的效果。

同时，赢得客户高层认可是也是区分服务人员职级的关键。高等级的服务人员通过长期的实践、不断的碰壁以及持续的学习逐步培养与高层对话的能力，从而成为公司的主力。

该能力可用于以下服务：定期走访、案例打造、高层服务。

（2）建立"信息教练"能力

在为客户服务时，必须培养一些愿意为我们提供客户信息与服务建议的关键人，否则我们将如同盲人摸象，无法真正了解客户的真实情况。这项能力一直是我最为看重的，也是我管理服务质量的首要过程指标。如果在服务客户时我没有"信息教练"或任何信息来源，那么我会对所做的事情感到不踏实，仿佛所有行为都是在进行赌博。

该能力可用于以下服务：定期走访、业务诊断、应用提升、案例打造、续约回款。

（3）商务谈判能力

续约的风险识别、介入谈判的时机、谈判对象的特点分析，都是决定能否顺利完成续约以及确定续约价格的重要因素。续约负责人应掌握这些技能，才能在续约谈判中游刃有余，有效说服客户，而不必转过头来说服公司领导。

在日常续约过程中，经常会遇到客户提出各种降价理由的情况，而谈判能力即是在保持良好的客户关系的前提下以原价成功完成续约的技能。

该能力可用于以下服务：**续约回款**。

4. 职业素养：支撑所有服务

职业素养是冰山下隐藏的能力，是所有岗位中不可或缺的基础，也是各种技能的根基。它犹如树根的深度决定了树干的高度一样，影响着其他能力的上限。每当我发现在其他技能上遇到瓶颈时，我都会回到基础来专注于提升我的职业素养。

管理者在选拔和培养人才时，应当意识到业务、专业、商务能力都可以培养，但职业素养很难培养。如果遇到职业素养欠佳的员工，应当果断放弃。

（1）系统思考与结构化思维能力

系统思考与结构化思维是最为重要的基础能力，能帮助我们迅速地定位问题，也有助于清晰地表达观点。在工作中最为频繁的场景——沟通中，这项技能被应用得最多。如果这项能力不达标，那么将会对工作效率产生很大的影响。而这项能力需要通过长期的训练来培养。如何识别团队成员是否具备这个能力，就要看他是否将"结论先行""相互独立、完全穷尽"变成表达习惯，以及是否将"牵一发而动全身"的观念变成日常思考的本能。

（2）同理心与沟通能力

同理心，又称共情能力，指一个人能够站在他人立场上，体验和理解他人的情绪和观点。同理心应该是成年人所具备的基本能力。尤其是对于服务人员来说，每天都要面对客户，因此在与客户的沟通中，需注意是否过度关注了自己的表达而忽视了客户的感受以及是否在客户提出质疑后仍能心平气和地站在客户角度进行反思。这需要服务人员具有很强的同理心。

良好的沟通能力在于多思考，做到凭借听者的表情自然地感知其心理状态，并据此决定要说的话，以及以何种方式表达。切不可认为这样会很累，或者认为这是一种技巧，这实际上只是最基本的沟通礼节。

（3）洞察与应变能力

洞察力是指能够看见他人未能察觉的本质，犹如侦探一样，总能揭示问题背后的原因和真相。在服务客户和诊断业务问题时，这一能力极为重要。

它决定了我们是随波逐流地看待客户问题，还是能从众多信息中找出问题的关键。

应变能力是指在各种场景中灵活应对的能力。在服务客户时，我们会遭遇许多突发情况。而这些突发情况发生后，服务人员需要保持冷静、处变不惊，快速地解决问题。

（4）演讲与口才能力

说服是推动他人行动的方法之一。它依赖出色的口才与演讲能力，需要注意的是，演讲不仅仅是在台上面对观众，它存在于我们日常的交流和互动中。当我们需要说服某个人或一群人时，我们就需要演讲能力。

有效的演讲不仅需要严谨的逻辑思维来构建论点，还需要能够将想法以富有感染力的方式表达。这涉及清晰的语言表达、恰当的肢体语言以及与听众建立联系。

5.2.3　将服务事项与团队能力模型巧妙结合

20 世纪初，亨利·福特和他的团队研发了世界上首条流水线，这一创新显著地提高了生产效率，尤其是在福特 T 型车的生产和组装过程中。流水线作业模式不仅在汽车制造业中广泛应用，还深刻地影响了整个现代工业生产。

近年来，这种流水线作业模式也被引入房地产交易领域。贝壳找房的 ACN（Agent Cooperation Network，经纪人合作网络）模式通过搭建房源信息共享平台，实现了经纪服务流程的标准化和模块化。在 ACN 模式下，经纪人可以根据分工扮演不同角色，如房源录入、钥匙持有、带看、成交等，并根据个人贡献获得佣金分成。这一模式有效地解决了房源、客源、经纪人之间的合作问题，提升了资源匹配效率，促进了服务质量的提升，推动了行业效率和优质服务的正向循环。

贝壳的 ACN 运作模式类似于福特的流水线作业模式，都是基于"服务事项"进行任务分配。在这种模式下，每个人都在自己最擅长的领域发挥优势，实现专业化的高效服务。

许多软件公司都面临人效低下的问题，其根本原因通常在于服务分配的方式。这些公司在分配客户时，往往将客户视为一个整体，要求服务人员在工作中承担多项任务，包括基础服务、满足客户需求、解决客户的专业问题以及赢得客户各级关键人的信任。在这种工作压力下，服务人员不仅难以抽出时间来提高自身专业能力，同时降低了工作效率，减少了能够服务的客户数量。

为了解决这一问题，软件等专业型服务公司可以借鉴贝壳 ACN 和福特汽车的模式，根据服务客户时的"服务事项"进行拆解和分配，将客户服务划分为三个标准模块：基础服务、业务服务和高层服务。

- **基础服务**：所有必要的产品支持服务。这通常由具有较强专业能力的服务人员负责，他们可以同时负责较大合同额的客户。
- **业务服务**：满足客户的业务需求。这要求服务人员具备较强的业务能力，并能深入理解客户的业务，以确保客户的购买预期得以实现。
- **高层服务**：专注于维护与客户决策者的关系。这通常由商务能力较强的服务人员负责。

通过这种模块化的方法，我们对综合型人才的需求将减少，转而着力发挥每位服务人员的最大潜力，使其能够在最擅长的领域工作，从而提升工作效率和服务质量。如表 5-1 所示，公司可以将一个客户的服务内容拆分为三个服务模块，然后根据服务人员的优势进行任务分配，确保人尽其才、才尽其用。

表 5-1 服务事项模块表

服务模块	服务内容	服务人员能力
基础服务（被动）	交付、客服、运维等被动服务	专业能力 + 职业素养
业务服务（主动）	应用提升、走访、业务诊断、案例打造、市场研究、签约回款	业务能力 + 职业素养
高层服务（主动）	对接人、高层等各级关键人的服务	商务能力 + 职业素养

在运用此表进行任务分配的过程中，我们可以委派性格内向但精通产品的服务人员负责基础服务、专业能力突出且具备策划能力的服务人员负责业务服务，以及商务能力强的服务人员负责高层服务。当然，根据实际情况，也可将业务服务与高层服务合并，由同一位员工负责。关键在于灵活组合，确保分配机制合理，使每个人的工作量都保持在适度饱和状态。

下面是一个我曾经利用此表回绝增派服务人员的例子。

有一次，一位事业部负责人因其某个 KA（Key Account，关键客户）业务快速增长，服务需求量增加，向我提出增派服务人员的请求。他希望能增加一名人员专门负责该客户在华东和华北区域的服务，从而减轻原服务人员的工作压力，让他们有更多时间专注于服务客户的集团与华西、华南区域。

面对这一请求，我没有立即同意增派人手，而是提出了另一种解决方案。我对他说："目前你们事业部有服务人员小 A、小 B、小 C。小 A 负责 KA，小 B、小 C 负责腰部客户。而你现在需要增加人手的原因是小 A 一个人的精力已经无法承担 KA 的所有服务需求。但是据我了解，导致小 A 无法承受的原因是 KA 有大量的客服、运维等基础服务需求，这牵扯了小 A 的精力。你现在最紧要的不是增加人手帮助小 A 分担客户其他区域的服务，而是减少小 A 的基础服务的工作压力。减少这个工作内容不需要额外增加人手，只需将小 C 调任负责整个事业部所有客户的基础服务，并让小 B 负责小 C 现有客户的业务和高层服务，然后小 A 继续服务集团和所有区域即可。"

接着，我又将此建议的利弊向他进行了详细的解释，最终我说服了他，并形成了如下分工：

1）小 C 负责事业部所有的基础服务。
2）小 B 负责所有腰部客户业务和高层服务。
3）小 A 负责 KA 的业务服务，而他则负责 KA 的高层服务。

在这样的调整下，尽管小 B 和小 C 的服务事项减少了，但由于服务的客户数量增加，他们的收入也未受到影响。而小 A 虽然失去了基础服务的收入，但因为有更多的时间投入到业务服务中，他的增购收入也会相应增加。对于公司而言，这样做不仅总体成本并未增加，还解决了增购效率的问题。

5.3 成果管理：运用续约的"法"与"术"管理成果

对公司续约的总负责人来说，要提高续约率，就需要建立科学的过程管理方式。其中，单个客户的过程管理与全公司的过程管理又有所不同。在单个客户的续约策略中，我们可以以指标管理为导向进行质量管理。而在全公司的续约率管理上，我们则需要利用漏斗管理工具来评估与预测续约质量。

5.3.1 优秀的管理者会规划好航线，引导团队顺利抵达目的地

续约管理的过程就像飞机在辽阔的空中飞行，或轮船在无边的大海上航行，要想顺利地到达目的地，飞机或轮船必须依赖于航程中一系列精确的"航点"来确保航向正确。

对于续约管理而言，也需要设定清晰的"航点"来评估进度和方向的准确性。为此，我们需将续约的总体目标拆分为与续约直接相关的各个"航点"，并对其进行精细的过程管理。这不仅可以确保服务人员的工作始终沿着既定目标推进，也能确保服务团队的负责人把控全公司所有客户的服务质量。

如图 5-3 所示，共有 7 个过程指标，这些指标按照服务过程的顺序构成了一条完整的航线。当所有过程指标达成后，将实现最终的续约回款目标。

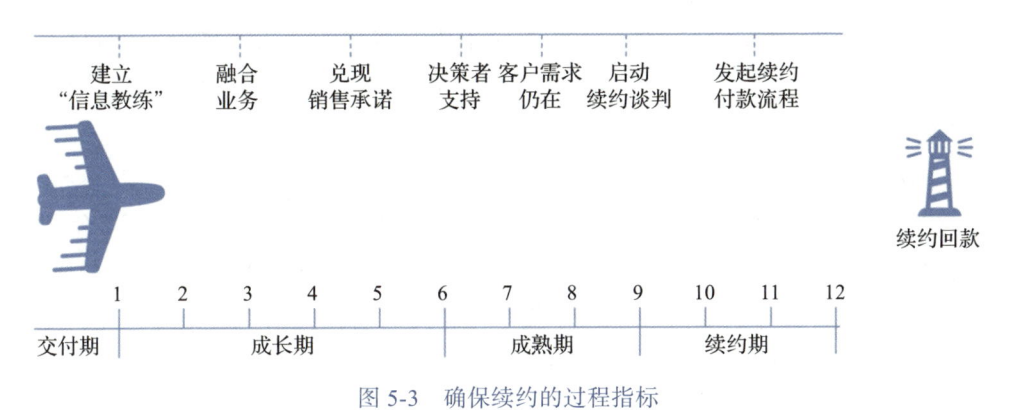

图 5-3　确保续约的过程指标

注：虚线可以调整时间刻度。

1. 指标 1：建立"信息教练"

只有了解客户才能更好地服务客户。当与团队成员盘点客户时，我最常提出的问题是："客户方有没有给我们提供信息的人？"

在服务过程中，我们首先要完成的关键任务是确保拥有能够提供客户信息的"信息教练"。不论是大客户还是小客户，我们都需要这样的信息渠道，否则我们的服务将缺乏针对性，从而导致服务成本的巨大浪费。

例如，当我们需要调动客户一线人员积极地响应上级要求的业务升级时，就必须触动他们的实际利益，使他们认识到参与其中对他们自身的好处。然而，要了解他们的利益所在，我们只能通过"信息教练"来获取这些关键信息。

2. 指标 2：融合业务

融合业务指的是客户利用我们的系统进行管理制度的制定，并通过我们的系统管理日常业务运营。这不仅是交付上线工作的成果，也是交付工作质量的直接体现。

当客户的业务与我们的系统深度融合后，系统的价值便开始显现。同时，随着客户在系统上产生的数据量不断增加，客户对系统的投入和依赖也会加深，这会使客户的迁移成本逐渐增大。

3. 指标 3：兑现销售承诺

当交付期结束至服务客户的第 6 个月，我会每半月关注一次此指标是否达成，因为第 3~6 个月通常是客户对我们的耐心极限。如果此时仍未能实现客户购买时的预期，并且无法按照销售对客户的承诺实现设定的目标，那么客户对我们的满意度会急剧下降，严重的情况下，客户会认为受到了欺骗。

这一指标并不容易实现。它需要服务人员展现出认真负责的态度、专业的技术水平以及卓越的协调能力。在实施过程中，服务人员可能会面临销售的过度承诺，还可能会遇到系统无法满足客户复杂业务需求的情况。一旦这些问题得到解决并达成这一指标，我们与客户的信任关系就会正式建立，之后的增购、续约和案例打造都会变得更加容易。

4. 指标 4：决策者支持

许多人认为，一旦决策者选择了我们，就会始终如一地支持我们。这其实是一个很大的误区。签约后得罪决策者，令其感到愤怒的情况，在企业服务的案例中屡见不鲜。

因此，决策者是否继续支持我们是一个关键指标。尤其是对于那些抱着试试看的心态购买的决策者来说，他们在购买时并未对我们产生信任，如果服务仍不能赢得他们的信任，那么续约的风险将会极大地增加。

5. 指标 5：客户需求仍在

客户需求依然存在意味着客户仍然需要外部服务机构为其提供服务，没有倒闭也没有自行研发。这个指标虽然与服务人员的关系不大，但使用这个指标的原因是它与续约的关联非常密切，直接影响着续约的成败。根据我这些年的观察，每年由于客户倒闭而不续约的情况占比超过了 10%，尤其是在专注于服务小 B 端的 SaaS 公司中，这个比例往往会更高。

6. 指标 6：启动续约谈判

当进入续约期后，负责续约的服务人员能够顺利地与客户展开续约谈判，是一个积极的信号。这说明客户内部没有反对意见或者反对意见的影响力有限，也说明了客户对我们过去一年的服务感到满意，并愿意继续与我们洽谈。

在此期间，最大的风险就是价格。客户愿意与我们洽谈续约，并不意味着他们一定会与我们续约。客户可能会接触竞争产品、进行价格比较或寻找替代方案。这些都是正常现象。我们是客户当前的供应商，提供客户看得见的服务，相较于竞品而言，我们具有风险较小的优势。在做好谈判分析后，便可与客户展开谈判。

如果在谈判过程中遇到难以解决的问题，应积极地向公司领导请教，避免错过良机。

7. 指标 7：发起续约付款流程

"船到码头车到站"是一个人最容易疏忽大意的时候，当胜利在望时，思想就会放松。在续约管理中也常出现这种情况，当客户签订续约合同后，就开始掉以轻心，忽视了对回款的跟进，进而导致意外发生。比如，在客户付款流程中，出现某位审批人迟迟未审批的情况，这会导致回款时间延长，给了竞争对手可乘之机。又比如，有些客户在签约流程和付款流程上的审批有所不同，客户的签约审批无须经过某位领导，而付款流程则需要。在这种情况下，如果领导不同意，那么续约谈判就需要重新进行。

以上提到的两种情况，都是在续约管理中常遇到的风险点，我们需要加以控制。因此，一定要将回款视为续约的终点。在合同签订后，应积极地跟进付款流程，及时发现并解决问题。

最后，当服务人员根据这一里程碑管理其客户续约，且管理者利用这些指标评估每位服务人员的工作价值和每位客户的服务现状时，我们的工作将更具系统性，同时，原价续约、到期回款的目标也更易实现。

5.3.2 续约率管理的关键在于续约漏斗

除了关注微观层面的每个客户服务过程指标的达成情况，我们还需要从宏观层面关注整体的续约率和续费率的实现情况。

续约率和续费率是所有订阅模式业务中最为关键的指标。通常的管理方法是，在年初设定一个续约率和续费率的指标，并在一定的周期内审视其实现情况。从管理角度来说，这种方式并无大碍。然而，如果我们的指标是支持和增强服务人员的续约工作，那么我们需要将这一指标进一步提升，使其成为有指导意义的工具。

如何进行操作呢？我们可以借鉴销售漏斗的模型，建立一个续约漏斗的模型来管理所有续约合同。按照五个步骤进行动态管理：待续约、进入续约期、开启续约谈判、完成签约和客户回款。

续约漏斗模型共分为 5 个阶段，如图 5-4 所示，每个阶段都会有一定的数据。随着时间的推移，这些数据会发生动态变化，而我们的任务就是确保这些数据能够准时地进入下一个环节并且不衰减。

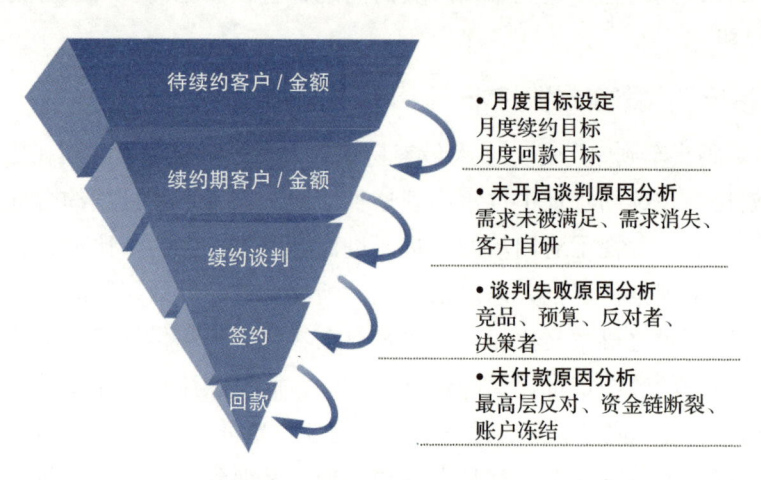

图 5-4 续约漏斗模型

与上述过程指标不同，该漏斗模型适用于多个续约合同的并行管理，既可用于全公司范围的续约管理，也可用于个人的续约管理。漏斗中的"待续约客户/金额"是续约工作的起点和目标值。"续约期客户/金额"是续约工作的第一阶段，在客户到期前三个月即自动进入此阶段。随后服务人员与其进行"续约谈判",以实现最终的"签约"和"回款"。

1. 待续约客户/金额

这是我们的基本盘,即我们正在服务的合同数量和金额。在年初,该数值代表我们的年度服务值。随着时间的推移,这个数值逐渐减小,直到年末为零。

这个数值在年初时应全面计算,将按年付费的所有合同和金额都包括在内,切勿为了数据的良好呈现而将已经倒闭或停止经营的客户排除在外。明源云团队中的许多客户成功经理就是这样做的,他们将那些已完成销售的项目不计入这个数值。我发现后,耐心地向他们解释,不要担心续约率低会显得服务质量有问题,实际上,续约率与服务质量没有直接关系,与其相关的是客户流失的原因。而且,续约率达不到 90% 是正常现象,不要被网上那些动辄 90%、100% 的续约率所误导。

对我们而言,最重要的是如实记录数据,即便数据不甚理想。只要我们能直面结果,找出工作中的薄弱环节,就是最大的价值所在。

2. 续约期客户/金额

在合同到期前的三个月会进入续约期,在这一阶段,我们应启动与客户的续约谈判。

在每个月初,我们需要筛选出本月进入续约期的客户,这样才能确定当月的工作目标。之后,根据目标制订本月续约谈判工作的计划。

3. 续约谈判

在正式开始谈判之前,我们需要问自己两个问题。

第一个问题是:客户是否仍有续约的意愿?这是续约的前提。通常影响客户续约意愿的原因主要有三点,**即需求未被满足、需求消失、客户自研**。

在确定客户有续约意愿之后,我们应问自己另一个问题:**续约是不是客户的需要?**

这个问题决定了我们的谈判策略。当续约仅仅是我们的需求时,我们将陷入苦苦哀求的被动局面。只有当续约成为客户的需求时,我们才能掌握谈判的主动权。

那么，在什么情况下续约是客户的需求呢？

首先，客户对我们的需求极为强烈。客户根本无法暂停使用我们的系统，这体现了我们与客户业务的紧密结合。其次，市场上难以找到完美的替代者，即便客户能够找到，替换的风险对于他们来说也过于巨大。

当然，并不是所有客户都会续约，即使是再优秀的公司也会有客户流失。客户流失本身并不可怕，真正可怕的是不知道客户流失的原因。

4. 签约

接下来，我们正式地进入签约管理流程。在此过程中，至关重要的一点就是——快，即快速完成合同签订和发起付款流程。

在每月初，我们要制定当月的续约目标，并对每周的目标进行动态管理。当实际进展落后于目标时，我们要及时干预，以确保合同能在计划的时间内顺利签订。

5. 回款

从签约到回款是续约管理的最后一公里，需要持续跟进。每个人脑海中都应始终绷着这样一根弦：未回款就不意味着续约结束，仍存在被替换的风险。通常导致回款失败的原因如下：

- **最高层反对**：某些公司的续约流程和付款流程不一致。在续约阶段，最高层或许并不知情，但在付款阶段，他表达反对意见，导致续约失败。
- **资金链断裂**：这是比较常见的情况。虽然客户所有的流程审批都已经完成，但由于资金链断裂，最终未能付款。
- **账户冻结**：最近许多房地产客户都出现了这种情况。客户非常希望继续使用我们的服务，但账户被冻结导致无法支付款项。

在管理公司的整体续约率时，我们不能仅关注续约率或续费率的结果指标，还应根据续约漏斗对每个节点的转化率进行管理。

首先，"续约期客户/金额"与"续约谈判"的转化率用于评估还未进入谈判环节便流失的客户数据。其次，"续约谈判"与"签约"的转化率用于评估因谈判不成功而流失的客户数据，如果这一数据过低，我们需要反思是因为降价续约过多，还是由于商务政策不够灵活而造成客户流失。

最后,"签约"与"回款"的转化率是用于评估客户回款效率的指标。如果该数据过低,则表明服务人员在回款跟踪过程中仍有很大的改进空间。

5.4 公司所处的阶段不同,适用的管理方式也不同

一直以来,我都是系统思考的倡导者和践行者。无论是在客户分析还是团队管理中,我都坚持这一理念。

因此,系统管理理论(Systems Management Theory)成为我最为推崇的企业管理理论之一。该理论由弗里蒙特·卡斯特(Fremont Kast)和詹姆斯·E. 罗森茨韦克(James E. Rosenzweig)创立,他们将组织视作一个整体系统,强调组织内部各部分及组织与外部环境之间的相互关系和相互作用。

也就是说,管理团队时,我们不仅需要关注团队内部的相互影响,还要关注外部环境对团队的影响。

内部因素的影响相对容易理解。团队的薪酬结构、企业文化、管理制度等都属于内部因素。然而,团队受到外部环境的影响往往被许多公司忽视。这种忽视通常导致在调整管理策略上的滞后,从而给公司带来难以估量的损失。

另外,外部因素也与企业的发展阶段密切相关。即便在相同的市场环境中,不同阶段的企业所受到的影响也各不相同。为了更直观地理解这一点,将企业的发展过程分为四个主要阶段,即孵化阶段、成长阶段、成熟阶段和衰退阶段。

在不同的发展阶段,续约与服务管理的策略有显著差异。因此,优秀的管理者需根据时间和地点的具体情况来灵活地制定管理策略。不同阶段的管理特点如图 5-5 所示。

- 孵化阶段:公司需要突破重围,实现业务从 0 到 1 的发展。服务团队需要建立粉丝级客户。
- 成长阶段:公司需要迅速复制成功的模式并抢占市场。服务团队必须在工作量激增期间仍然确保高质量交付。
- 成熟阶段:公司需要从单一产品扩展至产品矩阵。服务团队需有效管理老客户需求。

- 衰退阶段：公司需要在现有业务萎缩前找到第二增长曲线。服务团队应做好成本管理。

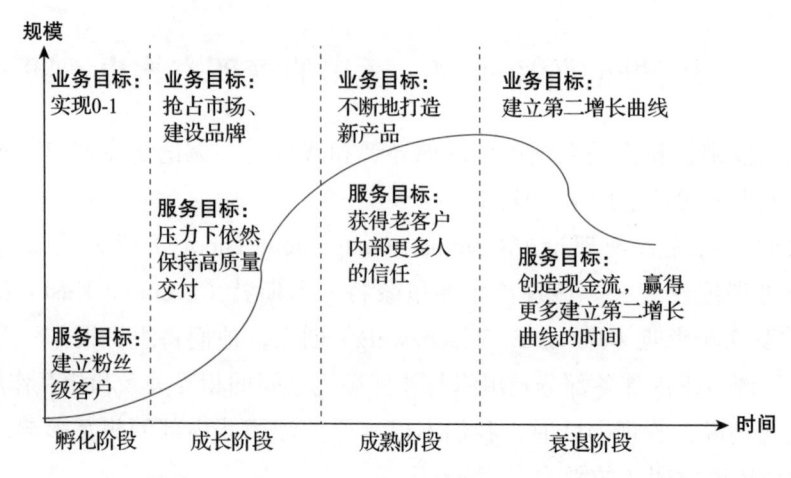

图 5-5　不同阶段的管理特点

5.4.1 孵化阶段：精兵强将跑出 PMF，克服"我们真的能成吗？"的担忧

1. 业务目标：快速实现产品与市场契合

在业务处于初创阶段时，全公司的首要任务是集中所有资源与精力，迅速实现 PMF（Product-Market Fit，产品与市场契合）。

此时，服务团队的目标是培养一批粉丝客户。在这个阶段，重点在于质量而非数量。服务团队能建立多少忠实客户，以及有多少客户愿意帮我们传播，将起着决定性作用。

2. 经营风险：盲目坚持

在向前推进的过程中，不要忽视风险控制。此阶段最大的风险在于盲目坚持。

尽管许多创业成功的故事都告诉我们成功源自坚持不懈，但这些故事往往属于幸存者偏差，是小概率事件。现实中，更多的创业失败案例表明，不愿及时放手和调整业务方向才是导致失败的主要原因。

因此，在这个阶段，一定要保持灵活性，准确地把握市场和识别客户。切勿自我陶醉，不要因少数客户满意就误以为市场空间巨大。当产品不符合大多数客户的需求，导致盈利模式无法有效运作时，我们一定要及时调整方向。

在从事 B 端业务时，一定要专注于与收益直接相关的需求，因为与客户的收益越接近，关系越紧密，就越容易扩大业务。切忌在错误的领域苦苦坚持，否则将来会越来越困难。

3. 客户画像：信赖创始人或空白市场的客户

在这个阶段获得的客户通常具备两个特点：首先，客户是与创始人保持良好关系的企业；其次，客户是目前尚无任何供应商提供产品的新市场客户，并且愿意与我们共创产品。

如果客户是因为信任创始人而来的，那么客户通常是看中了创始人的能力。在服务过程中，我们必须接住这份信任，将对创始人的信任转变为对整个团队的信任。

对于新领域、新市场的客户而言，之所以愿意与我们合作，往往是看重我们的创意。因此，我们在提供服务时，务必要确保创意的实现。否则，这样的合作随时可能终止。

4. 创始团队组建：精兵强将才能实现 PMF

孵化阶段通常需要大量的创意，而创意的特征是不依赖于人数多寡，而在于人才优势。因此，一家公司能取得多大的成就，取决于它能吸引什么样的人才。如果立志成为最优秀的公司，那么就必须吸引最优秀的人才。

在公司初创阶段，组建团队是一个极具挑战性的任务。通常情况下，有两种情形：招聘劳动力和招聘人才。招聘劳动力是指寻找一群能够协助创始人完成产品交付的人。招聘人才则是指寻找一群能够帮助创始人扩大业务规模的人。

人工是成本，人才是收益。在现金流转为正之前，应减少雇用人工，尽可能地采用外部合作的方式，将固定成本转变为浮动成本。同时，需要投入大量时间寻找人才，并视其为自己的合作伙伴。

即使他们入职后从事的是最基础的工作也无妨，因为只有这样，业务扩展后才能确保管理团队能够充分地了解一线，所搭建的各项标准化体系才能更加专业，从而确保公司在基础上就超越同行。

5. 业务管理：以客户为中心，重视企业文化

在初创期，管理者应掌握时间管理技能，不仅要管理自己的时间，还需管理团队成员的时间，进而将全体员工的精力都引导至客户身上。在这一阶段，不要过多地关注制度建设和企业管理，创始阶段的公司只有一个目标，即聚焦客户，首先聚焦客户的问题，然后解决客户的问题。

利用初创公司机动灵活和反馈机制灵敏的优势，建立一个以客户反馈推动产品迭代的机制。确保客户的声音能够被决策层和产品研发团队及时听到，并迅速地做出回应。不要低估这个机制的力量。对于许多大公司而言，它们面临的最大挑战之一就是决策层和产品研发团队与客户的距离过远。而初创公司最大的优势就在于能够借助这种机制快速地响应市场变化。

不在制度搭建和企业管理上投入过多的精力，并不意味着完全不投入。这时，在企业管理方面，需专注于做好一件事。这件事不需要占用太多时间，但需时刻关注。这就是企业文化建设。

企业文化自公司成立之初即开始逐渐发展，因此在这一阶段，构建与业务相符的企业文化极为重要。例如，专业服务机构应建立诚实守信、专业制胜、公平开放的企业文化，以促使服务人员在无人监督时仍能保持对客户的高质量服务。

此外，平等开放是服务型企业必备的文化，它为服务人员提供了勇气和信心去为客户争取利益。这种文化鼓励团队成员主动去倾听客户的需求，积极地寻求解决方案，从而提升客户满意度和忠诚度。

6. 服务团队管理：引导团队克服对未来的焦虑

在创业初期，员工常常对未来充满担忧，"我们真的能成功吗？"是他们的普遍疑虑。此时，管理者需要特别关注员工的心理状态，积极地消除他们的顾虑，并如同保护珍贵的火种般维系他们的斗志和热情。

在这一阶段，一些管理者可能会陷入误区，认为不向团队成员披露公司的实际业务或现金流状况可以避免产生负面影响。然而，这种做法会导致团队成员过度猜测和恐慌。

管理者应开诚布公地与团队成员分享公司的现状和应对策略，不必担心团队因此而不稳定。选择加入初创公司的人才通常具备一定的风险承受能力，他们能够理解并接受现实挑战。

7. 薪酬设计：高固定薪酬、低绩效模式

在初创阶段，业务量和回款额度可能较小，因此不建议将浮动部分设置为与回款直接挂钩的业绩提成。相反，可以设置绩效奖金，通过考核与业务目标相关的过程指标，来激励团队成员积极行动。

建议采用固浮比 8∶2 或 9∶1 的薪酬结构。在这种结构中，固定薪酬占较大比例，以确保员工的基本生活需求得到满足。而浮动薪酬则作为激励机制，鼓励员工朝着公司目标努力。

例如，当服务大客户时，客户是否决定续约，往往取决于高层对产品和服务的感知。因此，我们可以将高层关系作为考核指标，评估是否获得了客户高层在其内部会议上的肯定、是否积极推荐我方产品、是否能够随时与客户高层进行方案演示等。

回想我在初创企业工作的日子，公司对我的考核重点之一就是获得客户高层的认可。公司要求我与客户高层建立信任关系，及时沟通想法和新方案，并努力争取他们的资源支持和内部协助。

为了达成这一目标，我专注于高层管理技巧的学习。我给自己设定目标，例如，一开始至少在高层的办公室中待上 10 分钟，然后逐步增加到 20 分钟、30 分钟，最终能自由地出入高层的办公室。现在回想起来，这一考核目标正是激励我坚持到底并取得成功的关键。

5.4.2　成长阶段：抢占市场并建立品牌，克服"时间紧任务重"的压力

1. 业务目标：占领市场、树立品牌

一旦公司完成了产品的 0-1 阶段并建立了一批忠实的粉丝客户，就进入了成长阶段。在这一阶段，公司的目标主要集中于两个方面：市场扩张与品牌建设。

此时，公司的产品定位与目标客户已经非常明确。因此，加速复制成功

的模式，争取更多市场份额便成了此阶段的首要任务。

同时，在抢占市场的过程中，我们要有意识地建立品牌优势，以此逐步降低获客与转化的营销成本。与C端品牌侧重于抢占用户心智以吸引目标客户不同，B端品牌的价值更多体现在提高转化率上。这是一种销售策略，因为在企业采购场景中，选择一家拥有同行案例并具备一定知名度的供应商是一个关键的决策因素。这能有效地降低采购风险，为采购负责人提供一种规避责任的机制。然而，B端市场的品牌效应通常显现较慢。不同于C端市场可以通过广告迅速地建立品牌知名度，B端品牌知名度需要依靠真实案例和口碑传播来构建。

为了实现上述两个目标，我们需要组建一支强大的服务团队。这是防止客户流失和创建最佳案例的基础。如果缺乏这一点，那么即便市场扩张再快，也难以维持。

2. 经营风险：盲目扩张

从孵化阶段向成长阶段过渡的这一时期是最容易犯错的。其中，盲目扩张是最大的风险因素。

在实现产品或服务的初步成功后，创始团队可能会变得非常自信，并对未来保持乐观的态度，急于扩充团队规模抢占市场，但忽视了市场空间能同时容纳多少人，以及在扩张的同时是否能保持边际成本的持续降低。

要知道，扩张的目的是形成"更低成本优势和更多客户"的良性循环。如果无法达到这一目的，扩张只会导致团队臃肿和成本增加。此时，一旦出现现金流不健康的情况，轻则断臂求生，使之前的努力付诸东流，重则面临倒闭。

我们可以看到，市场上没有几家公司是因为发展缓慢而倒闭的，反而那些创业失败的案例都是因为增长过快，成本过高，导致现金流无法支撑。

因此，在扩张时必须保持谨慎。在明确的盈利模式和成熟的服务团队的支持下，有计划、有节奏地推进。

3. 客户画像：行业或区域领军企业

在成长阶段，我们应集中资源，稳扎稳打地推进，并依据客户规模或区域特点制定进攻策略。

如果是深耕行业的公司，那么优先争取该行业或该区域的头部客户至关重要。因为拥有足够的头部客户案例，将有助于迅速地建立品牌信誉，从而赢得更多同行业客户的信任。同时，为头部客户提供服务的过程也是锻炼销售和服务团队的宝贵机会。

即便是专注于小B端市场的企业，在成长阶段也应优先关注行业内的头部客户。在确保头部客户市场占有率稳定后，再逐步向腰部客户拓展。这种策略有助于合理地控制公司规模的增长，降低运营风险。

对于服务通用型客户的企业来说，在成长阶段应专注于稳定发展，优先将资源用于攻克2~3个核心行业的头部客户。在这些核心行业中逐步渗透，确保业务做深做透后，再考虑向外扩展。

当然，这里所说的主动进攻是指将主要资源和精力集中在这些关键领域，并不是说对其他类型的客户不予理会。

4. 能力建设：提升专业能力，为企业的发展保驾护航

为了实现公司的目标，同时满足更多客户的多样化需求，服务团队应重点加强专业能力建设。首先可以通过建立研究院和其他组织形式，集中一批了解客户业务场景的专业人员，专注于研究客户行业的发展、痛点等问题。然后将研究院的研究成果及专业能力赋予一线服务人员，从而提升整个公司的专业能力。

研究院不仅需要定期为内部服务团队赋能，还应定期向外输出观点和作品，这些作品可以是公众号文章，也可以是系统化的书籍，以帮助市场部建立品牌效应，并为服务团队拜访客户时提供专业资料。

除了专业能力的培养外，我们还需建立各类作业流程，确保服务质量不因工作量的激增而下降。

5. 企业文化：通过企业文化确保反馈机制持续有效

随着客户的增加，团队规模也逐步扩大。此时，企业文化将面临巨大的挑战，即存在被削弱的风险。这种削弱现象在业务中最大的弊端就是在孵化阶段引以为傲的反馈机制失去了作用。

反馈机制失效可能导致的后果超出想象。历史上，那些伟大的公司走向没落的一个重要原因就是高层与公司内部的真实情况脱节。他们未能听到来

自基层的声音，也就无法获得客户和员工的真实反馈。

当高层意识到问题的严重性时，企业已经遭受了无法逆转的损失。这些损失可能包括品牌声誉的下降、市场份额的失去、员工士气的低落，甚至是财务状况的恶化。

2024年6月，日本汽车企业爆出集体造假新闻，如图5-6所示。我们熟知的丰田、马自达、雅马哈、本田、铃木等企业都卷入其中。看到这个新闻时，我感到十分震惊，因为日本车企一直以精益生产闻名，为什么现在会出现集体造假的事件呢？之后，我在这些车企CEO的道歉中找到了答案。丰田的一位高管在道歉中表示："在新车开发项目增加的同时，我们还严格要求了完成时限。高层不了解一线的负担和困难，基层在遇到问题时也无法发声。这种工作环境和氛围长期无人关注，我们的反馈机制失效了，所有责任都在高层。"

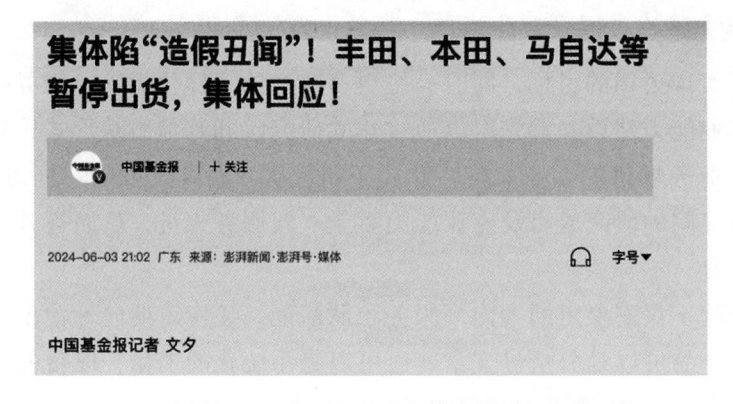

图5-6 日本汽车企业集体造假的新闻

日本汽车企业的集体造假现象体现了企业文化的变形以及反馈机制的失效。在汽车行业的高速发展时期，丰田、本田等企业对开发进度的要求极其严格，并且不容许一线不达标。然而，这种高标准使得一线员工难以正常达成目标，最终导致他们不得不通过篡改数据和造假的方式来完成任务。

难以想象的是，丰田的高层始终不清楚一线的真实情况。虽然丰田内部设有"员工之声"这一内部举报系统，但是该系统已形同虚设，员工对公司已经失去了信任，并且完全不敢向上反映真实情况。最终，导致了持续十几年的数据造假现象。

这正是不良的企业文化所致。在这样的企业文化中，不允许说"我做不到"。一旦有人这么说，上级就会责备下级"你为什么做不到"，而不是讨论无法做到的真实原因。

据我观察，反馈机制的失效通常始于业务的高速发展期。在高层未加注意的情况下，它会逐渐失效，最终导致高层无法获取真实情况。因此，在业务的高速发展期间，需进行提前预防，安排专人维护，并定期检查反馈机制的有效性。

6. 区域或渠道公司的服务管理：从管理者转变为合作者

为了迅速地占领全国市场，许多公司需要在各地设立分公司。这些分公司有些是直属管理，有些是通过与代理或渠道公司合作建立的。以明源云为例，在快速发展阶段，除了在北京、上海、广州、深圳这些一线城市设立直属分公司外，还在其他区域采用了合作的方式。这种选择对于当时的明源云而言，不仅满足了快速发展的需求，还有效地控制了风险。此外，明源云在选择区域代理公司时非常严格，除了文化价值观的认同外，还对区域代理的管理方式和服务质量设有严格的标准。正是这种严格管理使明源云在房地产行业树立了以专业制胜的品牌影响力。

在管理跨区域的服务质量时，作为服务团队的负责人必须明确管理的目标——确保区域公司的成功。只有在这一目标指导下，才能真正地尊重每个区域的特性，了解每个区域客户的认知、特点和市场情况。然后，可以根据全国各区域的特点进行客户分类和分级管理。例如，类别可以划分为创新型客户、跟随型客户等，级别可以根据客户规模或成交金额划分为1~4级或A~D级。需要注意的是，应进行客户分级而非区域分级。区域分级是公司管理的逻辑，而客户分级是服务质量管理的逻辑。

同时，需要注意的是，客户分类和分级管理的目的是为区域提供相应的支持，而非监管，应将双方的关系从管理与被管理转变为互相合作的关系。

避免以自以为是的态度随意地评论地方工作。这种"好为人师"的管理方式不仅没有任何积极效果，还会使总部与区域对立，导致区域公司的人员不信任总部，也不愿向总部暴露问题。这最终会使总部对区域公司的管理失控。

7. 服务团队管理：带领团队应对压力，确保交付质量

一线服务团队常常承受着巨大的交付压力，并且每天都处于紧张的工作之中。作为管理者，主要责任是帮助他们缓解压力，使他们能够在紧张但有序的环境中高质量地完成任务。

明源云客是明源云旗下的智慧营销产品。它曾在房地产市场的高峰期以每年翻倍的增长率迅速发展。除了业绩增长外，公司团队的规模也成倍扩大。在那个时期，新员工须在一个月内完成从入职到能够独立交付项目的培训，而成熟的交付人员则几乎全年无休地在项目现场进行交付。

当时，确保服务质量不降低成为服务管理的核心。我们通过严格的交付流程管理，对交付前的客户交接、交付中的监控以及交付后的验收进行全过程闭环管理，以保证所有交付工作符合标准。同时，我们密切地关注一线销售行为，这是为了防止因过度承诺或对客户需求调查不足而导致的交付问题。

同时，在新员工招聘方面，我们调整了策略，优先选拔执行力强的人才。因为在这个阶段，我们更需要能够不折不扣地完成任务的人。

8. 薪酬设计：5∶5 或 6∶4 的固定与浮动比例

这个阶段的薪酬设计需要确保员工在高压下仍能维持高质量的服务标准。因此，我们可以将固定薪酬与浮动薪酬的比例设定为 5∶5 或 6∶4。

公司在这一阶段的业务增长率异常显著，因此应将员工的收入与客户回款紧密挂钩。这不仅能够满足员工对收入增长的期望，还能确保他们的收入随着公司业务的扩展而逐年大幅提升。

同时，设置较大的浮动比例，也是为了让服务人员意识到每一次服务都是在为自己工作，从而激励他们更加重视客户的感受和提升服务质量。

明源云在高速发展阶段，将客户交付验收和客户续约回款与工资挂钩的浮动部分结合，以确保员工利益与公司始终保持一致。

5.4.3 成熟阶段：持续开发新产品，克服"工作难度增加"的焦虑

1. 业务目标：增购与开拓第二增长曲线

随着公司拓展新市场的速度放缓和市场份额的稳定增长，公司进入了成熟阶段。在这一阶段，业务目标只有一个，那就是持续推出新产品，通过新

产品实现对现有客户的增购，并探索公司的第二增长曲线。

增购的目标是维持公司的市场领先地位。随着市场从增量转向存量，竞争将愈加激烈。为应对竞争对手的价格战和人才的争夺战，公司需要持续推出新产品，以增强与客户的黏性。

探索第二增长曲线是为了在现有业务萎缩之前，寻求公司的新增长点，确保公司持续发展与基业长青。

2. 经营风险：反馈机制失效

如果在成长阶段没有通过企业文化保持反馈机制的灵敏性，那么在成熟阶段所面临的最大风险便是反馈机制失效后导致的反应迟缓和决策失误。

这些隐患平常不易被察觉，但一旦暴露，便可能造成不良后果。因此，持续检验和测试反馈机制的有效性，是成熟阶段的企业防止风险发生的重要工作。

3. 客户画像：老客户的业务创新需求、老客户未合作业务的机会

在成熟阶段，增购的机会主要来源于现有客户的两个方面：已合作业务的新机会和未合作业务的新机会。

已合作业务的新机会：当客户寻求对现有业务进行创新或拓展到新市场时，为我们提供了增购的新方向。例如，我们是CRM厂商，之前一直服务营销部门，短视频和其他新媒体的崛起就为我们在客户营销领域创造了新的产品合作机会。再如，随着出海热潮的兴起，如何协助客户开拓海外市场也成为增购的契机。

未合作业务的新机会：可以是从客户单一部门的单一业务向单一部门的所有业务的拓展。例如，最初可能仅与市场部门在推广方面进行合作，但随着信任的增强，可以进一步探索在客户管理、渠道管理、产品管理等更为广泛的业务上的合作机会。也可以是从单一部门向多部门甚至整体战略合作的拓展。比如，将合作从市场部门扩展到生产、采购等其他关键部门，从而建立更为深入的合作关系。

4. 能力建设：构建学习型组织

为了满足公司增购的需求，服务团队的每位成员都需要成为客户信赖的业务专家。同时，整个服务团队也必须发展为一个学习型组织，这对于我们快速进入客户的新领域至关重要。

学习往往违反人性规律，尤其对于成年人来说，在工作一天后继续学习是个巨大的挑战。为了应对这一挑战，我们需要采取适当的人为干预措施。

首先，我们需要在员工意识上持续强调学习能力在工作中的重要性，以激发员工的学习自主性。

其次，我们需要创建一个有助于学习的环境和培训体系，以降低团队的学习成本。在设计培训内容时，我们必须以学习者的视角来审视内容，确保其质量和实用性，连我们自己都不愿意听的课程，也不应要求员工去听。

最后，企业应对那些能够快速地将所学知识应用到业务中的员工给予适当的物质奖励，以激励知识的应用与创新。

5. 组织结构：职能型组织更适用于存量运营

在成长阶段，一些公司可能会采用客户部或阿米巴模式来组织业务，以迅速占领市场并控制成本和利润。然而，一旦进入成熟阶段，这种组织结构可能就不再适用，而是需转变为职能型组织。

首先，成熟阶段的客户基础较为稳定，服务成本也更加明确和可控，不再需要客户部或阿米巴模式来管理利润和服务质量。其次，客户部的组织结构可能导致团队分散，形成部门壁垒，这与成熟阶段推动服务创新和建立学习型组织的目标相冲突。最后，将销售和服务集中在单一责任人或部门可能会增加腐败和被部门负责人"绑架"的风险，特别是在他们与客户建立深厚关系之后。

因此，采用职能型组织便可以让销售和服务机构分别参与客户的服务和经营，形成有效的相互监督和平衡，防止任何一方独占客户资源。此外，这种组织结构有助于消除部门壁垒，促进职能线之间的有效沟通，并且提高团队协作和知识共享。最后，通过跨职能的沟通与协作，销售和服务机构可以共同研究案例、交流经验，从而提升团队的整体战斗力和效率。

6. 服务团队管理：协助团队应对增购挑战

为了实现老客户增购的目标，服务团队将承担重大的责任。首先，他们需要协助销售人员完成增购转化，因此他们需要挖掘增购机会，并获得客户高层及更多部门决策者的信任。其次，他们要完成新产品的交付，因此他们需要面对工作难度增加的巨大压力。

此时，作为管理者，要懂得如何减轻服务人员的压力，使其更轻松地完成任务。

首先，协助服务人员管理时间。这里的时间管理不是指控制服务人员的工作时长，而是帮助他们节省时间，使其能够将时间投入到对结果有益的事项上，避免陷入非生产型浪费，例如，对结果无任何帮助的会议、沟通等。这是进入成熟阶段的企业都会面临的挑战，管理者在以身作则的同时，也应学会为团队成员分担压力。

其次，要根据服务人员的特长来分配客户。例如，我曾经遇到一个上海客户。该客户非常重视业务创新，总是不断地提出业务创新的想法来让我们满足。为了更好地服务该客户，我们特意安排了一位具备创新精神和意愿的客户成功经理来为其服务，并让他与客户团队成员一起天马行空地思考和共创。结果，他们真的开发出了一个新产品模型，并在产品部门的协助下实现了全国推广。试想，如果我们错误地将缺乏创新精神、只想按标准化流程办事的客户成功经理分配给该客户，而将富有创新精神的客户成功经理分配给不需要创新的客户，那将是多么严重的资源浪费。富有创新精神的服务人员无法发挥其优势，就可能会逐渐失去激情，甚至能力退化；而缺乏创新精神的服务人员则可能被客户的创新要求压得喘不过气。

最后，降低增购任务的难度。在与销售人员的增购转化合作中，管理者应明确各自的职责范围。将服务人员的职责限定为挖掘增购机会，创造方案演示机会。一旦获得演示机会，后续的商务谈判就应交由销售团队负责。这种分工有助于确保服务团队专注于其核心优势，同时避免因参与商务谈判而分散注意力，确保服务品质不受影响。

7. 薪酬设计：增加绩效浮动考核

随着企业进入成熟阶段，原先在成长阶段有效的浮动薪酬激励可能逐渐失去效力。员工或许更倾向于满足基本的续约回款目标，而非追求更高的工作标准。为激励团队的服务积极性，我们需要引入额外的绩效考核机制。

例如，我们可以在月度或季度的提成中引入一个 0.8~1.2 的绩效系数。这个系数将根据员工的绩效表现进行调整，以奖励那些超越基本要求的员工。如表 5-2 所示是我曾使用过的季度考核指标库。该指标库内容较多，并非每个季度每一项都需考核，可以根据需求自行搭配指标内容和权重进行考核。

表 5-2 季度考核指标库

分类	主题	考核指标	指标说明	完成目标
日常工作	巡检报告	月度巡检	按照月度巡检客户相关业务： 1. 对现状和问题进行分析和总结，并给出有建设性的建议 2. 与客户共同解决巡检报告中发现的问题 3. 推动新的提升计划	优秀：做了巡检汇报，得到管理层认可并且推动相关提升行动（给出客户行动的例子） 合格：做了巡检汇报，得到管理层认可（现场汇报） 保障：做了巡检汇报，客户无明显反馈（发送给客户）
		季度巡检	按照季度巡检客户相关业务： 1. 对月报发现的问题及改进情况进行汇报，提取改进进度及存在的问题 2. 对年度目标执行情况进行汇报，复盘季度目标达成情况及下季度工作目标 3. 推动新的提升计划或挖掘出新的商机	优秀：做了巡检汇报，得到管理层认可并且推动相关提升行动或挖掘出新商机（给出证明材料，并且邮件抄送给负责人） 合格：做了巡检汇报，得到管理层认可 保障：做了巡检汇报，客户无明显反馈
		年度巡检	按照年度巡检客户相关业务： 1. 复盘年度目标完成情况，推动新目标的确认 2. 复盘年度工作取得的成绩、存在的问题及下一步改进计划 3. 根据市场变动（市场或公司新产品）推动新的合作	优秀：做了巡检汇报，得到管理层认可并且推动年度新规划 合格：做了巡检汇报，得到管理层认可 保障：做了巡检汇报，客户无明显反馈
		项目总结	当项目结束或不再续约时，按照项目生命周期巡检客户相关业务： 1. 在客户使用产品进行痕迹化管理的基础上，复盘分析客户业务情况，以及提升了客户的哪些业务能力（对比分析、趋势分析、人员管理） 2. 复盘项目目标的执行情况，并呈现我们创造了哪些价值 3. 推动新商机	优秀：做了巡检汇报，得到管理层认可并且推动新商机 合格：做了巡检汇报，得到管理层认可 保障：做了巡检汇报，客户无明显反馈
	产品使用	需求响应	快速响应客户提出的需求。通过提出 Jira 管理进度等快速响应并回复客户，得到客户确认	优秀：10 分钟内响应客户需求，并且在产品无法满足的情况下，通过其他方式满足客户需求，得到客户认可 合格：10 分钟内响应客户需求，提交 Jira 并跟进客户需求，得到客户确认 保障：响应客户需求，未提交 Jira，且未得到客户确认
		统计口径	项目日报、周报、月报等营销汇报口径以系统内的数据为准	优秀：客户使用系统数据口径 合格：客户偶尔使用系统数据口径 保障：客户未使用系统数据口径

（续）

分类	主题	考核指标	指标说明	完成目标
日常工作	客户关系管理	关键人运营	关键人的运营情况： 1. 关键人听取成功经理的专业意见，并借鉴成功经理的解决方案改进业务 2. 推动关键人业务成果在内部展示，并获得领导肯定和内部各级支持 3. 推动关键人的工作成为内部营销数字化创新案例，并获得内部推广	优秀：关键人获得内部"营销数字化创新标杆"、关键人工作汇报采用客户成功经理建议或根据关键人工作规划制定专项解决方案并获得关键人认可 合格：关键人业务成果在内部展示或用系统数据汇报工作 保障：关键人使用系统管理业务
日常工作	客户关系管理	活跃度	系统应用活跃度	优秀：活跃类客户占比80% 合格：活跃类客户占比60% 保障：活跃类客户占比低于60%
日常工作	项目运营	案例打造	创新类、业务提升、降本增效等专项打造（全域获客运营、标准化建设、客户运营、全民营销、风控体系打造等）	优秀：完成一个创新类专项打造并形成案例在内外部宣传 合格：完成专项类案例打造或应用落地 保障：做了专项案例但未成功
商机与回款	商机	商机数量	巡检汇报商机挖掘 售前方案制作或汇报 活动和参观邀请	优秀：1个季度挖掘了2个商机 合格：1个季度挖掘了1个商机 保障：没有挖掘出商机
商机与回款	回款	到期付款	产品到期前回款	优秀：30%的客户在产品到期前付款 合格：10%的客户在产品到期前付款 保障：没有客户在产品到期前付款
成长及创新	个人成长	个人学习计划	制订个人成长计划，有效落实计划并能运用到工作中	优秀：制订学习计划，完成计划，并制作分享课程 合格：制订学习计划，完成计划，并制作学习笔记 保障：制订学习计划，但未完成计划
成长及创新	创新协同	服务创新	发现一套新的服务方式或工具，并灵活运用到服务工作中。协助售前方案、售前调研、方案规划、上线工作等关键成果	优秀：创新方法和工具可复用 合格：协助他人并达成关键成果工作 保障：未做相关工作

在明源云进入成熟阶段时，续约率和续费率已经不再是业务管理中的主要问题。公司更加关注的是老客户的商机数量、回款的及时性，以及客户高层的信任度。当时我们以此表作为季度绩效的依据，将我们关心的指标作为考核项，引领服务团队的工作方向。

得益于这种绩效驱动，我们的客户成功团队在商机挖掘方面取得了显著的进步。过去，团队成员在1个季度可能连1个商机都难以挖掘到，但在一年的时间里，我们实现了一个人在1个季度超过2个商机的突破。在回款及时性方面，我们也看到了积极的变化。曾经只有极少数客户能够在合同到期前完成回款，而在绩效驱动的刺激下，现在有超过10%的客户都能够在合同到期前完成回款。

5.4.4 衰退阶段：成功构建第二增长曲线，克服"未来在哪里"的迷茫

1. 业务目标：成功建立第二增长曲线

当我们的产品或服务所能解决的问题不再被市场需要时，这通常标志着产品已经进入了衰退阶段。在这个阶段，市场规模开始缩减，我们曾经引以为豪的核心竞争力也不再是客户的刚性需求。

在这个阶段，最重要的是"活下来"。这不仅仅意味着避免公司倒闭，更重要的是通过一系列战略举措成功地实现第二增长曲线的建立。

2. 经营风险：决策层的固执

一家处于衰退阶段的公司走出困境的最大障碍是企业领导者的固执。比如，领导者固执地认为老业务仍有翻盘的机会，未能果断裁员以控制成本。又比如，领导者固守过去的成功理念，未能适应新战场、新市场的变化。

最终，这些固执会使新团队难以融入，新业务难以形成竞争力，从而在老业务利润耗尽后走向衰退。

3. 客户画像：稳健型客户

衰退阶段的根本原因在于市场上对我们产品有需求的客户数量逐渐减少。导致这一现象的原因主要有两个。其一是经济下行导致市场萎缩，大量老客户因为经营困难倒闭或关闭业务线，新进入市场的客户数量急剧下降，最终整体需求量减少。其二是产品被新技术替代，最终导致整体需求量减少。

此时能够继续与我们合作的客户大多是稳健型客户。这类客户多为以前的腰部客户，他们未在高速发展期盲目地扩张为头部企业，因此也不会在行业下行期遭遇资金风险。同时，这类客户对新技术的接受度也较为稳健，只有当行业中的大部分客户都更替后，他们才会尝试新的技术。

此外，与孵化阶段相似，新战场的突破主要有两方面：要么是老客户的新战场，要么是在某个供给缺失的赛道中找到一些愿意共同创新的客户。

4. 业务管理：确保利润，为创造第二增长曲线争取时间

对于管理层而言，此时在已有业务上已经很难扭转颓势，毕竟人定胜天的情况并不常见。在大势所趋下，我们能做的就是减缓颓势的影响，为第二增长曲线争取时间。

在延缓颓势的方法上，我们需从两个方面入手：一方面是减缓流失率，确保客户续约率；另一方面是维持利润，以争取更多现金流。

在续约率的保障方面，这个阶段比成熟阶段更具挑战性。客户的倒闭和业务收缩对续约率有重大影响。因此，我们的定价体系和策略需要根据市场变化进行调整。此外，竞品也给我们带来了巨大压力，因此，我们必须时刻关注竞争对手的动态，特别是那些进行价格战的竞争对手。

在保持利润方面，我们必须坚定地执行利润优先、成本领先的策略，剔除所有不必要的成本，简化所有复杂的流程，并将团队压缩至最小规模。虽然由奢入俭难，但如果不这样，公司将很难转型，也难以应对这场危机。

5. 新业务和新团队：赋权于新团队，尊重新市场规律

在打造第二增长曲线时，首先要对新赛道充满敬畏之心，尊重新赛道的运作模式。很多企业主容易忽视这方面，这可能是因为过去的成功而过于自信，误以为自己掌握了商业的秘诀，无论什么业务都可以应对。例如，B端有大B端和小B端之分，其操作方法和风格是大相径庭的。

其次，不仅要严格地挑选新业务的团队，更重要的是，在团队组建后，要坚定不移地信任新团队，以及团队成员的业务逻辑和做事风格。许多公司的新业务发展不顺利的一个常见原因，就是领导对新团队过度干预，导致策略频繁变动和团队成员流动性过大。

最后，为新团队提供充足的自由空间。将新团队的办公地点设置得远离现有业务，以减少公司现有文化和管理风格的干扰；鼓励新团队建立自己独特的企业文化和管理风格，犹如一个全新的公司一样。

不愿意放弃原有的企业文化是很多公司容易犯的错。要认识到，企业文化是为了支持业务的。更换赛道后，就要依据新赛道的规则形成新的企业文化。

6. 团队管理：精简人员，确保每个人工作量合理

与孵化阶段的员工担心希望破灭不同，衰退阶段的员工往往因为前景渺茫而感到焦虑。在这种紧张的氛围中，管理层需要从专注于事务转向关注员工的心理状态和公司的整体氛围。

首先，需要对成熟阶段的管理制度进行彻底评估，判断它们是否仍适用于当前的业务环境。许多处于衰退阶段的公司之所以无法摆脱困境，正是因为它们依然固守过时的管理模式，导致组织反应迟缓，错失新的机遇。

其次，必须保持公司内部的积极氛围。要做到这一点，必须果断决策。比如，在裁员时选择一次到位，避免因反复裁员而带来的士气涣散。要知道许多公司就因裁员不果断，从而导致员工每天在恐惧中工作。试问谁能够在这样的心情下专注工作呢？与其让员工消耗客户资源，不如果断行动，使留下的员工全身心投入到工作中。

最后，确保留下来的员工的收入和工作饱和度。这是一种减少内部团队受外部环境影响的策略。即使需要优化更多人员，也必须保证留下的员工的收入和工作强度不降低。

留下的员工是公司的精英，也是日后重建的关键，确保他们的热情和动力不被衰退阶段的挑战消磨是至关重要的。如果可能，公司应提供更多的客户资源，使他们的收入和工作量不降反升，这将进一步激发他们的潜力和创造力。

7. 薪酬设计：延续成熟阶段的薪酬模式

在这个阶段，薪酬模式无须调整。只要确保人均收入稳定，不下降，并留住核心人才即可。

5.5 本章小结

管理的目标：降低成本，提升成果

- 优秀的管理者追求以更低的成本获得更高的成果。
- 对于管理者来说，任何管理行为都会产生费用，因此需精确地计算投资回报率（ROI），避免盲目地实施管理措施。

- 优秀的管理者非常注重人效的合理性，会严格遵循人效纪律。
- 优秀的管理者非常重视企业文化的建设，并懂得如何利用企业文化来赋能业务管理。
- 公司有大目标，团队有小目标。管理者必须时刻确保这两个目标一致，减少团队小目标对大目标的影响。
- 企业文化能够确保整体效应大于部分之和，同时也能降低管理成本。然而，企业文化是一种长期主义的文化，这需要在一定程度上牺牲短期利益。
- 员工管理的关键在于两点：一是通过合理的薪酬将个人利益与集体目标融合；二是通过赞美与肯定来激发个人潜力。

人效管理：需要知彼知己，并灵活组合

- 首先明确客户需要哪些服务，然后根据客户的需求组建具备相应能力的团队。
- 客户需要的服务大致分为被动的基础服务和主动的"事""人""财"服务。
- 每个服务人员需具备基本的职业素养。此外，专业能力需满足"事"的要求，业务能力需同时满足"事"与"人"的要求，商务能力需满足"人"与"财"的要求，并根据客户的偏好进行选择。
- 根据服务事项的分布状况与现有团队人员的情况灵活地进行人员部署。

业务管理：只要过程管理得当，结果自然也会理想

- 必须规划一条航线引导团队成员朝着续约成功的目标前行。
- 将续约目标分解为7个"航点"，进行过程指标管理，以便及时发现续约风险和服务质量问题。
- 对整个公司来说，可以利用续约漏斗工具进行续约管控，以快速地识别公司在续约管理和服务中的薄弱环节。

团队管理：应灵活，并适时调整

- 可以将企业划分为四个阶段：孵化阶段、成长阶段、成熟阶段和衰退阶段，这四个阶段如表5-3所示。

表 5-3　企业的四个发展阶段

企业阶段	业务目标	客户画像	团队保障	薪酬保障
孵化阶段	实现 PMF	创始人老客户、市场空白领域的共创客户	关注团队心理状态，保持士气	高固定薪酬、低绩效
成长阶段	占领市场、树立品牌	行业或区域头部客户	用交付质量为发展兜底	5∶5 或 6∶4 的固定与浮动比例
成熟阶段	更多增购	老客户其他部门	双线经营客户	0.8~1.2 的绩效系数
衰退阶段	活下来，探索第二增长曲线	稳健型客户	老团队工作氛围调优，新团队要足够自由	延续成熟阶段模式，但需要保障在职人员收入不降低

增购篇

　　营销方式是企业运营的关键环节，通常可以分为两种：新客户签约和老客户增购。

　　新客户签约，简称新签，指的是与新客户建立合作关系的过程。这个过程通常伴随着较高的获客成本和激烈的市场竞争。从企业经营的角度来看，新签在许多情况下并不盈利，甚至可能是亏损的。因此，许多企业进行新签的目的也变为与客户建立关系，为未来更紧密的合作奠定基础。

　　老客户增购是指老客户基于对企业产品或服务的信任和满意度，增加采购量或购买新产品的行为。这些客户是现有客户，因此增购的获客成本为零，并在竞争中具备优势。许多企业将增购视为利润的主要来源，因为它体现了客户忠诚度的提升和对企业价值的认可。

　　本篇将探讨如何有效地将新产品推荐给现有客户、如何设计符合市场需求的优质产品以及挖掘增购的潜在商机。

CHAPTER 6

第 6 章

增购产品设计

你可能会好奇：长期从事客户成功领域工作的我，为何会涉及产品设计的讨论？实际上，对于这个章节的主题，我曾犹豫不决，既担心讨论非专业领域话题所带来的风险，又怀疑自己可能无法提供有价值的见解。

然而，一次与某位产品经理的对话改变了我的看法。他向我提出了一个观点："一直以来，我听的都是从产品视角出发的专家讲述如何进行产品设计，却从未从客户成功的视角听过有人谈论产品设计。但每次设计的产品都是为了客户成功，所以我想听听你从客户成功的角度谈谈产品设计。"

他的提问让我深受触动。回顾这些年，我经历了保险、医疗、地产三个行业 SaaS 公司的数十款产品的诞生与发展。在这个过程中，我既经历了失败，也见证了成功。其中，一些成功的产品甚至达到了亿元 ARR（Annual Recurring Revenue，年度经常性收入）级别。因此，我完全可以将这些产品从 0 到 1 的经验与教训总结出来，从客户成功的视角谈谈我眼中的增购产品设计。在此我们先明确一下概念，所谓增购产品，即针对老客户群体设计的产品。

6.1 增购产品的设计原则：先胜而后战

> 故善战者，立于不败之地，而不失敌之败也。是故胜兵先胜而后求战，败兵先战而后求胜。
>
> ——《孙子兵法·军形篇》

孙子说，善于用兵的人，总是让自己立于不败之地，并且不放过敌人失利的机会。因此，常胜的军队，总是先创造胜利的条件然后再发动战争，而失败的军队，总是急于交战，期待在战斗中获得侥幸的胜利。

这段话概括了《孙子兵法》的核心思想，《孙子兵法》中一直在强调"先胜而后战"的原则。孙子认为，战争的关键不在于战场上的直接交锋，而在于场外的综合较量，较量的是谁的兵力更为雄厚、后勤更为完善、士兵训练更为精良，以及国家政治更为稳定、经济更为繁荣。

孙子认为，当我们明显感受到敌人比我们强大时，不应盲目出战以免徒增损失。此时，最佳策略是等待，即等待敌人犯错。只要敌人犯错，我们不犯错，我们就有获胜的机会。而如果敌人比我们弱小，那么我们可以立即开战，战胜敌人。

在增购产品的设计和推广中，我们可以借鉴《孙子兵法》中的战略思想，以"先胜而后战"的原则进行产品设计。这意味着在产品推向市场之前，我们需要确保在关键领域拥有明显的优势，如推广与交付、建立决策者信任、服务质量等。这样的优势不仅能够帮助我们在市场中占据有利地位，而且能够在竞争中实现"先胜"。图 6-1 展示了增购产品设计的四大原则。

6.1.1 风险最小化：善于作战者，立于不败之地

许多 SaaS 公司在开发增购产品和捕捉市场机会时急于求成，过于专注于客户需求分析和市场趋势预测，而忽略了其中的各种风险，似乎只要掌握了客户需求和市场机会，就能够轻松赢得市场。

这种对成功的迫切渴望有时会使管理者本能地忽略对自身情况的深入分析。管理者可能未能深入探讨公司当前的发展阶段、团队的专长和能力、老客户的真实反馈等关键因素，从而忽视了潜在的风险。

市场最大化
- 为客户创造更多收益
- 吸引更多友商

善意最大化
- 客户的利益至上

风险最小化
- 保持理性
- 全面识别风险因素
- 拥有牢固的客户基础
- 设置止损点

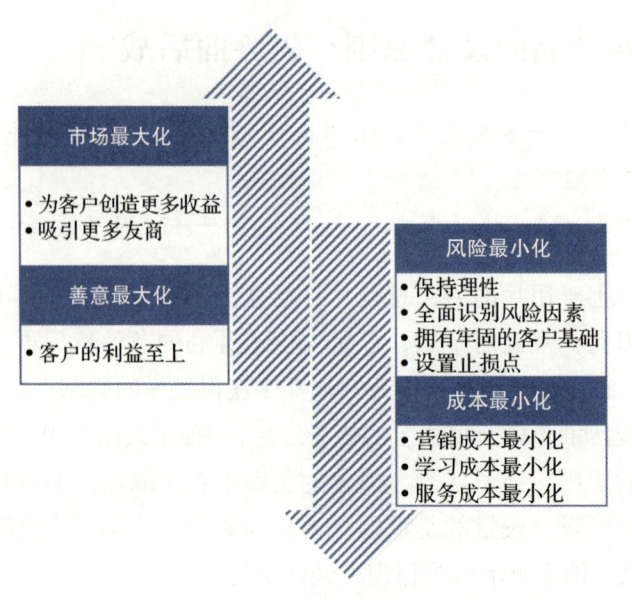

成本最小化
- 营销成本最小化
- 学习成本最小化
- 服务成本最小化

图 6-1　增购产品设计的原则

然而，现实通常比我们想象中更加严峻。它会以让人意想不到的方式提醒我们：**风险因素比成功条件更为重要，且更值得关注与警惕**。特别是对于那些现金流紧张、抗风险能力较低的公司而言，盲目冒险不仅无法解决问题，反而可能加速公司的衰落。

增购是一个基于大量现有客户需求而设计增购产品的过程，它具备目标明确、需求清晰、销售便利等优势。然而，这些优势同时也是蒙蔽公司决策层的双刃剑。它可能导致他们对市场失去敬畏，对机会的判断失去客观性，最终使他们错误地将一些不是机会的需求误认为机会，从而给公司带来不小的损失。

因此，在追求增购机会之前，我们必须首先识别风险，这是确保企业稳健发展的关键原则。

明源云最成功的 SaaS 产品是云客。云客不仅常年保持年销售额超 10 亿元的稳定表现，还维持着良好的利润规模。它是中国 SaaS 行业为数不多的具备盈利能力的产品之一。即便如此，云客在增购产品上的成功率也并不高。在 2014 年至 2024 年的 11 年间，云客累计推出了 60 款产品，但真正算得上成功的产品只有大约 10 款，而这当中只有五六款成为爆款产品，为云客贡献着绝大多数的业绩。

要知道，明源云是一家在房地产领域深耕 20 多年的 SaaS 公司，对房地产行业的需求已有深入了解。然而，即便如此，明源云的失败产品数量仍然远超成功产品数量。因此，对于那些刚创立不久的公司来说，千万不要盲目地以为自己已经了解了客户，洞察到了新的机会。

在增购产品设计之前，我们必须保持冷静，对市场怀敬畏之心。要认识到，失败才是常态，应该先求不败，然后再寻求胜利。

那怎样确保自己不失败呢？

1. 保持理性

随着公司客户基础的扩大，接收到的客户需求也随之增多。在这种情况下，决策层可能会产生自我膨胀的情绪，误以为自己对客户有深刻的了解，发现了别人没看到的市场机会。

这种现象在心理学中被称为确认偏误。它描述了人们一旦形成某种观点或决策，就倾向于关注支持自己观点的信息，同时忽视或排斥与之相悖的证据。

换句话说，就是当你决定要制造一把锤子时，所有事物看起来都像钉子。

这正是我们在设计增购产品时需要避免的局限性思维。因此，在正式进入产品设计阶段之前，公司决策者应勇敢地跳出传统思维框架，进行深入且客观的自我反思和批判性分析。

即使这意味着要花费更长时间进行深思熟虑，但仍然是值得的。这种审慎态度可以帮助我们识别并避免那些从一开始就不应该踏上的错误道路，从而节省未来可能因冲动决策而浪费的时间和资源。通过这种前置的、理性的思考过程，我们能够确保增购产品的设计从一开始就走在正确的道路上，为最终的成功奠定坚实的基础。

2. 全面识别风险因素

（1）是否存在现金流风险

公司现金流的健康状况是决定是否投入增购产品开发的关键因素。如果公司的现金流仅足以维持日常运营，那么当前的首要任务应当是增加现金储备，而非扩大投资。

市场上确实有许多看似极具吸引力的机会，它们可能令人心动，值得尝试。然而，成功往往是小概率事件。如果公司的现金流不足以支撑到产品增购成功的那一天，那么这些机会再好，对公司而言也无济于事。

记住，市场中永远不缺少机遇。因此，不要因为害怕错过某个机遇而盲目冒险。很多时候，陷阱都是伪装成机遇的形式出现。当你认为自己抓住了机遇的时候，实际上你可能掉进了陷阱。

最稳妥的策略是确保公司持续运营，维持现金流的稳定性。只要公司稳健存在，时间长了，就总会迎来更合适的机会。

（2）是否存在法律风险

虽然没有哪家公司会知法犯法，但由于法律事务的复杂性和专业性，企业稍有不慎就可能触犯法律红线。特别是与互联网紧密相关的法律，如《个人信息保护法》《数据安全法》《网络安全法》《广告法》《商标法》《专利法》《计算机软件保护条例》等，这些都需要企业严格遵循。

此外，对于专注于特定行业的 SaaS 公司或企业服务公司来说，还需特别注意该行业的相关法律法规。例如，在金融行业中，需要关注《中国人民银行法》《反洗钱法》《银行业监督管理法》《保险法》《证券投资基金法》《消费者权益保护法》等。

这些仅是众多相关法律中的一部分。在业务开展过程中，法律环境可能更为复杂，稍有不慎便可能产生违法行为。而违法的后果轻则罚款，重则吊销相关许可证，对企业造成严重影响。

因此，在产品设计阶段，应请法务人员参与，为产品提供法律审核和建议，这一点至关重要。法务人员能够帮助企业识别潜在的法律风险，确保产品符合所有相关法律法规的要求，从而保护企业免受不必要的损失。

（3）是否存在其他风险

如政治风险，这是许多公司容易忽视的问题。如果公司内部团队的政治敏感度不高，那么在进行产品开发时就很容易忽略政治因素带来的风险。

3. 拥有牢固的客户基础

增购产品是专门为存量客户群体设计的，因此存量客户的评价将直接影响增购产品的成败。然而，许多公司的管理者往往忽视了这一点。他们不论是否已有成功的产品和稳定的客户群体，都坚定地认为自己可以轻易地在老客户中实现二次销售。

然而，增购是老客户的再次选择，这通常比初次销售更具挑战性。在初次销售时，销售经理可能依赖技巧和口才赢得客户，但在第二次销售时，你必须确保客户对之前的合作感到满意。

因此，在开发增购产品之前，首先需要拥有一款成功的产品，并利用这款产品培养一批忠实的粉丝客户。这些客户因为体验过你的优质产品与服务，对你建立了高度的信任，无论你推出何种增购产品，他们都愿意尝试，并在尝试失败后仍旧愿意与你继续合作，不离不弃。

这些忠实客户是企业成功的基石，构筑了立于不败之地的基础。忠实客户不仅体现了品牌价值，还是推动企业持续增长和创新的动力源泉。

每个公司和每位服务人员都应致力于拥有一批忠实的粉丝客户，这样的客户群体是增购产品成功的重要基石。

在我的服务经历中，我有幸结识了许多这样的客户。这些客户是我有信心推动增购产品落地的动力源泉。在服务过程中，我用真诚与努力打动了客户，向其展示了我将他们的事当成自己的事来处理的敬业态度。因此，客户相信我不会向他们推荐失败的产品。即使我出现失误，客户也相信我会尽力地帮助他们挽回损失。

同时，在团队管理中，我也特别关注每位成员是否拥有这种粉丝客户。一旦发现有成员缺乏这样的客户关系，我会立即检查其工作方法，梳理客户情况，协助他们迅速地建立起这样一批忠实客户。

所以，我们需要自问是否已经建立了这样的客户基础。如果尚未建立，那么在考虑开发增购产品之前，应首先专注于打造首个爆款产品和优质服务，这才是企业发展的正确之道。

4. 设置止损点

在股票交易中，止损点是一种常见的风险管理策略。同样，在产品设计领域，我们也可以通过设定类似的止损点来管控风险，避免因过度热情而导致不必要的损失。

止损点的设定可以基于多种因素。它可以与产品的投入成本相关，例如，当投入达到预定值，但市场反响未达到预期标准时，应立即停止进一步投入。它也可以根据市场反馈设定，如增购产品遭到一定比例客户的拒绝后，便果断放弃。此外，时间限制或其他相关因素也可以作为设定止损点的依据。

设定止损点的目的是让团队始终保持清晰的判断力，避免无节制地投入，导致公司面临财务困境。许多人在面对挑战时可能会产生赌徒心态，错误地认为只要坚持就能取得胜利。然而，通过坚持获得成功的案例并不常见，大多数的成功案例都是因为遵循了市场规律。

以云客为例，它在 11 年间设计出了 60 款产品，除了采取小步快跑、快速迭代的策略外，严格的产品纪律也是关键。一旦发现某款产品的市场前景不佳，产品部门能够及时止损，迅速地转向下一个产品的设计。

6.1.2　成本最小化：设计一款各方面成本都较低的产品

立于不败之地是一种防守策略，但产品增购的成功不仅需要防守，还需要有效地进攻。在进攻策略中，最重要的原则是兵贵神速——迅速采取行动以占据市场先机。

为了在市场上迅速占据优势，就必须降低成本。这里的成本不仅仅指研发成本，研发成本只是成本中的一个组成部分。如果仅关注研发成本，就相当于只见树木不见森林。

这里所指的成本包括营销成本、学习成本和服务成本。

- 营销成本：较低的营销成本有助于产品迅速地接触目标客户群体，加快市场渗透速度。
- 学习成本：较低的学习成本能够确保销售团队迅速地掌握并有效地传递产品价值，以便快速占领市场。同时，这也能让服务团队快速地创建优秀案例，形成产品的正向循环。
- 服务成本：较低的服务成本意味着产品能够迅速地复制和扩展。

这三种成本是产品成功的必要条件，不能边做边想，要事先想清楚再执行。在产品设计阶段，就需要"以终为始"来思考这些成本。

1. 营销成本最小化意味着决策者一致

决策者一致是指增购产品的采购决策者与原有合作产品的采购决策者是同一人。

当决策者一致时，就可以利用先前合作中建立的信任基础，迅速地向决策者推广增购产品。这是确定增购产品方向时优先考虑的因素，即**优先针对**

最熟悉的关键人群体设计产品，解决他们的业务问题。

例如，公司此前的产品主要服务于各个客户的营销部门，接触的决策者都是营销总监。因此，产品部门应优先围绕营销总监的业务难题设计产品。这样，当增购产品推出后，销售团队就可以利用之前建立的信任优势，快速地接触营销总监，完成增购产品的推广，而不是从零开始与新的决策者建立联系，逐步建立信任，然后再销售产品。

因此，在产品设计阶段，就需要明确增购产品所解决的客户问题属于哪个部门或业务线，以及这些问题的最高决策者是否与客户现有业务的最高决策者相同。如果相同，那么营销成本可以大幅降低。如果不同，则需要评估销售团队建立信任并接触新决策者所需的时间。

在明源云客的 60 款产品中，有 50 多款是解决营销总监业务问题的，只有少数几款是针对财务总监和其他决策者的产品。毫无意外，这些少数产品的推广和销售非常困难。

同样，明源云客之所以能够从众多 SaaS 业务线中脱颖而出，除了在营销赛道上具有优势外，还与明源云最成功的 ERP "售楼系统"有着密切联系。"售楼系统"服务于营销部门，在项目开盘前，营销部门需要明源的交付顾问在系统中建立楼盘，这为云客迅速推广到营销部门和项目公司提供了有利条件。

总之，在设计增购产品时，考虑决策者的一致性，可以显著地降低营销成本，并加速增购产品的市场渗透。通过利用当前决策者的信任基础，公司可以更有效地推广增购产品，从而实现业务增长。

2. 跨度越小，学习成本越低

增购产品解决的业务问题跨度越小，销售和服务团队学习和掌握的效率就越高。相反，如果产品跨度较大，那么团队面临的学习挑战也越大，这直接影响团队说服决策者和服务客户的能力。

试想一下，如果销售和服务团队对业务不了解，那他们说服决策者并为客户提供优质服务的可能性就会大幅降低，实现产品成功的难度也会呈指数级增加。

因此，产品部门在探索增购产品的商业机会时，必须考虑销售和服务团队的学习成本。理想的策略是在公司已服务的专业领域内寻找机会，然后逐步向外拓展。例如，如果公司原有产品专注于销售管理，那么增购产品的开发应优先考虑销售管理领域的其他机会。

在对同一专业线内的业务场景机会进行全面挖掘后，可以依照难易程度逐步实施适度的产品拓展，包括同专业线学习、跨专业线学习、跨部门学习、跨行业学习。

（1）同专业线学习

同专业线的学习成本最低，这几乎不需要额外投入。当一线团队成员熟悉业务场景规则后，他们通常能够迅速地提炼产品价值。例如，云客有一款产品叫"在线开盘"，它处于销售转化的场景中，属于销售管理的专业范畴。一线团队成员多年来一直服务于销售管理专业线，因此，当产品上线后，很快就形成了战斗优势。最终在房地产销售火爆时，云客团队迅速地抓住了机会，没有给竞品任何可乘之机。

（2）跨专业线学习

跨专业线但不跨部门的学习难度相对不大。例如，之前我们是做销售管理的产品，现在要针对渠道管理的问题设计产品。两者同是营销部门需要的产品，因此，学习难度不大。

云客就曾在销售管理和渠道管理上推出过多款成功的产品。另外，市场上的一体化产品也均是通过有效地整合跨专业线的问题，实现了产品矩阵的渗透。

（3）跨部门学习

跨部门学习的难度可分为两种。一种是较为容易的，即性质相同但销售对象或产品不同的部门之间的学习。比如，保险公司中负责责任险的部门与负责财产险的部门之间的跨部门学习。又比如，有些公司的大客户部与政企部之间的跨部门学习。

另一种是相对较难的，即部门之间的差异十分显著。例如，明源云在为房地产客户提供全链路服务时，除了满足销售部门的需求外，还需要满足客户服务、工程等部门的需求。

（4）跨行业学习

跨行业学习的成本和难度都非常高，有时甚至超过从零开始创业的难度。这是因为既有的思维模式可能会影响团队进行跨行业学习的效率。这不仅难以发挥原有的优势，还容易受到既有观念的限制。

云客团队在刚开始承担园区业务时就面临了巨大的挑战。尽管云客选择以其最擅长的营销管理为切入点进入园区业务场景，但由于园区营销采用的是 B2B 模式，而房地产营销采用的是 B2C 模式，因此给整个云客团队带来了不小的挑战。从产品研发到销售和服务，所有成员都需要从头学习相关专业知识，以了解这一行业。

多行业的客户市场，使得通用型 SaaS 公司不得不拥有快速学习的能力。这也是通用型 SaaS 公司非常关注员工学习能力的原因。

3. 交付速度越快，服务成本越低

在设计产品时，产品经理除了要思考如何解决客户的问题外，还要思考如何使设计出来的产品利于交付，以降低交付的难度与后期运维的成本。

复杂的操作流程是交付和服务的难题。它不仅使交付过程变得复杂，而且在交付后还需要大量的客户服务工作，这都无形增加了成本。而如果在产品设计时多投入一些时间，这通常是可以避免的。

这就像摄影界流行的一种说法：在按下快门前多一秒的深思熟虑，可以为后期节省十分钟的修图工作。产品设计也是如此，前期的周密考虑可以显著地降低后期的交付和服务成本。

例如，某款工程类产品的"工程质量问题的闭环管理"功能就需要在多个 App 之间反复切换才能完成操作。类似的还有明源云的工程 SaaS 中"移动验房"产品，其中一个"项目房间平面图"的设置，就需要交付人员耗费数天时间。试想，如果一次交付需要多花 2 天时间，长期积累下来就是非常大的浪费。对于这些浪费而言，哪怕在产品设计时多花一个月的时间寻找解决方案也是成本更优的策略。

这些问题都是在产品设计时只关注了满足客户需求，却忽视了交付成本所导致的。

因此，我一直认为，要提升后端服务员工的效率，必须在前端的产品设计阶段就开始努力。在产品设计阶段就需考虑产品的操作简便性、交付的便捷性和服务的高效性，确保产品从开发到交付的每一个环节都能高效、顺畅地实施。

6.1.3 市场最大化：增购产品需具备足够大的市场空间

虽然我们设计的是一款软件产品，但本质上是在设计商品。商品的唯一属性就是被客户需要，被足够多的客户需要。

但与 C 端客户可能因情绪或新奇购买不同，B 端客户仅会为收益买单，即客户通过购买产品或服务能够获得更大的收益。

1. 帮助客户获得的收益越大，产品的市场潜力就越大

很多时候，我们并非不知道一款优秀的产品应当解决客户问题，帮助客户获得更大收益，只是当我们设计出一款未能解决客户问题的产品后，由于沉没成本过高，便不敢面对现实。试想，我们投入了大量的时间和资源开发出了某款产品，结果发现这款产品不能解决客户问题，也不能获得更多的客户订单，那对很多人来说都是难以接受的事实。此时，我们会本能地认为是否在营销方面出了问题，而不去反思是不是产品的价值不够。

这些看似简单的道理，并非我自身领悟，而是源于客户给予我的深刻启示。

我初入这一行业时，对公司的产品和技术都充满信心，坚信我们的产品是最优秀、最先进的。每次与产品经理交流时，他们也都会更坚定我的信念。他们用非常自信的语气告诉我，我们的产品是解决客户问题的最佳方案，无论是技术还是方案层面都是行业中的领军者。只要客户了解我们的产品，就一定会毫不犹豫地选择购买。

他们的话非常具有感染力，每次听完后，我都会觉得如果不将产品推荐给客户，就是对客户的一种辜负。然而，当我满怀激情地向客户介绍新方案时，客户的反应却很冷淡，表现出一种与我无关的态度。

经历了几次失败后，我终于忍不住问了一位关系较好的客户："我们的产品有这么好的技术与思路，你为什么不感兴趣呢？"

然后，他说了一句令我至今难以忘怀的话："这些新技术对我来说真没什么吸引力。我为什么要关心你用了什么技术？我只在意你能否解决我的问题，以及解决问题的成本与收益是否成正比。"

他的话让我无从反驳。是的，产品是否先进与客户确实没有直接关系。客户是非常理性的，只会为能够带来收益的产品买单。

从那时起，无论我听到多么前沿的技术，我的第一反应总是：这项技术能解决客户的什么问题？解决这个问题能为客户带来多少收益？收益与客户付出的成本有什么关系？

2. 吸引的友商越多，产品的市场空间就越大

一位前辈曾告诉我，生意的规模取决于你能吸引多少人与你合作。

这句话对我影响深远，将我的思维从零和博弈转变为了正和博弈。从此，无论是面对竞争对手，还是思考增购产品的方向，我都不再局限于自己的舒适区，而是勇敢地跨出边界，探索无限的可能性，并将每一个认识的同行视为可能的新机遇。

同时，这一观点在许多商业案例中都得到了验证。瑞幸与茅台合作推出的酱香拿铁就是 C 端产品联合创新的例子。而在 B 端领域，Salesforce 之所以能够取得如此巨大的成功，并非因为其技术先进到其他公司无法模仿或超越，也不是因为其专业水平和对客户的理解超过了其他公司，而是因为开放共赢的运营理念帮助 Salesforce 吸纳了众多 SaaS 厂商，并创造了 AppExchange 这样的平台。

因此，我们在设计产品时，不应局限于与竞争对手的较量或仅仅关注自身能够解决的问题。相反，应更多地向外看，从客户的需求出发，在市场中寻找合作伙伴来一同解决问题。无论是整合他人资源还是被他人整合，只要整合后的结果对客户有益，并且对自身和合作伙伴都有利可图，就是值得去做的事情。

毕竟，技术的窗口期很短，竞争产品很容易赶超。而运营模式的壁垒非常高，尽管表面简单，却是最难模仿的护城河。

6.1.4 善意最大化：科技向善才能走得更远

科技向善是一个提倡已久的理念。在 C 端产品中，善意最大化的产品是那些能降低社会总成本、提升社会经济效率的产品。而在 B 端产品中，善意最大化的产品则是那些能帮助客户降低企业经营成本、获取更多收益的产品。

在此，我想分享一个因为坚持了科技向善的原则而成功的案例。

"渠道风控"是明源云客为客户设计的用于防止渠道舞弊的产品。该产品在刚推出时面临着巨大的挑战，但由于云客管理层坚定地选择了科技向善的

原则，最终实现了超越，成为市场占有率最高的产品。

在云客刚推出"渠道风控"时，面临着三大挑战。

第一大挑战是该产品需要挑战人性的阴暗面。"渠道风控"的核心是解决项目渠道分销商的舞弊行为，然而，渠道舞弊通常是渠道商与项目的营销部门共同参与的。因此，对于项目决策者来说，这是一款监管自身团队的工具。

第二大挑战是该产品的决策部门与预算支出部门不一致。"渠道风控"的采购流程是集团营销中心提出要求，项目公司采购。因此，该产品的需求由集团提出，合同却需要与项目公司签订。这占用了项目公司的营销预算，使得项目公司的积极性普遍不高。

第三大挑战是市场竞争非常激烈。当时竞品公司采用的是"低价＋迎合项目需求"策略，不仅价格上只需我们的一半，同时，为了迎合项目决策者的要求，设置了一些灵活的操作权限，使其产品能够给项目提供更大的操作空间，且更符合项目方的利益。

面对这种情况，云客的产品部门依然选择了客户集体利益至上、不效仿竞品的策略。产品团队表示："在后台设计灵活的操作权限等于为项目公司提供舞弊的空间，这与防范舞弊的产品价值背道而驰，也与明源诚实守信的企业文化不符。即便市场可能全部被竞品抢占，我们也不能这么做，我们要坚持做'真风控'，做帮助房地产公司节约资金的产品。"

这是一个艰难的选择，因为它可能导致公司失去整个市场。若不是后来房地产行业的下行和房地产审计的日益严格，房地产公司可能不会强行干预其项目公司的采购行为，也更不会给云客"真风控"带来翻盘的机会。

这样的选择对许多人而言并不陌生。究竟是将客户组织的利益放在首位，还是优先考虑客户决策者的利益呢？

在此，我不想站在道德高地来说"你应该优先考虑客户组织的利益"，毕竟很多时候客户的决策者决定了项目的成败。我想说的是，如果你决定站在客户的整体利益一边，那就要坚定地坚持下去。虽然这样的选择可能会使你的进展变得缓慢，甚至难以持续，但只要坚持下来，它将为你带来无尽的品牌势能。

这让我想起了一句话：有时善良无法让你跑得更快，但它能让你跑得更远。

6.2 增购产品的选择：离钱越近，越容易成功

在探索增购产品机会的过程中，我们必须完成两个关键步骤。

第一步，寻找可能的增购产品范围。这包括识别增购产品机会的来源，挖掘这些机会，并评估其潜力。

第二步，确定优先实现的机会。面对众多机会，我们必须决定优先捕捉哪个。清楚哪个机会最有可能带来现金流并迅速取得成功，将决定公司能否在有限时间内实现收益最大化，以及能否持续引领行业。

这两个步骤共同构成了产品创新与市场拓展的战略基础，确保我们在不断变化的市场中保持竞争力和增长动能。

6.2.1 寻找增购产品范围：从研究客户预算科目着手

在当今竞争激烈的市场中，许多产品的失败并非源自方案本身不足，而是由于在战略方向上的错误选择。这通常是因为企业在设计增购产品时，未能充分地考虑客户的实际需求和期望。

有些企业由于掌握了特定的资源或新兴技术，可能会不自觉地把创新的重点放在"我能解决哪些问题"上，而非"我的客户面临哪些问题"上。这种自我导向的思维模式忽视了市场的真实需求。

但是对于客户来说，他们对于技术与方案的细节并不感兴趣，只关心产品或服务是否能够解决其问题，满足其需求。客户关注的是结果，而非实现这些结果的方法。

例如，一些公司倾向于直接复制国外已经成功的产品和技术，期望在国内也能获得同样的成功。然而，由于中外企业的支付习惯存在巨大差异，国外企业愿意投入的领域，并不意味着中国企业也愿意。而中国企业愿意投入的领域，国外企业多数情况下也不愿意。这种现象普遍存在。

即使技术先进，如果不符合客户需求，也无法为客户带来实际价值。因此，在寻找增购产品的机会时，我们必须克服自身的思维惯性，避免因过于主观而导致的认知偏差，使自己陷入个人偏好和先入为主的观念中，而要基于客观事实和一系列可衡量的标准来评估该客户问题是否为增购产品的机会。

在实践中，增购产品的机会通常可以从三个方向寻找，如图 6-2 所示。

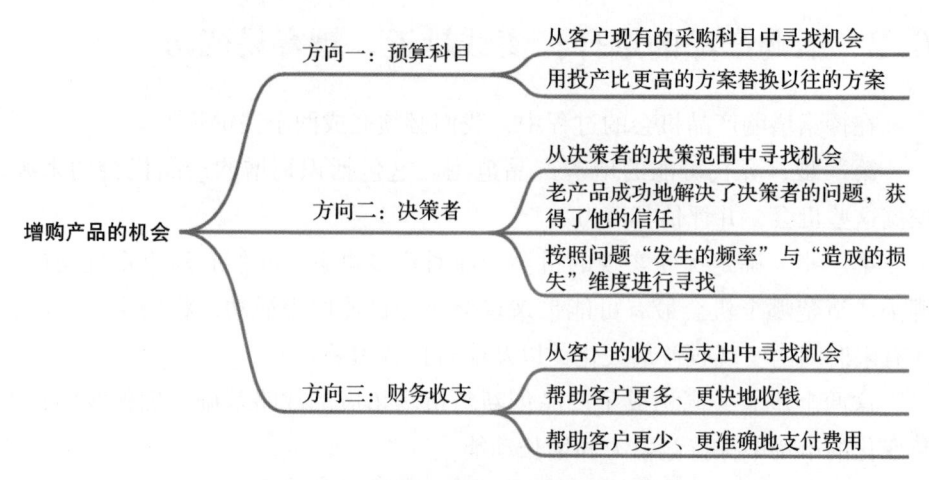

```
                            ┌─ 方向一：预算科目 ─┬─ 从客户现有的采购科目中寻找机会
                            │                    └─ 用投产比更高的方案替换以往的方案
                            │
                            │                    ┌─ 从决策者的决策范围中寻找机会
增购产品的机会 ─────────────┼─ 方向二：决策者 ───┼─ 老产品成功地解决了决策者的问题，获
                            │                    │   得了他的信任
                            │                    └─ 按照问题"发生的频率"与"造成的损
                            │                        失"维度进行寻找
                            │
                            │                    ┌─ 从客户的收入与支出中寻找机会
                            └─ 方向三：财务收支 ─┼─ 帮助客户更多、更快地收钱
                                                 └─ 帮助客户更少、更准确地支付费用
```

图 6-2　容易产生增购产品的三个方向

1. 预算科目：从客户现有的采购科目中寻找机会

从客户现有的采购科目中寻找机会，即观察客户每年的采购计划，分析客户将资金用于解决哪些问题，然后从这些问题的解决方案中寻找创新和优化的机会。

例如，客户每年为市场推广费分配预算，而此前客户的市场推广方式主要集中于传统媒体广告。如今，市场推广方式已转向新媒体传播、网红带货、短剧拍摄等。客户的推广预算在此情境下成为确定性机会，是客户公司承认并必须寻求外部合作伙伴投入的资金。因此，围绕产品推广的解决方案即为确定性较高的机会。

当我们发现客户之前的推广方式的 ROI 不够理想，还有很大的提升空间时，就应在客户的市场推广中寻求创新，采用一种更高效、更经济的推广方式替代之前的推广方式。

这样的机会通常具有较高的确定性，属于迭代的逻辑，即用全新且效率更高的解决方案替换原有的解决方案。这类机会不需要在改变客户认知与习惯上投入过多的精力与时间。如图 6-3 所示，这是企业从问题产生到问题解决的路径图。该路径从客户采购科目中寻找机会，直接跳过了最艰难的客户愿意花钱解决问题的步骤，后续只需让客户体会到新方案优于旧方案即可。

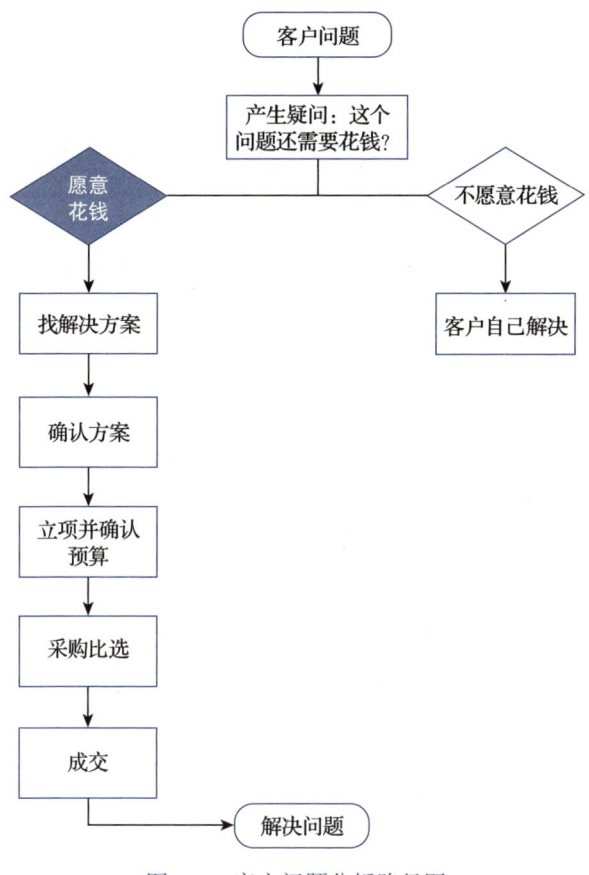

图 6-3　客户问题分析路径图

这种机会通常依赖于新技术、新渠道、新习惯的转变。例如，从 PC 端转向移动互联网，从 3G 突破到 4G。因此，当在市场上发现这些变化时，应迅速在客户现有的解决方案中进行筛查，寻找可以替代的机会。然后快速地识别机会、推广、抢占市场，以获得先发优势。

提及新技术，可能有人会产生疑问：刚才不是说不要迷信技术，而是聚焦于客户的问题吗？现在怎么又提到新技术了？

这两者其实有本质区别。"不要迷信技术"指的是以新技术为基础寻找市场机会。而此处所说的新技术，则是立足于客户的实际问题，寻找新的技术解决方案。这是一种在客户现有的需求框架内寻找创新机会的方法，而不是简单地基于新技术四处寻找应用场景。

2. 决策者：从决策者的决策范围中寻找机会

以 SaaS 公司为例，无论是通用型 SaaS 还是垂直型 SaaS，也不论是大 B 端还是小 B 端，每家 SaaS 公司都会有一个熟悉的关键人群体。比如，财务软件 SaaS 服务的财务负责人、CRM 服务的营销负责人、客户服务 SaaS 服务的客户服务负责人等。

这些关键人是首款产品的采购和续约决策者，他们通常负责管理多个专业线或部门，并面临众多亟待解决的业务问题。当我们的首款产品成功地解决了他们的问题后，我们通常会赢得他们的信任。这时，我们应当乘胜追击，在他们的管辖和决策范围内寻找更多的机会。

这是一种杠杆思维。首先通过一个产品吸引一个人，然后再利用此人的信任，实现从一条专业线向多条专业线合作的跨越。

例如，营销总监通常负责市场推广、销售和渠道三条专业线，而客户服务总监通常管理呼叫中心、在线客服等多条专业线。为此，我们可以从一个切入点入手，逐步覆盖其管辖范围内的所有专业线。

在挖掘决策者尚待解决的问题时，可以依据问题发生的频率与造成的损失程度，将其划分为四个象限进行分析，如图 6-4 所示。

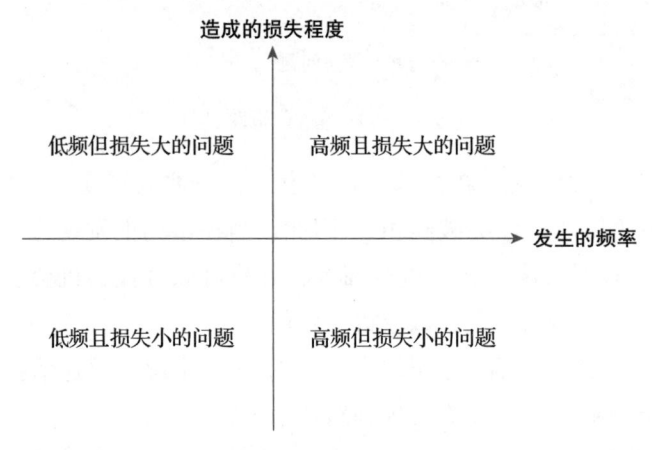

图 6-4 业务问题四象限

1）高频且损失大的问题：客户最在意且容易产生机会的问题。例如，供应商费用结算的准确性。

2）高频但损失小的问题：客户较为关注的问题。至于是否构成机会，还需视客户的具体情况而定,包括流程管理、项目管理等。

3）低频但损失大的问题:经历过损失事件的客户会愿意支付,而其他客户可能抱有侥幸心理,选择观望。例如,安全生产、人伤事故等。

4）低频且损失小的问题:通常不会带来机会。

在这些机会类别中,产品解决的问题越高频,客户就越愿意购买;产品所解决的问题涉及的损失越大,客户单价也就越高。

明源云客的 60 款产品中,有 50 多款是专门针对营销负责人的管辖和决策范围设计的。因此,增购产品的营销成本非常低。每次推出新产品后,销售或客户成功经理都能迅速地找到决策者,并向其推荐新方案。

我曾在服务诊所 SaaS 这类小型 B 端客户时,基于关键业务问题设计了一款增购产品。当时公司和客户对我的方案都表现出浓厚的兴趣,但最终由于公司更重要的战略调整以及我个人的离职,使得增购方案未能实现。不过,我认为这个机会挖掘的过程能够为许多人提供思路。

我检查客户的应用数据时,发现有些客户没有在系统中记录诊断或治疗方案,或者即使记录了,也非常模糊。这令我感到困惑。既然药房和诊疗功能都在使用,为什么不认真地记录诊断或治疗方案呢?是因为系统操作不便,还是因为有些医生不会使用电脑?

于是,我带着这些疑问找到了相关的客户负责人。起初,我计划用"完善病人就诊档案可以提高医疗服务质量"来劝说客户。然而,在咨询了几位客户后,我放弃了这一想法。

原来大家不认真填写诊断或治疗方案是有意为之,与系统的易用性没有任何关系。大家之所以不认真填写,是因为担心被追责,害怕在发生医疗纠纷后被查系统。

在诊所,输液打针是最高风险的医疗行为,极易引发医疗事故。似乎每位诊所医生都能讲述几个因输液而引发的医疗事故案例,因此他们格外警惕。据他们所说,每次为病人进行输液打针时,他们都特别小心,总是反复地询问病人的身体状况、过敏源等信息,就是担心病人会出现不良反应。但即便如此,也很难完全避免意外的发生。

听完诊所医生的反馈后,我立刻联想到风险转移这个概念。因此,我联系了之前的某位保险甲方对接人,向他了解当前医疗责任保险(简称"医责险")的市场状况。

他告诉我，目前对于医责险这款产品，保险公司普遍处于亏损状态，因此它们并不太积极地承接相关业务。尤其是诊所、门诊部等小型医疗服务机构的医责险方案，几乎没有保险公司愿意承保。因为这类医疗机构的数量有限，保费覆盖不足，所以保险公司很难制定合适的方案。此外，保费较低导致保险业务员缺乏积极性去开发这种业务。综合各方面因素来看，通常保险公司不会冒险制定此类方案。

听完他的话后，我并没有放弃。我对他说："我们公司目前在全国拥有数千家诊所客户，这可以有效地解决保费充足度的问题。而且可以由我们公司推动诊所投保，不需要配备业务员，就像互联网保险一样，你只需给我提供一个保险方案即可。"

他听后陷入了沉思，表示可以回去帮我询问一下上级公司的意见。

没过几天，他回复我说上级公司不愿意承接这个项目。但我仍旧没有放弃，与他进行了多轮沟通。最终，在我的公司实力彰显、保费与客户数量、合法性等多重保证之下，他再次帮我联系了上级公司并申请到了一个保险方案，让我进行推广。于是，我带着费尽心思取得的保险方案找到公司的产研VP，向他汇报了我的整体方案。这个方案如图 6-5 所示。

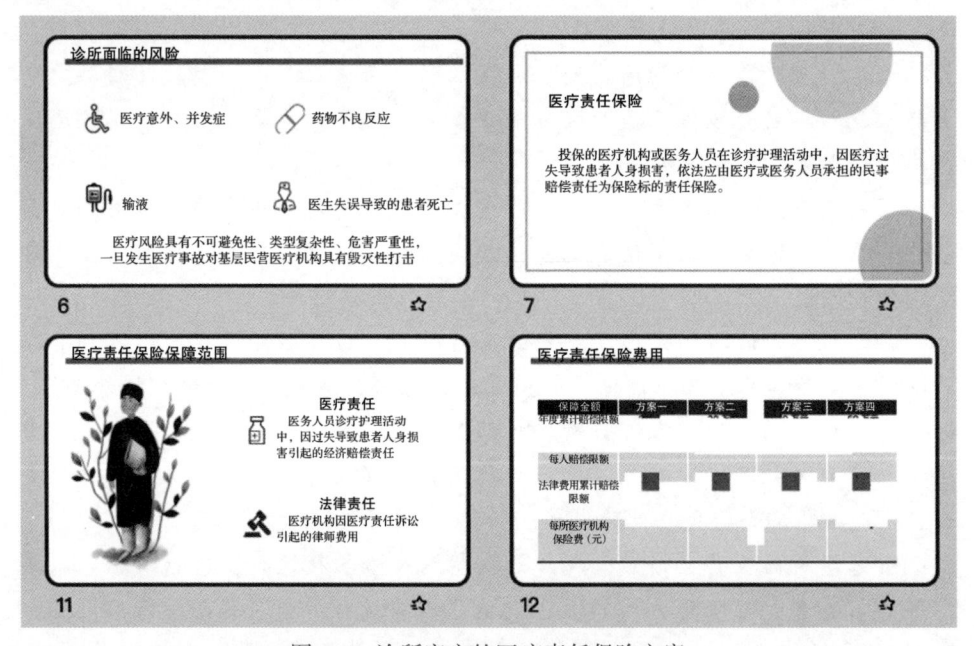

图 6-5 诊所客户的医疗责任保险方案

我对他说："我们可以将最低档的保险方案作为系统的增值服务，在客户购买系统或续约时免费赠送。这样既能防止客户在续约时要求降价，也能在销售时增加一个卖点。如果客户需要更高档的保障，那么我们可以作为保险公司的渠道进行销售。不过我们没有保险经纪牌照，因此，可以通过保险代理人的方式进行。我已经解决了这个问题。"

产研 VP 听完我的方案后表现出很大的兴趣，我们共同探讨了一些投入与产出的细节问题。随后，我又对客户进行了调研，他们也表现出了浓厚的兴趣。

但公司当时正处于融资后的战略调整时期，因此这一事项一直被搁置。

虽然此方案的推行未能成功，但这种以决策者关注的业务问题为出发点寻找机会的方式是一种相对可靠的方法。通过观察长期接触的决策者，如小 B 端的企业主、大 B 端的部门负责人或副总裁等，分析他们尚未解决的业务问题，从中发掘新的机会，这样最终找到的机会不仅确定性更高，且销售难度相对较低。

但这种方式要求公司拥有强大的顾问和商务团队，同时以高质量的客户成功服务作为基础。这也是许多有远见的公司愿意投入成本来打造高质量服务的原因之一。

3. 财务收支：从客户的收入与支出中寻找机会

我们常常被问：客户最关注的是什么？一些人会说，客户关注质量、关注 ROI、关注营收等。不要想得那么复杂，客户只关注一件事，那就是"钱"。如何更快、更多地赚钱，以及如何更少、更准确地支出，这才是客户最关注的。至于其他因素，都是次要的。

但需注意，千万不要将收支简单地理解为降本增效。

降本增效是一个相对主观的概念，难以量化评估。有时我甚至认为，它就像是企业服务领域中"皇帝的新装"，每家公司都自认为拥有，尤其当公司管理者坚信自家产品可以帮助客户降本增效时。如果你不认可，就会被认为是你缺乏能力帮助客户实现目标，而不是公司产品的问题。这可能导致整个团队逐渐失去反思能力，陷入"成功是因为我优秀，失败是因为客户不行"的自我安慰中。

在设计产品时，不要被降本增效的概念迷惑，而是应更直接地思考："我的方案能否帮助客户更快、更多地收款，或者更少、更准确地付款？"

增加收入就是帮助客户在单位时间内提高销量。例如，持续帮助客户拓展新渠道，以提升线索数量和获客效率。需要注意的是，系统是帮助客户建立与更多渠道的合作机会，并不是直接为客户提供线索或进行销售。许多人认为只有为客户带来潜在客户和直接销售才算有价值，否则就不具备价值。这种看法是错误的。带来客户和直接销售是渠道的任务，是按成交比例收费的合作模式。

"渠道管家"是云客最早推出的产品之一，也是客户最为喜爱的产品之一。11 年来，它已经为云客带来了数亿元的营收。它受到客户高度欢迎的原因在于能够促进房地产公司与渠道之间的高效合作。

在房地产营销中，渠道经常扮演着重要角色。尤其是在房地产市场下行后，渠道的成交占比持续上升，成为房地产销售的主要方式。而"渠道管家"就是帮助房地产公司与这些渠道连接的工具，也是渠道向房地产公司报备客户的工具。它不仅可以帮助房地产公司和分销公司进行深入且公正透明的合作，还能帮助房地产公司吸纳市场上的自由经纪人，并建立"老带新"模式。

更快地收钱即是帮助客户快速回款。例如，微信商城、小程序下单、会员管理、充值送礼等功能都是为了帮助客户快速收款，这也是营销中锁定客户的策略。再如，项目管理、订单管理工具等旨在缩短客户的交付时间，以帮助客户提前验收并获得款项。

一些民宿购买 PMS 就是为了利用小程序订房以便快速地收款并锁定客人。在使用系统之前，客人通常通过微信聊天或电话沟通来预订房间。此时，如果想要收取客人房费以锁定预订，会显得很不方便。除了要转账外，有时面对熟客也不好意思提前要求支付房费。但在使用 PMS 后，不管客人以何种方式询问预订，客服都会统一地在微信上将预订小程序发给客人，让他们线上支付房费并完成订房。

除了收入场景外，支出场景同样存在以下两个方向的机会：

一个是相对困难的，即协助客户减少支出费用。例如，帮助客户管理其众多供应商的行为与质量、降低交易费用、提高内部作业效率等。

一个是相对容易的，即确保客户能够准确地支付费用，以防止多付或误付的情况出现。例如，绩效管理、供应商工作量管理等。

云客的"渠道风控"产品兼具以上两种能力。它是云客继"渠道管家"后，针对房地产公司渠道管理场景推出的另一款产品，其价值十分明显。首先，它能够规范渠道行为，防止渠道舞弊。其次，它与"渠道管家"共同构成了房地产公司与渠道核对结算费用的唯一凭证系统，以防止错付和多付的情况发生。最后，通过严格的渠道合作管理，帮助客户节省了超过产品费用数倍的资金。

因此，我始终相信这样一个原则：**产品所能解决的问题越贴近客户的经济利益，成功的可能性就越大。**

6.2.2　合理的开发顺序是成功的关键

在增购产品设计的过程中，保持连贯性和专注度至关重要。如果设计团队缺乏明确的方向并频繁地变更目标，就会导致资源分散和效率低下。一些公司今天追逐区块链的热潮，明天被元宇宙的概念吸引，后天又转向人工智能领域。这种东一榔头西一棒槌的做法，不仅难以实现产品成功，还会增加公司的运营风险。

为了避免这种情况，我们应采取更为稳健且有计划性的产品设计策略。首先，要培养团队对低风险、低成本进行探索的意识。这意味着在设计增购产品时，要优先选择那些可以迅速带来回报的项目。通过选择研发周期短、市场需求明确且投资风险低的产品，可以确保团队在短期内收获成果。

接下来，可以采用**"先易后难、先快后慢、先小后大"**的增购产品开发顺序。这种方法有助于团队逐步地积累经验，从简单的客户需求开始，逐渐过渡到更复杂、更具挑战性的客户需求。在此过程中，团队可以不断地积累成功的经验，从而建立起自信和成功的习惯。

同时，通过不断地积累小成功，团队成员可以学会在面对挑战时如何保持冷静和专注，以及如何在变化的市场环境中灵活地调整策略。这种习惯的养成对团队的长期发展和成功至关重要。

1. 产品开发顺序：先易后难、先快后慢、先小后大

（1）先易后难

先易后难指的是先开发简单的产品，然后逐步过渡到复杂的产品。简单的产品是指学习成本和销售难度都较低的产品，它的具体顺序为：同专业—同部门—跨部门或全公司。

首先，我们选择那些学习成本低且销售难度较小的产品，这些产品通常与我们团队现有的技能和知识密切相关。例如，如果我们的团队在销售管理领域拥有丰富的专业背景，那么在设计增购产品时就应当专注于这一领域。因为这样不仅在设计产品时游刃有余，销售过程也会更加顺利。

在销售管理领域取得初步成功后，我们再根据决策者的影响力和决策范围，逐步地向其他相关领域扩展。这可能包括渠道管理、市场推广等相关业务领域。通过在这些领域深入发展，我们可以在现有的市场基础上进一步巩固和扩大影响力。

当我们在营销业务场景中积累了丰富的经验后，就可以开始考虑跨部门的拓展。这可能意味着将我们的产品和服务推广到与营销密切相关的其他部门，如设计、生产、客户服务等。这样的跨部门拓展有助于我们更全面地理解客户的需求，并提供更加综合的解决方案。

在整个过程中，我们应当采取逐步增加产品复杂性的策略。随着团队能力的提升和市场经验的积累，我们可以尝试开发更为复杂、技术含量更高的产品。同时，我们必须始终保持对市场动态的敏感性，及时收集并响应客户的反馈，从而持续优化我们的产品。

（2）先快后慢

先快后慢指的是优先开发那些交付时间短、回款速度快的产品。

采取这种策略是为了确保公司在产品开发和市场推广的过程中能够快速地实现资金回流，从而保持财务的稳定性和灵活性。很多产品的失败并不是因为产品或业务本身不好，而是因为回款速度过慢导致公司无法维持运作。

以我所了解的一家软件公司为例，这家公司起初发展势头良好，市场增长与融资都相当顺利。然而，公司在心态上发生了变化。为了使营收数据更加亮眼，公司选择自行开发硬件产品。硬件产品通常具有较长的回款周期，并需大量的资金垫付。这直接导致了公司现金流压力骤增。最终，不仅原定的增购产品和新市场拓展被迫搁置，甚至还影响了公司的生存与发展。

（3）先小后大

先小后大指的是先制作场景和投入相对较小的产品，换句话说就是足够切片的产品。产品切得越细，售前方案就越简化，转化周期也就越短，交付和服务的成本也会降低。

通常，切片的产品都是聚焦于一个核心点进行单点突破，云客的几款ARR过亿元的产品都是这样。

"移动销售"是一款CRM工具，其核心在于"建立联系"，即建立房地产公司与客户之间的连接关系。

"渠道管家"是一款用于渠道报备客户的工具，其核心在于"公平公正地判定客户归属"，无论与多少渠道分销合作，房地产公司与分销商之间都无须担心权益受损。

"在线开盘"是一个抢房工具，其核心在于"稳定性"，无论多少人参与抢房，系统都能保持稳定。

"渠道风控"是一种防范渠道舞弊的工具，其核心在于"真风控、真严格"，确保房地产公司与渠道合作中的双方权益。

2. 按"小、快、易"的顺序构建主板产品，以建立市场优势

在遵循"先易后难、先快后慢、先小后大"的顺序开展设计的过程中，一家优秀的SaaS公司还需要尽快地建立自身的核心产品，以使公司在市场中占据绝对优势。

主板产品是指相互独立又相互关联的产品矩阵。在独立时，能够解决客户的某个细分场景的问题。而在相互关联时，能够实现数据互通，解决客户整个业务线的问题。它是SaaS公司在将客户业务场景切片后提供给客户的解决方案。与OP模式中的"大而全"产品不同，主板产品由多个小产品组成一个整体方案。它不仅能满足客户按需购买的需求，也能满足客户对于一体化的期望。

比如，云客在成立的第3年就推出了针对房地产营销的主板四件套。这四款产品是云客的基础，帮助云客建立了显著的市场优势。如果这四款产品没有优先完成，无法尽早地帮助云客占据市场，那么即使后来遇到了房地产行业的快速增长，云客的发展也不会如此顺利。

智齿科技在客户服务SaaS领域的发展轨迹也相似。智齿科技在第一款产品"在线客服机器人"取得成功后，在大部分客户服务总监的管理范围内，进一步推出了"人工在线客服""呼叫中心""工单"三款产品。这四款产品构成了智齿科技的核心业务，也巩固了其在行业中的领先地位。

智齿科技内部将其称为"客服四件套",这是公司为客户提供的一体化套装。然而所谓的一体化,无论是智齿科技还是明源云客,都是优先聚焦于主要关键人的业务需求单点击穿,打造"小、快、易"的产品。

6.3 增购产品的调研:如何获取真实的客户反馈

确定了增购产品的方向后,接下来要开展增购产品的客户调研。客户调研是一项门槛较低但想要出色完成却非常困难的工作。

由于我长期从事客户服务工作,因此有机会参与多个产品经理的调研活动。在这些活动中,我有时是被调研的对象,有时则作为中间人带领他们前往客户现场进行调研。

通过参与这些调研,我观察到,产品经理在调研能力上存在显著的差异。一些产品经理即使提出了许多问题,也难以触及客户的业务核心;而另一些产品经理则能够通过细致观察,不问一词便洞悉客户的业务场景。

这种差异在很大程度上源于他们所采用的调研方法。因此,下面结合我多年来的经验和观察,分享一些优秀产品经理的调研方法。

6.3.1 调研不仅仅是提问

在我参与的多次产品调研中,遇到了三种类型的产品经理。

1. 偏执型

这类产品经理喜欢拿着锤子到处找钉子,用诸如"如果实现……是不是就可以"等封闭式的提问来验证自己的想法是否正确。对他们而言,只要有一个客户认可他们的想法,他们就认为自己的想法是成立的。即使有更多的客户表示否定,他们仍然坚定地认为自己的想法是正确的,并认为那些给予否定反馈的客户不具有代表性。他们进行调研的目的是为他们的想法寻找佐证,而不是还原客户真实的业务场景。最重要的是,他们可能尚未意识到自己是这种心态。

2. 任务型

这类产品经理大多是为了完成上级指派的任务。在进行调研时,无论是询问客户还是自家公司的一线服务人员，他们都处于一种"你说你的，我问我的"的状态。似乎他们的目的不在于获取信息，而是完成既定的问题列表。对于那些显然可以进一步探讨的回答，他们认为不如完成既定的问题来得重要。

3. 观察型

这是我最欣赏的产品经理类型。他们在面对客户时，更注重观察而非提问。他们通过观察客户在工作和使用系统时的状态来进行调研。他们的思维方式非常结构化，擅长用"前、中、后""供、需、连""人、货、场"的方法来还原客户的业务场景。

有一次，我好奇地向一位专注于观察的产品经理请教："我看到你平时很少向客户提问，那你是如何进行需求调研的呢？"

他微微一笑，对我说："提问是一种很容易被误导的方法。"见我面露疑惑，他继续说道："调研就像侦探破案，每个调研对象提供的线索都不同，关键在于如何沿着这些线索还原真实场景。"

我说道："这是不是像盲人摸象呢？每个人都仅描述了一部分，只有找到更多的人才能更全面地了解情况。"

"是，也不是。"他对我说，"说是，是因为调研确实需要多找几个人，因为每个人的职责不同，关注的点也各异，他们给出的回答自然会有所不同。因此，就需要多问几个人以更全面地还原业务全貌。比如，如果我想了解保险业务的销售场景，那么就不能只询问保险业务员，因为他们的视角是面向销售的，他们只能告诉我客户在投保前是如何推广业务，以及如何向客户介绍保险方案的。至于投保过程中的保单审核、投保后的理赔，他们提供的相关信息可能不够准确。因此，我需要根据投保的前、中、后各阶段的流程来了解每个岗位的工作，观察他们如何接收信息、处理信息以及信息处理完后的闭环情况。在这个过程中，我需要识别出哪些工作最耗费时间、最容易出错返工以及最可能给公司带来损失，并分析其产生的原因。"

他继续说道："为何我又认为这与盲人摸象有本质不同呢？因为盲人触摸的那只'象'是静止和固定不变的，而客户的业务则是动态的、变幻莫测的。以电子商务为例，你认为现今的电子商务与以往的相同吗？因此，我们需要以发展的视角来看待客户业务的逻辑和规律，并预测未来几年的发展趋势。"

见我若有所思,他继续说:"我们最关心的是我们的客户。其实客户也是如此,他们最在意的就是他们的客户。因此在我们进行调研时,不仅要调研客户,还要调查客户的客户,去观察客户的客户的习惯、喜好与认知。同时要进行换位思考:如果我是客户的客户,那我最需要的是什么样的产品与服务。"

听完他的话,我想到了系统工程。他的这个方法就是把客户的业务看成了一个开放的系统进行还原。

首先,确定系统的"目标"是什么,即客户需要我们帮他们解决什么问题。

其次,系统的"连接"是什么。比如,对营销线而言,"连接"就是商品成交,所有的人都在围绕着"成交"展开工作。而对生产线和客户服务线而言,"连接"就是工单,所有人都在围绕着"工单"展开工作。

再次,确定大系统里各子系统的人都是什么样的、他们的目标与大系统的目标是否一致、他们的潜力是否被挖掘以及他们的工作方式与习惯是否有利于目标达成。比如,营销线的子系统就是客户服务、销售和渠道。生产和客户服务线的子系统是车间、班组、呼叫中心和在线客服。

最后,将那些影响子系统与大系统目标实现的障碍识别出来,并把导致"连接"无法发挥最大作用的因素识别出来。

这就算是一次非常有效的调研了。无论是调研营销线、生产线还是客户服务线,这样的方式都比较适用。

6.3.2 客户服务驱动产品设计

在产品设计阶段,除了主动地进行客户调研外,还有一种方法是采用客户服务驱动设计。这里所指的客户服务驱动并非让产品经理依据客户服务团队的建议来设计产品,而是让产品经理直接参与客户服务工作,观察客户的日常反馈,并倾听客户的意见和建议。在这一过程中,产品经理能够深入地理解客户的业务场景,并寻找创新的机遇。

我曾在一家面向小 B 端的 SaaS 公司工作。为了避免产品经理闭门造车,公司的产品部门让每位产品经理定期到客户服务中心轮岗一周,使用客户服务账号回答客户的提问和投诉,以便让产品经理更加深入地了解客户的日常业务场景。

有一次，我问一位产品经理："这样的方式对你们有帮助吗？"

他回答我说："有的！只要愿意多与客户交流，肯定会有很多帮助。比如，通过客户的提问可以了解客户平时如何使用我们设计的产品，尤其是自己负责的部分。在收到客户的反馈后，对我后续的迭代和改进都会有帮助。此外，平时不理解的业务场景也可以借助客户提问的机会向客户请教，这对于了解客户的业务非常有帮助。最后，通过担任客服回应客户的问题，可以加深对客户服务部门的了解，以后沟通起来会更方便。"

除了我曾经工作过的公司外，还有许多公司坚持客户服务驱动设计的理念。比如，企业支付巨头 Stripe，不仅创始人科里森兄弟（Patrick Collison 和 John Collison）经常亲自参与到客户服务工作中，他们还要求产品经理和高管定期地参与到客户服务工作中。又比如，电话跟踪服务独角兽企业 Twilio 将重视客户反馈融入企业文化里，创始人和高管团队也会定期与客户服务团队一起工作，了解客户使用产品的实际体验。

当然，除了这两家公司之外，还有许多知名公司也采取这种方法。这些公司通过与客户的持续互动，从客户的需求中发现新的机会。

6.4 本章小结

增购产品设计的原则

- 原则一：风险最小化。先确保不失败，再寻求胜利，绝不能因为开发增购产品而增加企业经营风险。若要避免失败，首先，公司决策层要保持理性，切忌冲动和自我膨胀。其次，需做好风险识别。再次，需要有一款成功的产品和一批忠实客户。最后，设置好止损点。
- 原则二：成本最小化。增购产品的营销成本、学习成本和服务成本都应保持足够低。营销成本低意味着决策者不变，学习成本低意味着业务跨度小，服务成本低意味着快速交付。
- 原则三：市场最大化。能够为客户带来收益的产品才是客户所需要的产品。吸引的合作方越多，市场空间就越大。
- 原则四：善意最大化。科技向善能助力公司行稳致远。

增购产品设计的思路

- 增购产品的机会原则：离钱越近，成功的可能性越高。许多产品失败是因为忽略了客户最在意的是其问题能否得到解决。
- 增购产品的方向：从客户现有的采购科目中寻找机会、从决策者的决策范围中寻找机会以及从客户的收入和支出中寻找机会。
- 增购产品的开发顺序决定公司的成败，持续的小成功能够提升团队士气。
- 产品设计的步骤：先易后难、先快后慢、先小后大。先易后难是指首先销售容易的产品，先快后慢是指优先处理回款速度快的产品，先小后大是指优先推广切片产品。
- 要尽快推出主板产品矩阵，以形成自家的一体化方案。

增购产品调研

- 产品经理调研的三种类型：偏执型、任务型、观察型。观察型调研方式是最有效的，即通过将客户业务结构化为"前、中、后""供、需、连""人、货、场"进行观察。
- 客户服务驱动产品设计是指让产品经理参与客户服务工作，直接接触一线客户。

CHAPTER 7
第 7 章

增购商机的挖掘与转化

在新签阶段,许多公司采用"市场+销售"协同策略。市场团队负责培育线索和商机,而销售团队则专注于将这些商机转化为具体签约。在增购管理中,我们也可以参考新签管理逻辑,实施"服务+销售"协同,其中,服务人员负责培育商机,销售人员则负责转化商机。

但是,如何将被动的服务团队转变为主动的服务团队?如何利用服务人员的优势以低成本实现增购?如何提升服务与销售的协同效率?这些问题对于许多公司来说都是一种困扰。即使公司知道让服务人员参与增购是更高效的选择,也不敢轻易采用这种模式。

本章将针对以上问题进行解答,谈谈我是如何带领被动的服务团队实现主动服务的转型的。

图 7-1 是对服务团队转型之路的总结。这里运用了心理学中的"从众心理"和"最小阻力法则"的概念。通过改变团队成员的认知、心态和行动,

逐步推动团队成员从"愿意做"到"敢于做",最终到"知道如何做"。

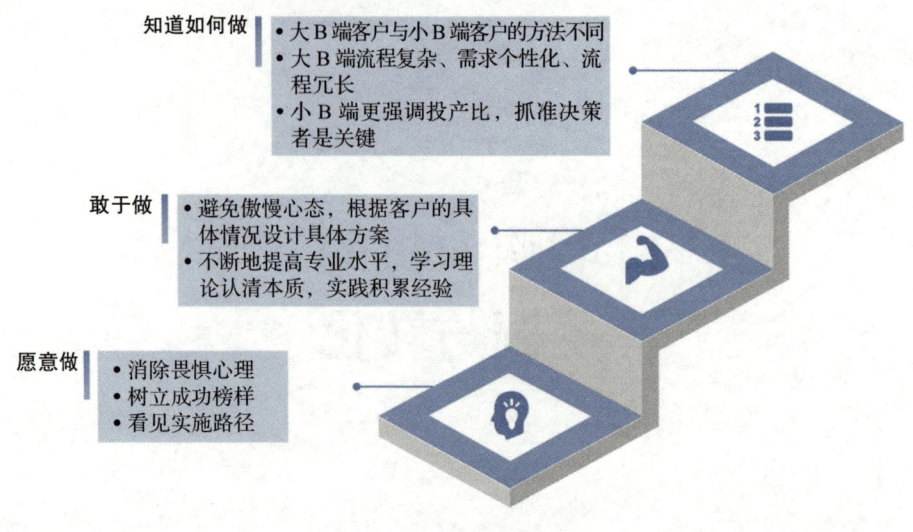

知道如何做
- 大B端客户与小B端客户的方法不同
- 大B端流程复杂、需求个性化、流程冗长
- 小B端更强调投产比,抓准决策者是关键

敢于做
- 避免傲慢心态,根据客户的具体情况设计具体方案
- 不断地提高专业水平,学习理论认清本质,实践积累经验

愿意做
- 消除畏惧心理
- 树立成功榜样
- 看见实施路径

图 7-1　服务团队转型路径

7.1　改变认知:服务团队"愿意做"

"汝果欲学诗,工夫在诗外"这句话出自陆游的《示子遹》,意思是,要想写好诗,不能仅仅局限于诗歌本身的技巧和形式,而应该在技巧之外加强生活实践经验的积累。

这句话不仅适用于学习,也适用于管理团队。当我们需要改变团队的行为模式,把原本被动响应的服务团队转变为能够主动提供服务并发掘商机的团队时,不能只关注考核制度或激励措施这些表面的工具,更为关键的是,要深入挖掘团队成员的心理活动,理解他们行为背后的动机和需求。

在这个过程中,我们可以借用两个心理学概念:从众心理和最小阻力法则。

从众心理在社会上广为人知是受古斯塔夫·勒庞(Gustave Le Bon)的《乌合之众:大众心理研究》一书的影响。他在书中指出,个体在群体中容易受到他人行为或观点的影响,从而改变自己的行为或观点以迎合群体。

最小阻力法则指出,人们在决策和行动时倾向于选择最简单或最省力的途径。例如，水流会沿着坡度最缓的山坡流动，电流会选择阻力最小的导线路径。

当时，我正是利用这两个心理学概念来完成团队由内而外的转变的。

首先，要激发大家的从众心理。当时，我在团队中挑选了具有潜力的小C作为标杆，以树立标杆的方式优先让他发生转变。然后，通过他的影响，逐渐带动两人、三人，直到整个团队成员完成模仿与转变。

在这个过程中，转变的成效可能比某些强硬的管理方式来得缓慢。然而，作为管理者，要能够承受来自各方的压力，对标杆人选保持足够的耐心。通过逐步改变他的认知，提升他的使命感，使他切实体会到服务人员在挖掘商机方面的独特优势和便利。

接着，当标杆人选的认知发生变化后，我们运用最小阻力法则来改变他的行为。通过将目标分解为一系列容易达成的小目标，减少执行障碍，使其对实现目标充满信心。

最终，利用小C的成功案例，激励整个团队成员的行为。

7.1.1 客户行为中的心理活动

一个人的行为往往由其认知所决定。为此，我们首先要改变标杆人选的认知，使其具备客户视角，理解客户每次行为背后的心理活动，以及这些心理活动与主动服务的关系。

为了让小C深入地理解客户的行为模式，我向他提出了一个假设情景："想象一下，我们现在是某公司的采购和续约决策者，需要为公司引入一套客户管理系统来满足业务需求。在这种情况下，我们应该怎么做？"

1. 客户新签时的心理活动："我"愿意为"你"冒这个风险

首先，我们可能完全不了解市场上有哪些客户管理系统供应商。此时，我们要做的第一件事就是收集各种信息。我们会向认识的同行打听，也会查阅所有可用的信息。此时我们的目标是：了解有哪些公司能够提供这样的系统。

接下来，我们会挑选出几家合适的系统供应商，并与其沟通方案。在沟通过程中，我们将逐渐熟悉市场上客户管理的各种解决方案。此时，我们的目标转变为寻找客户管理的最佳方案。

与所有供应商沟通完毕后，我们将根据采购预算挑选几家最符合要求的供应商。此时，我们的目标更加明确：在预算范围内选择最佳方案。

随着选择范围的缩小，我们开始感受到决策的压力。我们担忧因选择不当而带来的风险，这包括上级施加的压力以及对业务可能造成的负面影响。为了降低风险，我们开始实地考察，与供应商的销售团队成员进行深入交流，试图从他们的介绍中识别出真实的服务能力。

通过考察他们的服务案例，细致地讨论合作细节，我们努力地洞察销售人员的营销话术，寻找任何可能的承诺漏洞。最终，我们意识到信息不对称是不可避免的。因此，我们调整了目标：选择失败风险最小的供应商。

以上就是大多数情况下，客户新签时的心理历程：从最初的广泛了解，到逐步深入分析，最终选择一个失败风险最小的合作伙伴，并为之冒险。

2. 客户续约时的心理活动："你"并未撒谎

然而到了续约时，信息不对称的局面就不再存在了。此时，我们充分了解了供应商的专业能力、服务水平、解决问题的能力等，到了再次做出选择的时刻。

此时，销售人员任何花哨的销售技巧或巧妙的话术都略显苍白无力，我们的决策必然是根据这一年来的直观体验与实际获得的价值做出的。

首先，我们会评估销售人员最初承诺的内容实现了哪些。这是我们对供应商的基本要求，也决定着我们对供应商的信任程度。

如果供应商在这一年中能够兑现销售人员起初对我们的承诺，那么我们会因此对其充满信任。如果供应商不仅实现了承诺，甚至还超出了我们的预期，使我们得到了上级的赞赏，那么我们一定会发自内心地感谢供应商。在此情况下，当供应商与我们谈及续约事宜时，我们不仅会按时且按原价与其续约，甚至还会积极主动地协助其加快回款进程。

如果在这一年的服务过程中供应商未能完全兑现最初的销售承诺，或给我们的工作带来了诸多不便，那么我们可能会借此机会更换供应商，或要求供应商适当降低续约价格。

其次，我们将根据公司接下来的发展战略，再次评估供应商的产品和服务是否能够满足我们未来的业务发展需求。我们将评估供应商在这一年中的产品迭代速度、学习与创新能力以及专业水平的提升情况，以此判断其是停滞不前还是不断地追求进步。另外，我们还会评估供应商是不是一家愿意在最新技术和行业新趋势上加大研究投入的公司。这些因素都将成为我们对其未来发展做出判断的重要参考依据。

最后，我们或许还会尝试了解当初在选型时接触的其他几家系统厂商，观察其最近的变化，看看这些厂商是否有一些独特且领先行业的创新点能够助力业务发展。如果有，我们会邀请他们再次进行业务沟通。如果没有，则会放弃这个想法。

3. 客户增购时的决策逻辑："我"愿意为"你"再承担一次风险

随着合作的深入，我们与供应商也变得越来越熟悉。

某天，供应商找到我们，指出了我们业务中存在的问题，同时介绍了针对这个问题的解决方案。

此刻，我们又到了决策的时刻。

首先，我们将评估供应商在过去的合作中解决问题时所表现出的专业性和服务态度，特别是专业性。新的方案所需的专业能力是否在过去的服务中让我们清晰地感受到，这是决定我们是否能够再次信任供应商的关键。

其次，我们开始评估供应商的承诺兑现率。从以往合作中销售承诺的兑现情况来评估新方案落实的可能性。如果以往的服务人员能够不折不扣地兑现销售承诺，那么我们会更容易相信新方案所宣称的效果最终能够实现。而如果以往的服务人员没有兑现销售承诺，那么无论新方案多么打动我们，我们都不敢轻易行动。

因此我们可以看到，供应商在解决 A 问题时所展现的专业程度和服务态度越好，以及 B 问题与 A 问题的关联性越高，我们的决策风险就会越小，增购的可能性也就越大。

分享一个我亲身经历的实际案例。

前些年，我的妻子和她的朋友合伙开了一家民宿。鉴于我在软件行业的背景，系统采购和对接工作自然由我负责。经过细致比较，我选择了市场占有率最高的 PMS 厂商。选择这家厂商的原因很简单，我认为选这家厂商风险最小，不用担心其产品研发跟不上。

在接下来的一年合作中，这家厂商和许多 SaaS 公司一样，定期地推出新产品方案。这些方案都非常出色，其中有不少是我们这种合伙制经营特别需要的。比如，这家厂商推出的线上线下营收一体化方案，能够帮助股东清晰地掌握每日收入明细。

但即便产品方案如此切中我的痛点，我也没有增购这家厂商的任何一款产品，因为我对其交付与服务缺乏信心。在这一年里，除了推广新产品外，其他时间这家厂商的服务人员很少主动与我联系，也很少花时间与我进行深入交流，了解民宿经营及我们的具体需求。

这家厂商不了解我们，也未花费时间去了解。这让我意识到，即便这家厂商有出色的解决方案，也无法解决我们的问题。

以上便是客户在新签、续约和增购这三种常见行为中的心路历程。

当通过转换视角来看待客户行为后，我们会发现，客户增购的关键不仅在于销售能力和产品方案的匹配程度，还在于服务人员在过去的服务中所展现的专业性与服务态度。这是客户是否信任我们以及是否愿意接受销售人员展示产品与方案的前提。

7.1.2 客户接受服务时的心理活动

通过对客户行为进行分析，我们可以发现，赢得客户的信任是影响其行为的基础。这是很多人都知道的道理，那么究竟怎样做才能赢得客户的信任呢？

接下来，我们继续从客户的角度来看看哪些服务能够赢得客户的信任，并促进增购。

1. 以我的利益优先，我才会信任你

在服务过程中，客户通常格外关注供应商是否真正地为其利益考虑。这与公司对员工的期望非常相似。如果员工不关心公司的利益，不能为公司解决问题，无法在公司盈利的过程中提供支持，那么他将面临被解雇的风险。

企业对于员工是这样，对于供应商也是如此。对企业而言，所有的支出都是为了获取更高的收益，无论这些支出是支付员工的薪资，还是支付供应商的合同款项。而许多ToB公司却忽略了这一道理。面对员工时，公司要求员工将公司的利益置于首位，而面对客户时，却又一味地关注如何降低成本，忽视了帮助客户获取收益才是长期合作的基石。

客户比我们想象的更加聪明。当我们试图从客户那里获取利益时，客户也在寻找机会从我们这里获取更多。

2. 理解我的难处，然后帮助我解决

不要等有了新产品才想到主动联系客户，而要把了解客户作为服务工作的指北针。在服务客户期间，要不断地问自己：我了解我的客户吗？我知道客户的商业模式、股东结构以及面临的市场挑战吗？

如果我了解客户的商业模式，那么我是否能够描述出客户的价值主张，以及客户是如何创造、传递这些价值，并从中获得收益的呢？

如果我了解客户的股东结构，那么我能判断出客户的股东中谁的话语权最大，谁支持我们以及谁反对我们吗？

如果我了解客户所面临的市场挑战，那么我能描述客户的客户画像吗，能说出其客户的喜好和习惯吗？

如果连我自己都不了解，那么客户又凭什么要增购我的产品，并相信我能持续地解决他们的问题呢？

在本书的续约篇中提到的一客一策表（见表3-1）在增购阶段同样具有重要作用。它对企业、关键人、合作情况（包括已合作和目标合作的范围）、服务记录、客户业务存在的问题等进行结构化管理。如果能够全面掌握此表中的所有信息，那么产品增购的成功率将显著提升。

当然，有些服务人员未能主动服务客户，并非他们不愿意这么做，而是受到了公司成本控制政策的限制。在这样的政策下，公司将客户服务活动全部视作成本支出，这限制了一线服务团队提供更高质量服务的能力。

如果公司能够转变观念，将服务视为一种营销投资而非单纯的成本负担，将服务费用从财务成本转移到营销预算中，将服务时的成本视作撬动增购的营销投入，就能开拓新的视野。

但实现这一目标并不容易。这不仅仅是简单地改变思路，还涉及团队的转型。

3. 帮我解决问题，而不是制造问题

有些管理者为了更好地管控员工行为，倾向于采用增强领导权威的管理

方式。他们崇尚一种压制型的管理策略，通过刻意地营造紧张氛围来让员工顺从和畏惧。

这样的管理方式也直接导致了在许多服务人员的心中，最重要的不是客户而是他们的上级领导。这种"唯上"的企业文化非常不利于服务团队的管理，最终导致服务人员的所有工作都以满足上级领导的要求为出发点，却不对客户正在经历的业务问题以及购买系统的目的进行深究。

以交付为例，如果领导要求的是上线完成率与完成时间，那么对服务人员而言，他们就只会在意如何快速地完成培训、上线系统以及产生数据，而不会考虑原本在交付中需要重点关注的问题，如客户为何购买系统、购买系统是为了解决哪些问题、使用系统的人员水平如何以及怎样的培训才能达成购买目标。

这最终会导致不仅未能通过系统为客户解决问题，反而由于工作不够细致，给客户的决策者和对接人增加了问题。

要知道大多数客户购买系统就是为了通过系统实现人与人、部门与部门之间的协同。这是突破传统工作方式、构建新工作模式的举措。对于客户来说，这种革新本身就充满了风险和挑战。此时，如果供应商只是机械地执行服务流程，仅以产品使用作为服务交付的目标，那么必然无法满足客户购买时的需求。

7.1.3 最佳拍档：服务人员挖掘商机，销售人员转化商机

目前，不少公司在管理增购业务时，仍然采用以自我为中心而非客户为中心的思维模式。它们从自身角度出发，将增购简单地看作与新签相同的销售行为，却忽视了客户在面对新签与增购时有着两种截然不同的心理状态和决策逻辑。

在初次签约时，客户对供应商的了解有限，因此成功的关键在于销售人员的销售策略和专业能力。然而，在增购时，客户已经对供应商有了深入的了解，其决策必然会参考过往服务的实际体验。

此时，如果没有高质量的服务作为基础，那么即使销售人员具备卓越的销售技巧，也难以打动客户。因此，如果公司继续沿用新签合同时的管理模

式，仅关注对销售人员的激励和约束，而忽视服务在增购中的核心作用，就极有可能导致服务人员在增购过程中的参与感和责任感不足，进而降低增购的成功率。

这种新签与增购不分的现象，对小 B 端的增购业务的影响更为显著。与大 B 端的销售人员会适当地参与到服务过程中不同，小 B 端的销售人员通常不参与任何服务工作，对服务质量也缺乏基本的把控。在这种情况下，如果服务人员未能提供高质量服务，销售人员会发现增购比新签更具挑战，因为客户此时已对销售人员失去了信任。

因此，若想显著地提升增购转化效率，公司必须在战略层面重新评估服务人员的价值。同时，制定明确的分工协作和利益分配机制，激励服务人员主动参与销售人员的增购转化过程。

首先，从客户的角度来看，服务人员不仅是问题的解决者，更是利益的创造者。这样的角色定位使得客户对服务人员没有防备心，同时，服务人员在客户心目中的积极形象也有助于缓解在商机挖掘过程中可能遇到的客户的抵触情绪。当服务人员与客户互动时，客户更倾向于相信他们是为了帮助自己解决问题，而不是单纯地推销产品。这样的信任感使得服务人员更容易深入地了解客户的业务问题，并激发客户的兴趣。

其次，从公司的视角来看，服务人员是与客户接触最频繁、最了解客户内部情况的人员。由服务人员来挖掘商机，将比销售人员更具针对性。服务人员能够基于对客户业务的深入理解，识别出真正的需求和潜在的商机。

对于商机挖掘后的转化问题，随着客户需求的逐步明确，商机也变得更加明确和稳定。此时，客户对销售人员的态度将从之前的抵触转为期待。客户希望销售人员能够提供更为具体的解决方案和报价，以促进问题的快速解决。

在这一关键的转化过程中，服务人员与销售人员的紧密协作起着至关重要的作用。服务人员凭借对客户的深入理解，可以为销售人员提供关键的客户洞察和反馈信息。这些信息帮助销售人员精准地定位产品的独特优势，并制定出符合客户需求的个性化销售策略。

这种服务与销售协作的方式可以提升客户的满意度，使增购成为理所当然的双赢事件。

7.2 转变思维：服务团队"敢于做"

在企业服务领域，乙方普遍存在一个误区：客户不知道如何解决问题。

这个误区使得一些服务人员总是倾向于"教育"客户，错误地以为自己比客户更了解其业务和问题。

特别是在服务了行业领军企业后，当他们再面对中小客户时，这种心态会更为明显。服务人员可能会不自觉地产生优越感，认为自己经验丰富，从而在与客户交流中流露出一种傲慢的态度，给客户留下不尊重和轻视的印象。

这都是服务人员缺少敬畏心的表现，也是在改变认知后，接下来要完成的心态改变，因为心态决定行为。

7.2.1 警惕傲慢情绪，别让优势变为劣势

有机会接触更多的客户，见识多样的业务管理模式，本应是企业服务领域从业者的一大优势。然而，一些人却把这一优势转化为劣势。他们被过去的成功经验和模式所束缚，逐渐变得傲慢起来，误以为所有客户都应效仿那些已经成功的企业，否则，就是认知不足、管理不善。

然而，世界上并没有一种适用于所有场景的业务模式。企业管理的多样化正是由于其内在的复杂性。不同的发展阶段、环境和市场条件需要采用不同的管理方法和业务策略。即使是同一家公司、相同的业务，在不同的地区也可能需要完全不同的业务模式，以适应当地市场的特殊需求和条件。

在我从事保险 SaaS 行业时，曾犯过一次这样的错误。

当时，我需要在同一家公司内，将一种创新的业务模式复制到两个分公司之间。我曾天真地以为，因为是同一家公司且涉及同一险种，所以直接复制粘贴就能实现。但最终，我为这种自以为是付出了代价。

起初，我在这家保险客户的 F 分公司成功地实施了一项创新的"保险＋风险管理服务"业务模式。该模式基于"保险即风险管理"的理念，为投保企业提供事故预防服务，并通过系统进行痕迹化管理。当服务量达到一定规模后，可以沉淀整个地区的企业风险数据，为保险公司的后续业务发展提供数据支持。

该项目非常成功，不仅帮助 F 分公司提前一年半实现了业务目标，还成为整个集团内部的标杆案例。

受到 F 分公司成功的激励，另一省份的 H 分公司决定与我们合作，并希望复制这一模式。由于我在 F 分公司项目中的丰富经验，我被继续指派负责 H 分公司的服务。然而，当时我仍然沉浸在 F 分公司项目的成功中，没有意识到 H 分公司客户的特点与 F 分公司截然不同。

F 分公司的客户大多为小型制造企业。这些企业在安全生产管理方面能力不足，因此非常依赖专家提供的事故预防服务。然而，H 分公司的客户主要是大型集团公司，其安全生产管理水平已相当成熟，简单的事故预防服务并不能满足其需求。

尽管在项目启动时 H 分公司内部有人提出过质疑，建议根据 H 分公司客户的特点调整服务模式，但我过于自信，没有听取这些宝贵的意见，坚持沿用 F 分公司的业务模式。当时 H 分公司的决策者对我充满信任，也坚定地选择了支持我的方案。

最终不出所料，我们的项目在 H 分公司遭遇了失败，提供的服务未能引起投保企业的兴趣，也未对 H 分公司的业务发展提供实质性帮助，最后 H 分公司也未再与我们续约。

这次失败给了我很大的教训，让我深刻地领会了"让你成功的因素往往也会让你失败"这句话的真正含义。

从那时起，我彻底地学会了尊重每个市场的独特性，并在服务中融入这种尊重。无论面对多么熟悉的业务，我都会深入一线，倾听每一个人的反馈，以确保我的服务能真正地满足客户的需求。

7.2.2 摆脱自满，不断提高专业水平

要想有效地挖掘出更多商机，服务人员还需要具备空杯心态，克服自我满足的情绪。

乔布斯 2005 年在斯坦福大学演讲时说："求知若饥，虚心若愚。"这句话意指永远不要自满，要保持对知识的渴望。

在提供客户服务时也是如此。刚接触客户行业的阶段是最充满激情并且学习速度最快的。可一旦专业水平达到基本要求，可以应付日常工作后，许多人便会松懈，产生自满情绪。他们认为自己的专业水平已经可以满足客户服务的需求，再加上并不直接从事客户的核心业务，因此觉得没有必要追求

更高的专业水平。

但逆水行舟,不进则退。客户每天都在进步,他们的要求也在日益提高。如果专业水准始终停滞不前,那么在将来不仅无法识别客户的问题并挖掘商机,甚至连与客户进行基本对话的能力都可能不足。

许多人认为提升专业水平是一件困难的事,其实不然。提升专业水平的方式非常简单,通过"理论学习与实践"的不断循环即可。

1. 理论学习:理解事物的本质

不知从何时起人们对理论学习的争议变得很大,认为理论学习无用,无法解决实际问题,因此选择放弃理论学习,转而在实践中寻求进步。

这种注重实践而忽视理论的学习方法,在初期的确可以迅速地提升专业水平,但当专业水平达到一定高度后,就会遭遇瓶颈。由于缺乏理论知识做基础,对许多事物的理解便难以深入,专业水平的提升将会变得十分困难。

很多人不喜欢学习理论还有一个原因,就是认为理论学习枯燥无味且没有作用。他们认为理论学习就是机械地遵循其指导去具体实施,实则不然,理论学习的真正目的不在于执行,而在于理解。

要知道,理论学习中的那些标准做法并不是真的让你在实际场景中去照葫芦画瓢。它只是你学习的初级形态,让你在遵循最初的标准做法中去理解事物背后的规律与本质,最后再根据自己的理解不断地进行创新和突破。

比如,在拳击课上,教练会教授你如何保持正确的站姿、握拳、出拳等。

站姿:保持标准的拳击站姿,双脚与肩同宽,前脚指向对手,后脚跟稍微转动,以维持平衡和灵活性。

握拳:拇指置于拳心(指关节处)上,四指紧密卷曲,形成拳头形状。

出拳:从肩部开始发力,转动肩部和髋部,带动手臂直线向前并迅速推出。拳头保持水平,手臂伸直,但勿僵硬。

然而,你会发现职业拳手甚至教练本人在实战中并不总是按照其教授的动作去执行。

为什么他要教授学员如此复杂的知识,还要求学员每天进行练习呢?

因为教练要让学员理解打拳最重要的是始终保持稳定的身体姿态,只有这样才能承受更大的力。但如果教练只是将这些道理简单地口述给学员,那么学员将难以理解。因此，教练需要先让学员在最基础的站姿练习中感受如何才能站得稳，然后再慢慢地形成自己的站姿风格。比如，如果学员是进攻型选手，那站姿就选择更偏灵活的方式；而如果学员是耐性型选手，那站姿就更偏稳定性一些。

同样，教授握拳和出拳的方法，也是为了让学员理解力的传导，使学员在实战中能够更有效地将力打到对方身上。而标准的握拳和出拳方式就是最简单的习得方式，所以很多知名拳击运动员会通过反复地练习这些简单的动作来理解拳击的本质，然后再根据自己的理解去创造自己的拳击风格。

另外，理论学习也比我们想象的更为简单。尤其是在网络发达之后，查找资料变得更加容易。但需要注意的是，尽管现在学习方式便捷了许多，但同时也带来了泛滥的信息噪声，这些噪声很容易误导人们陷入误区。

因此，在学习客户的专业理论知识时，应该系统地进行学习。比如，客户员工的入职培训。很多公司会为新员工提供培训，如果所服务的客户有这样的培训，可以向其索取培训课件。客户的培训课程通常是很好的学习资料。

又如，客户行业从业考试。常见的有保险从业资格证、初级会计师、建造师等，这些都是入门级别的从业考试。这些考试使用的课件都是系统且易于理解的学习资料，即便不参加考试，仅仅是为了学习，也是非常有益的。

除此之外，还可以阅读与客户行业相关的书籍，这也是一种非常系统的学习方式，无论是入门学习还是后续的深化学习。

2. 实践：将客户的经验转化为自身理论

学完理论后，紧接着就是实践。而实践只有一种途径，那就是不断地向客户学习，向所有客户学习，这也是 ToB 公司的最大优势，即借助服务众多客户的机会，集各家之所长，将客户对市场和业务的理解转化为自身的理解，将客户的解决方案转化为自身的解决方案。

明源云曾将某客户的管理经验转化为自身的解决方案，并复用于整个行业，最终获得了巨大成功。这不仅让销售业绩大幅增长，还树立了专业的品牌形象。

当时，房地产开发正处于暴利时期，对于许多房地产公司来说，只要能够拿到项目就相当于获得了数倍甚至更多的利润。因此，这些公司对利润的敏感度也就没那么高，在管理项目利润时，通常也都采取后置管理的模式，即在项目结束后才计算该项目的利润。

此时，有一个客户率先提出，为了减少项目的利润损失，应将利润的后置管理模式改为前置管理模式，即在每个项目启动前设定项目的利润目标，然后将这个目标平均分配到每一套房源上，并在开售前为其设定一个最低售价。这个售价就是房地产公司对利润目标的最低要求，也是项目销售时不能轻易突破的底价。

现在看来，这种管理方式似乎显得过于简单。然而，考虑到房地产销售的复杂性，你就会意识到，能在十几年前提出这样的管理模式是多么先进。

首先，房地产销售采用的是"一房一价"策略，每套房源的价格会因其朝向、楼层等不同而有所差异。

其次，房地产销售采用"一人一价"的销售模式，销售价格会因购房者的具体情况而有所不同，影响因素包括促销活动、公司高层的折扣权限、购房者所属的销售渠道等。以高管折扣为例，房地产公司通常采用多级折扣的策略，即项目领导、分公司领导、集团领导皆有不同的折扣权限。因此，购房者通过哪一级领导或哪个渠道进行购买，所购买的价格会有所不同。

最后，房地产销售具有单价高、房源多的特点。乍看之下，每套房源的降价对整体利润的影响不显著。然而，积少成多后，这种影响将对最终利润造成重大冲击。

因此，当这种底价管理模式推出后，明源云迅速地进行了学习和消化，并转化为自身的解决方案。

最终，这套管理模式也融入了明源云的 ERP 系统里，成了很多公司选择明源云 ERP 系统的主要原因。

7.2.3 克服抵触情绪，服务人员懂点营销更具优势

很多服务人员对营销持抵触态度，认为自己不是销售人员，无须学习营销知识。然而，对于客户来说，最重要的就是营销。哪个供应商能够解决其营销问题，哪个供应商就能成为其最信任和喜爱的伙伴，从而更容易扩大和深化合作。

因此我常说，无论我们提供的是什么类型的专业服务，但最终我们要能帮助客户实现营销效率提升。无论是 CRM 这类前端业务系统，还是 HR、财务这类后端管理系统，都需要帮助客户理顺业务以提升营销效率。即使只是原材料的供应商，也要考虑如何帮助客户提高营销效率。

在供应商协助客户提高营销效率的案例中，英特尔无疑是最为著名的一个。1991 年，英特尔推出了"Intel Inside"营销计划。该计划主要包含两项内容：

一是品牌建设。英特尔用"Intel Inside"作为芯片市场的公司品牌，并针对电脑消费者进行品牌宣传，使电脑消费者将"Intel Inside"作为购买理由之一。同时，英特尔加强了与电脑厂商的合作营销。通过分摊电脑厂商的广告费用，激励其在广告和产品上使用 Intel Inside 标志。

二是投入研发经费不断地升级产品品质，使其赢得消费者的认可。家喻户晓的 Intel Inside 标志如图 7-2 所示。

最终，该计划非常成功，不仅使英特尔成为家喻户晓的品牌，还直接影响着消费者的购买决策，推动了搭载英特尔处理器的电脑销量。

图 7-2　Intel Inside 标志

除了英特尔以外，另一家广为人知并帮助客户提升营销效率的公司是杜比实验室。我们常提到的杜比音效和杜比全景声正是其核心产品。杜比实验室通过优良的声誉和高品质产品，协助客户实现对消费者的营销。

英特尔和杜比实验室的经营方式或许很多公司难以复制，但其经营理念却值得每一家企业服务公司学习。对于客户而言，每一项支出都旨在实现更高的收益。比如，支付员工工资是为了让员工帮助公司盈利，与供应商合作是为了借助其产品和服务赢得更大的市场和更高的利润等。

因此，聪明的供应商不会只将赚钱的目标放在客户身上，而是更进一步想着如何与客户一起赚客户的客户的钱。唯有如此，公司才能从竞争中脱颖而出，拥有真正的议价能力。

而对于具体执行服务的人员来说，要帮助公司实现这些目标，就必须具备一定的营销知识。只有这样，才能更深入地理解客户的业务，更清楚地了解客户的业务难题，从而为客户提供更优质的解决方案。

7.3　改变行动：服务团队"知道如何做"

对于长期从事被动服务的团队成员来说，他们之前从事的是有标准答案的工作。而挖掘商机则是需要创新精神且没有标准答案的主动服务。这对他们而言是一个极大的挑战,并且容易产生恐惧心理,也会因为害怕犯错而不敢主动出击。

因此,为了实现服务人员从被动服务向主动服务的转变,并培养他们挖掘商机的能力,管理者需要巧妙地运用最小阻力法则——通过设定清晰并且易于实现的转化步骤,减少服务人员对主动服务的恐惧。

如图 7-3 所示,客户增购转化漏斗是一个非常实用的工具。它不仅可以指导服务人员掌握转化增购商机的工作步骤,还能使大家清楚地了解目前的工作处于哪个阶段以及距离目标还有多远。

图 7-3 客户增购转化漏斗

了解客户业务:了解客户业务是挖掘增购商机的第一步,后续所有步骤都以此为基础。

识别客户问题:客户面临的业务问题是客户愿意花钱的关键点。问题发生的频率越高,可能造成的损失越大,客户就越愿意为此付费。

提供解决方案:针对客户问题提供高度匹配的解决方案。

客户认可 / 立项:在小 B 端客户的决策者认可产品方案后便可以进行商务谈判,而对于大 B 端客户来说,则需要项目立项后才能进入商务谈判环节。

成交:当方案和价格满足客户要求后,即完成了增购产品的成交。

然而,再好的工具也需要根据客户的具体情况来使用。在按照增购商机漏斗的流程执行时,大 B 端客户和小 B 端客户有显著的区别。

7.3.1 大 B 端客户增购商机挖掘五步法

与小 B 端客户只需决策者有意向即可进行商务谈判不同，大 B 端客户的增购商机转化更加复杂。它不仅需要客户的决策者有意向，还须经历复杂的项目立项过程。

项目立项通常需要在多方利益相关者之间寻求平衡，这一过程不可避免地增加了项目的复杂性和需要更多的关键人参与。这种需要多方妥协才能实现的结果，为项目的顺利实施带来了诸多不确定性，因为这不仅涉及对项目本身的认可，还需要克服大 B 端客户对现有稳定性的偏好。

大 B 端客户就像一个庞大的信息系统，虽然有很多 Bug，但并非每个 Bug 都能修复。有些 Bug 可能直接影响系统的稳定性，修复得当则无事，但如果修复不当可能导致整个系统崩溃。因此，在没有百分之百的把握之前，许多人宁愿这些 Bug 持续存在，也不敢轻易改动。

正是由于这一原因，大 B 端客户需要更复杂且更谨慎的决策流程以确保决策不出差错。因此，我们可以发现，即便有许多大 B 端客户面临诸多业务问题，但能够让其下定决心解决的问题却为数不多。

那面对大 B 端客户，我们究竟应该如何应对呢？图 7-4 是大 B 端客户增购商机挖掘五步法。

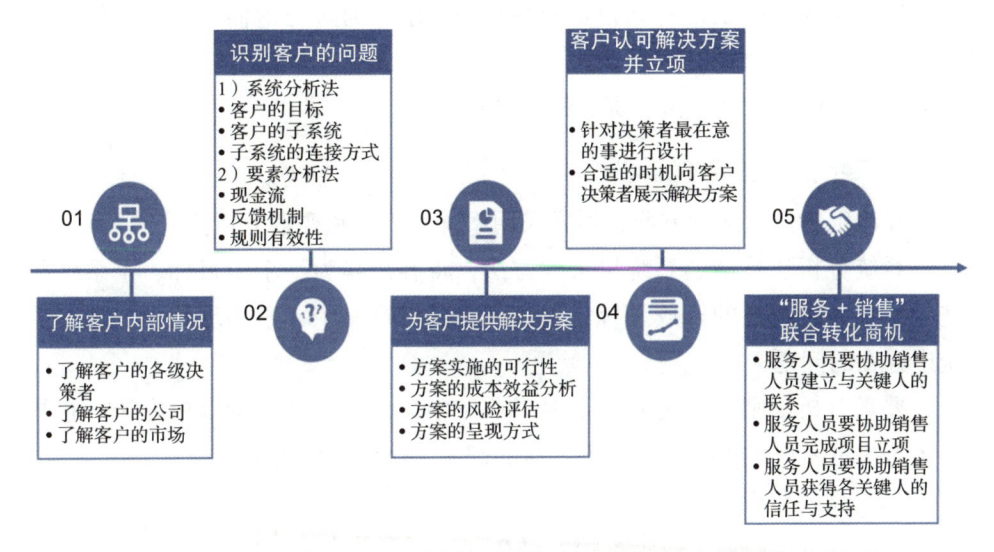

图 7-4 大 B 端客户增购商机挖掘五步法

第一步：了解客户内部情况

服务人员在获取客户信息时应明确优先级，避免眉毛胡子一把抓，否则容易错失掌握重要信息的时机。

在获取客户的相关信息时，首先是了解客户的各级决策者，了解他们的从业背景、沟通方式、处事风格等，因为这些人决定了客户的一切。

其次是了解客户的公司。全面掌握客户的商业模式、发展历程、企业文化等，对于理解客户的现状以及分析问题并制定解决方案有很大帮助。例如，通过研究客户的发展历程和企业文化，评估客户的做事风格与其市场的匹配度。

最后是了解客户的市场。全面掌握客户的市场情况、客户群体画像与偏好、行业最新技术等信息，以便更好地解决客户业务问题。

除了信息的分类和分级外，信息的获取方式也非常关键。在众多了解客户的途径中，客户的员工往往能提供最直接且深入的见解。作为客户组织的内部成员，他们不仅是日常运作的亲历者，也是业务流程和企业文化的直接参与者。凭借他们的经验与知识，我们能够更迅速地理解客户的业务环境和决策过程。他们的见解可以指导我们更好地服务客户并满足客户的需求。

为了全面了解客户，我们需要接触从基层员工到管理层的不同层级的员工。每个层级的员工都有其独特的视角和见解，通过与他们交流，我们可以收集到他们的工作流程、团队协作方式、面临的具体挑战等全面的信息，这有助于我们构建一个立体、真实的客户画像。

第二步：识别客户的问题

在识别客户的问题方面，通常采用系统分析法和要素分析法。

系统分析法是借鉴系统思考的方法，将客户视为一个由目标、子系统和连接三个元素组成的开放系统，通过综合分析这三个元素的现状，识别出系统中存在的问题。

要素分析法则是一种专注于客户业务中关键需求问题的分析方法，它侧重于对决定客户成败的几个关键要素的健康状况进行深入分析。

（1）系统分析法

系统分析法认为，每个系统的存在和运行都是为了实现某些特定的目标，而这些目标又指引着系统培育出有助于目标实现的子系统以及子系统间的连接方式。

因此，系统分析法的第一步是识别客户的目标。通常情况下，客户的目标分为长期目标和短期目标。其中，长期目标是指客户的使命与愿景，是一旦设定便不会轻易改变的目标。与长期目标相比，短期目标更注重具体的业绩和利润指标。这些短期目标是实现长期目标的阶段性成果，其灵活性更强，可根据市场和外部环境的变化进行调整和优化。

在日常的企业管理中，客户通常更关注短期目标，因为这些目标不仅决定长期目标能否实现，还影响企业的生存。因此，在使用系统分析法时，应优先以客户的短期目标为参照，识别和解决客户在实现这些目标过程中遇到的问题。

接下来，进行子系统的现状分析。我们可以将客户的每一个部门或者每一位员工都视为一个子系统，通过分析这些子系统的利益和目标，评估它们是否与客户的整体目标一致以及是否存在潜在的利益冲突或偏差。最常见的情况是，公司会基于自身的利益制定目标，而各部门或个人则会基于自己的利益来执行。例如，公司追求的是营收和利润的双重达标，而营销及销售人员则更关心与自身利益相关的营收业绩。因此，销售人员可能为了签单而忽视亏损风险。

最后，再进一步分析各系统的连接方式，因为这决定了各子系统是否能实现"1+1>2"的效果。比如，销售部门和服务部门都希望提升客户满意度，以便获取更多的收益。那么此时，这两个部门之间就有了连接点，销售部门就会协助服务部门更好地服务客户或其他有利于客户的事项。

系统分析法的优势在于其全面性。它不仅关注客户的整体目标，也注重构成客户整体的各个部分。它不是单纯地解决某个问题，而是强调直面整个系统的问题，分析各子系统的利益和协作方式，从而更准确地识别问题产生的原因。

（2）要素分析法

要素分析法是针对企业管理中某些核心要素进行深入分析的方法。比如，现金流、反馈机制和规则有效性，就是企业管理的三大管理核心。它们涵盖了企业从生产制造到销售交付的整个过程，是企业健康运营的关键，也是客户愿意支付的关键因素。

1）现金流。

现金流是企业生存和发展的命脉，也是企业能否维持日常运营的关键。因此，如何增加收入、如何加快资金回笼、如何优化支出结构等，是每家企业都非常感兴趣的话题。

2）反馈机制。

首先是执行层向管理层反馈行为。随着企业的不断壮大，管理层与客户和一线的距离也在拉大。在这种情况下，建立一个有效的反馈机制是至关重要的，这可以确保管理层能够及时地掌握市场动态和公司现状，从而做出及时且准确的战略调整。明智的决策层会高度重视反馈机制的有效性，始终保持对一线业务的深入了解。

其次是客户将问题反馈给公司。对于希望不断地提高客户 LTV（Life Time Value，生命周期价值）的企业而言，客户的满意度及建议是制定发展策略的基础。因此，企业必须建立客户与公司之间的反馈机制。这个反馈机制应包含客户投诉与建议途径的多样性和便利性、流程与闭环管理等方面。

3）规则有效性。

中国有句谚语：没有规矩不成方圆。这句话强调了规则在维持秩序和实现目标中的基础性作用。对于客户而言，随着规模的不断扩大和业务复杂性的增加，建立和维持一套有效的规则体系便尤为关键。

客户在制定规则时，有内部规则和外部规则之分。其中，内部规则是为了提升工作效率和减少内耗，强调的是明确的职责分工与清晰的标准化流程。而外部规则则是为了更有效地激发合作伙伴的积极性，建立互利共赢的合作关系。

然而，要实现这些目标，规则是否公平、是否保障了所有人的利益就非常关键。以销售规则为例，合理的区域保护政策和线索分配机制可以有效地避免因内部竞争而导致的恶性报价等不良行为。这不仅有助于维护内部的和谐氛围，也有助于保持客户关系的健康稳定。

而建立完善的报备保护机制，则可以保障渠道商的利益，消除渠道商对客户流失的担忧。

需要注意的是，应用要素分析法并不意味着其他要素就不重要，而是基于效率的考量，优先从这三大核心要素出发，观察和分析客户的业务。这样做能够帮助我们更迅速地识别出客户愿意为之付费的问题，从而提供更加精准和有效的解决方案。

第三步：为客户提供解决方案

在识别出客户的问题之后，服务人员需要将客户的问题与公司能提供的解决方案进行精准匹配，并根据客户的特点进行个性化调整。

首先，方案只能由服务人员自己撰写。根据销售管理制度，此时的状态还无法认定为商机，因此也很难调动解决方案专家等资源的支持。其次，服务人员在写方案时应考虑客户的特点，根据客户问题的独特性和决策者的认知水平来设计方案内容。为此，服务人员需要在客户内部建立一个"信息教练"，以便能够清晰地了解决策者和客户内部情况。

为了应对客户问题的独特性，服务人员需从客户的角度出发，客观地评估方案的实际效果。这不仅涉及方案是否能满足客户的需求，还包括方案实施的可行性，例如，方案的成本效益分析以及风险评估。

另外，无论方案本身多么优秀，如果决策者无法理解其核心价值和实施细节，那么该方案就失去了意义。因此，在制定和呈现方案时，服务人员必须考虑到决策者的接受程度和理解能力。

要知道，人们在决策时通常依赖于过往的经验和教训，这些经验和教训塑造了他们的思维模式和认知。因此，为了更好地适应不同决策者的风格和偏好，服务人员需要个性化地调整方案的呈现方式。

- 情绪派风格：若决策者偏好依赖情绪或直觉进行决策，则可在方案中增添更多结论性观点和激励性语言，注重强调人的主观能动性及成功实例，从而引发决策者的情感共鸣及行动动力。
- 理性派风格：对于极度理性的决策者来说，方案应以数据和事实为基础，提供详尽的分析和充分的论据。清晰的逻辑链条和确凿的数据能够帮助这类决策者建立对方案的信任。

最后，我们必须认识到，由于自身视角的局限性，我们对自己的方案的认识可能不够客观，甚至可能存在夸大其词的情况。因此，为确保方案能够更好地符合客户的需求，我们需要请其他同事以第三视角帮助我们进行反复的论证和验证。

第四步：客户认可解决方案并立项

即使解决方案完美地契合客户的痛点，也不意味着事情就能顺利地推进，其中还涉及决策者的推动意愿。

大 B 端客户的内部通常都存在着"多一事不如少一事"的默契。无论是最高决策者还是部门负责人，都是如此。对于他们而言，任何变动或采购都涉及复杂的流程和说服工作。即便是领导自己，也需要权衡变革对下属的影响及可能产生的异议。

因此，若要使决策者认可并积极地推动解决方案的立项，我们还需要确保决策者对所识别的问题产生共鸣。这种共鸣不仅取决于方案内容对其个人的影响，还受决策者当时心境的影响。有时候，即使是相同的方案，不同的时机和不同的呈现方式也会使决策者产生截然不同的反应。

首先，在方案的内容上要针对决策者的收益进行设计。

决策者在评估是否推动立项时，会权衡多个因素，包括问题的紧迫性、与个人工作和需求的关联程度、说服公司其他相关人的难度，以及执行所需的成本。这些因素共同决定了决策者是否能够积极地推动项目立项。

因此，服务人员在编写解决方案时，除了要满足客户的独特需求外，还需将问题解决后的预期收益与决策者的个人收益紧密关联，并且这种关联程度越高，决策者推动立项的积极性也越大。

需要强调的是，此处所指的个人收益，并非指个人利益的不当追求，而是指决策者在实现工作目标和个人抱负过程中所能获得的合理收益。这些收益包括个人或团队工作效率的显著提升、团队目标的顺利达成、个人声誉的提升等。

其次，在适当的时机向客户决策者展示解决方案也至关重要。这需要掌握一些小技巧。

1）要有意识地营造一个适宜呈现方案的"氛围"。

营造一个让决策者愿意倾听问题并积极参与解决问题的"氛围"至关重要。当决策者进入这个"氛围"后，他会以寻找并解决问题的心态参与，此时他对问题的接受程度和紧迫感将高于平时。

我常用的方法是在服务开始前就做好充分的准备，与客户的决策者制定一个定期的业务巡检报告制度。例如，约定每个月或每个季度基于后台的数据向客户决策者进行业务分析汇报。这样，我可以确保每次汇报时，客户决策者都会带着倾听问题的心态来参加。此时，只要汇报的内容能引起决策者的共鸣，展示的解决方案就比较容易激发他的兴趣。

2）由客户决策者界定问题的严重程度。

问题的严重程度不能由服务人员来定义，而应由决策者自行判断。这一点常常被忽略。为了引起决策者的关注，很多人喜欢借助某些数据分析夸夸其谈。我曾多次经历过这样的尴尬时刻，我们的服务人员尚未完成全部汇报，决策者便已开始打断我们，并对内容提出质疑。

因此，我们在展示业务问题后，不要急于下定义，而是要适当地停顿，引导决策者对问题进行定义。因为决策者对问题的定义，无论轻重，都是基于他们对情况的真实理解。相反，即使我们认为问题非常严重，但如果决策者不认同，那么这种定义也失去了意义。

3）汇报时应考虑参会人员的构成。

在开始汇报前，详细地了解哪些人员将参与汇报是至关重要的。这不仅涉及了解参与者的职位和影响力，还涉及他们对汇报内容中提出的问题可能持有的态度和反应。如果汇报内容可能涉及某些人的工作失误，那么他们或许会本能地采取防御姿态，这可能导致汇报变成一场责任归属的辩论。这种情况不仅会分散注意力，还可能损害方案的接受度和信任度。

因此，如遇到敏感问题，应在汇报前与相关人员进行沟通，了解问题产生的原因，并在汇报时按照他们认可的表达方式对问题进行阐述。唯有如此，才能在汇报时获得他们的支持，减少不必要的争议。

另外，除了公司的方案能够适配客户的问题外，有时我们还面临公司没有解决客户问题的方案的困扰。此时应该怎么办呢？我认为应该直接向公司反馈。如果公司能够整合其他公司的方案，那么大家就共同合作来争取订单。如果公司无法做到，那么为了维持客户的信任，我们应该协助客户在市场上寻找合适的供应商。

第五步："服务+销售"联合转化商机

在推动增购商机转化的过程中，我们将面临一系列复杂的商务运作，包括项目推进、决策者影响、价格谈判、招投标等。这些活动往往需要专业的销售知识和经验。因此，将商机转交给销售人员处理，既能够确保转化过程的专业性和效率，也是实现收益最大化的关键策略。

尽管商机已转交给销售人员，但服务人员的职责依然没有结束。在销售人员进行成交转化的过程中，服务人员仍需发挥重要作用。

（1）服务人员应协助销售人员与三类关键人建立联系

第一是信息类，即客户内部的"信息教练"。

客户的"信息教练"是希望我们达成交易，并主动协助我们实现交易的人。他会提供交易的内部信息，协助我们创造销售机会，并且为项目推进提供建议，与我们配合执行销售计划。

第二是推动项目类，即各级决策者。

在项目推进过程中会遇到许多决策者，其中最重要的是最高决策者。若要提高赢单概率，获得最高决策者的支持与认可绝对是至关重要的因素。其次是获得项目立项过程中的各个决策者的支持，包括最终使用系统的部门负责人、IT部门负责人、采购部门负责人等。他们中的任何一个人在审批时提出质疑，都可能使项目的推进变得艰难，因此是否获得审批环节上每一个决策者的支持，将决定项目立项的成败或推进速度。

第三是决策类，即决策机构的关键人。

决策机构是最终决定购买的组织。因此，我们需要让最高决策者与决策机构中的大多数关键人认可我们，认为我们的价值匹配度最高，是当前最佳的选择。要知道每增加一位关键人的支持，赢单的概率便会增大一分。

这三类关键人并非孤立存在，通常情况下，一个人可能同时承担两种或三种关键角色。比如，最高决策者既是项目立项的推动人，也是决策机构的最高决策者。而我之所以如此分类，是因为这三类关键人代表了增购中的三个阶段。

首先是启动阶段。我们需要准确地掌握信息——兵马未动，情报先行。在销售转化过程中，情报决定了成败与利润。其次是项目推进阶段。从达成共识到项目立项是第一道关卡，这一阶段需要快速行动，否则就会出现许多意想不到的风险。最后是成交谈判阶段。有时候是招投标，有时候是公司管理层的内部讨论。因此，是否获得决策层大部分人的支持就显得尤为重要。

（2）服务人员应协助销售人员完成商机转化

当客户决策者认可我们的价值后，项目就进入立项和商务阶段。接下来，服务人员要协助销售人员一起确保项目的顺利立项。各公司的立项流程存在差异。有些公司流程复杂，需要使用部门发起申请，再经多级审批后由采购中心主导。而有些公司流程简单，使用部门直接向领导提交申请，领导授权即可。因此，服务人员要利用日常服务的优势了解到客户的内部流程，并与流程中各环节的审批关键人建立联系，协助销售完成项目立项。

服务人员需了解客户的采购流程，清楚客户的采购流程中是否包含招投标环节，如有，则需明确标书的编写部门，以及协助销售人员争取编写标书的机会。

另外，服务人员还需要协助销售人员掌握竞争产品的动态，了解其价值主张、对客户的承诺以及解决方案。

最后，服务人员需要协助销售人员完成商务谈判。很多人误以为客户在选型时，因几千元的差价而选择较便宜的一方是出于价格的考虑。其实不然，客户这样做是因为他们需要考虑多方面的因素来选择最正确的供应商。

因此，如果我们不想卷入价格战的漩涡，那么最佳方法就是帮助客户的采购决策者简明扼要地向公司证明选择我们是最正确的，而服务人员是最熟悉客户的人，因此，服务人员在此阶段协助销售人员向客户证明我们的价值尤为重要。

以上就是大 B 端客户的增购商机挖掘与转化过程中服务人员应扮演的角色。在引导服务人员完成这些挑战和工作时，管理者要逐步地引导和协助，当他们发现实现目标并不像想象中那么困难时，自然会信心倍增。

7.3.2　小 B 端客户增购商机挖掘五步法

与大 B 端客户相比，小 B 端客户通常解决问题的决心更为坚定。这本是一个积极的信号，但是受到客单价的限制，服务小 B 端客户的 SaaS 厂商很难依托主动服务与客户建立信任关系，并挖掘增购商机。

这种看到市场却抓不住的感觉让很多 SaaS 公司非常难受，面对小 B 端市场的潜力，它们渴望抓住机会，却又感到力不从心。如果提供主动服务，那么会因为客单价低而无法计算投产比。但如果不提供主动服务，那么仅凭销售人员的销售动作又很难实现增购的目标。

因此，我们必须转换思路以寻求解题之道。既然小 B 端客户难以计算服务投产比，那我们就不以一个客户作为一个单位进行计算，而是以金额为单位计算服务投产比。

这是借鉴能够对大 B 端客户提供主动服务的本质——高客单价而想到的策略。比如，对于大 B 端客户来说，我们能够因金额实施主动服务，那么我们何不将小 B 端客户的服务需求也依据金额等级进行整合呢？如此一来，多个小 B 端客户就可以整合成一个新的系统，而我们只需服务好这个系统，并根据该系统进行投产比的计算即可。比如，将 10 万元或 20 万元设定为一个服务单元，再将多个小 B 端客户纳入同一服务主体，以实现服务资源的优化配置。

当然，将多个小 B 端客户整合成一个客户组，需要遵循一定的规律。比如，可以根据地域空间进行分类，例如，×省×市 A 客户组。又比如，可以根据客户的客户画像或定位进行分类，例如，×× 行业服务高端客户的 A 客户组。

通过这种划分，我们可以在小组内的客户之间分摊主动服务的成本。例如，服务人员可以在一次出差中访问同一小组的多个客户，或集中资源解决客户小组共同面临的市场问题，从而实现服务成本的高效利用。

同时，我们还可以以每个客户小组为单位来计算产出，评估小组增购的总金额与主动服务成本投入之间的比率，从而解决单个客户投产比无法计算的难题。

除了在客户管理上进行调整之外，为了控制成本，我们还需要优化人员组织，将现有的服务团队按服务类型分为被动服务的客户服务组和主动服务的运营组。

首先，从原有的服务团队中抽调几个主动服务意识强的人员组成全新的运营组，这个运营组负责主动服务与商机挖掘的工作。

其次，运营组成员承担了更多的商机挖掘任务，因此销售人员的数量可以相应地减少，职责也从原来的商机挖掘与转化转变为专注于商机的转化。

最后，通过商机的数量、成交金额等指标对运营组人员的工作进行考核，以控制运营组的投入产出比。

图 7-5 展示了小 B 端客户增购商机挖掘五步法。我们一起来探讨如何应用这一策略，并在小 B 端客户的增购转化中加以实施。

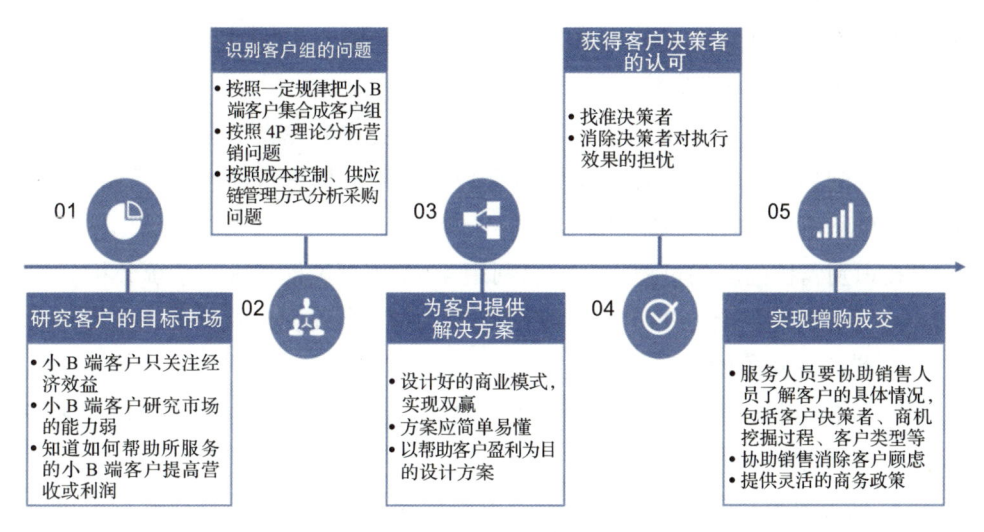

图 7-5 小 B 端客户增购商机挖掘五步法

01 研究客户的目标市场
- 小 B 端客户只关注经济效益
- 小 B 端客户研究市场的能力弱
- 知道如何帮助所服务的小 B 端客户提高营收或利润

02 识别客户组的问题
- 按照一定规律把小 B 端客户集合成客户组
- 按照 4P 理论分析营销问题
- 按照成本控制、供应链管理方式分析采购问题

03 为客户提供解决方案
- 设计好的商业模式，实现双赢
- 方案应简单易懂
- 以帮助客户盈利为目的设计方案

04 获得客户决策者的认可
- 找准决策者
- 消除决策者对执行效果的担忧

05 实现增购成交
- 服务人员要协助销售人员了解客户的具体情况，包括客户决策者、商机挖掘过程、客户类型等
- 协助销售消除客户顾虑
- 提供灵活的商务政策

第一步：研究客户的目标市场

小 B 端客户更关注的是实际的业务成果。因此，我们应将对客户的深刻理解转化为对客户所处市场的深入了解与分析。例如，我们的小 B 端客户是民宿酒店，我们就需要深入研究特定区域的民宿消费者的消费习惯、偏好和需求。通过这样的研究，我们可以编写出区域性的消费者报告，如《××区域民宿酒店消费者行为分析》。

同样，如果我们的客户来自医疗领域，如口腔诊所或医美机构，我们就深入分析该市场中各级消费者的消费心理、行为模式以及决策因素，并产出类似《××行业高端消费者心理与行为研究》的专题报告。

可能有人会认为这些工作是专业领域内的研究机构的专长，而非 SaaS 厂商的专长。实际上，这种深入的洞察和研究正是客户所需。若我们能够制作这类专业报告，就会在当前竞争激烈的市场中脱颖而出，赢得客户的青睐。

第二步：识别客户组的问题

在挖掘小 B 端客户的商机时，我们很难对某一个客户做特别深入的研究，因此我们优先采用"假设问题—逐个沟通—发现商机"的路径来执行，以求用低成本挖掘出客户的需求。而小 B 端客户关注的问题通常集中在营销和采购两个方面。这两者代表了小 B 端客户的核心利益，也几乎涵盖了小 B 端客户所有潜在的增购机会。

一方面是营销方面的问题，这是客户最为关注的焦点。为了深入挖掘并解决这些问题，服务人员需要定期对客户的营销数据进行细致分析，从而识别出客户所面临的具体问题。

在识别营销问题的过程中，可以利用 4P 营销理论框架进行系统分析：

- 产品分析：评估客户产品与市场需求的契合程度，以及产品差异化所带来的竞争优势和市场潜力。
- 价格分析：评估客户的价格策略是否具备市场竞争力，以及是否能够有效地吸引目标消费群体。
- 渠道分析：分析客户与分销渠道的合作模式和效率，寻找提升渠道效能的契机。
- 推广分析：审视客户的市场推广策略和执行方法，探索提升市场影响力的有效途径。

另一方面是采购问题。尽管采购问题出现的频率较低，但其重要性不容忽视。与营销问题相比，采购问题通常涉及成本控制和供应链管理，对企业的利润率产生直接影响。幸运的是，识别采购问题的方法相对简单明了。

首先，服务人员需要深入地了解客户的采购流程和成本结构，这包括了解客户当前采购的原材料、商品或服务的价格，以及这些价格如何影响客户的总体成本。

接下来，服务人员应收集公司可提供的价格信息。这可能需要与公司内部相关部门、供应商或合作伙伴沟通，以获取最优价格选项。

然后，通过将公司整合后的价格与客户现有的采购价格进行直接对比，服务人员可以迅速地识别出潜在的成本节约机会。这种对比不仅要关注价格，还需考虑其他相关因素，如采购的灵活性、供应商的可靠性、交货时间等。

此外，服务人员还需评估采购价格之外的其他因素，例如采购流程的效率、库存管理的成本以及潜在的供应链风险。这些因素都可能影响采购的整体成本效益。

最后，服务人员应将这些分析结果整合成一份清晰的报告，向客户展示如何通过优化采购策略来降低成本、提高效率。

第三步：为客户提供解决方案

小B端客户与大B端客户在解决方案上存在明显差异，这些差异不仅体现在商业模式上，还深刻影响着方案设计的各个方面。

（1）方案设计的原则：创新的商业模式

商业模式：对于大B端客户而言，其产品客单价较高，仅通过产品销售和相关服务费用即可实现盈利。然而，对于小B端客户而言，仅依靠产品销售往往难以达到预期的盈利目标。因此，我们需要转变思路，以平台思维探索运营上的更多收益，例如，通过增强与客户营收的相关性，采用从客户营业额中收取一定比例费用的商业模式。

方案设计：与大B端客户的业务复杂多变，强调灵活性、全面性、个性化的产品不同，小B端客户的业务相对简单。因此，在方案设计中，更关键的是方案应易于理解和操作，以便客户能迅速地发现其价值。

（2）方案设计的内容：以客户利润最大化为核心原理

运营管理：小B端客户更需要"产品+运营"的整体解决方案。例如，在营销渠道方面，我们可以通过产品帮助小B端客户接入那些平时难以触及的本地化和跨行业渠道，扩展其渠道网络。同时，对于在大平台上运营能力较弱的客户，我们还可以制定代运营方案，协助客户更有效地管理线上营销活动，并根据成交效果收取服务费用。

增加可售卖产品：小B端客户的可售卖产品往往较少。我们可以利用行业资源整合能力，为客户提供更多的可售卖产品或服务，提升其市场竞争力。例如，为民宿酒店客户提供充电桩解决方案，这不仅提升了客户的服务能力，也为其带来了新的收入来源。

采购管理：我们可以在价格和采购管理上为小B端客户提供更优的方案。在定价方面，我们利用服务众多客户的规模优势，与客户行业内的各类供应商进行谈判，争取更具竞争力的采购价格，帮助客户降低采购成本。在采购管理上，我们通过垂直整合为客户提供定制化的供应链解决方案，这可能包括优化库存管理、提升物流效率，以及采用更灵活的采购策略来适应市场变化。

第四步：获得客户决策者的认可

与能够清晰地识别大B端决策者不同，小B端客户的决策者是谁，通常具有一定的迷惑性。有时当我们以为企业主就是决策者时，却不知企业主的背后还有其他股东，而他们可能才是真正的决策者。因此，在想方设法获得决策者的认可前，首先要明确谁是真正的决策者。

确定决策者的方法很简单，通过询问即可。在方案设计前便向对接人询问清楚，最终拍板的人是谁，然后根据决策者关注的事项进行方案设计。

另外，小 B 端决策者在考虑新方案时，往往会有超出方案本身的顾虑。他们不仅担心方案本身的质量，还担心团队是否能够顺利地实施这些方案并实现预期效果。

为此，若要顺利获得小 B 端决策者的认可，需要在方案和沟通策略上有所侧重。

首先，我们的方案应该尽可能设计得简洁明了，便于理解和执行，让决策者确信，即使是经验不足的团队，在经过我们提供的专业培训和指导后，也能够高效地执行方案。

其次，在服务交付方面，我们需要制订一个详尽的培训与支持计划，该计划旨在消除决策者对方案无法在实际业务中实施的担忧。这包括但不限于：

- 一份全面的实施与指导计划，保证每一步都有清晰的指引。
- 指定专属服务责任人，向客户执行层提供全方位的支持。
- 定期进行复盘分析，及时调整和优化执行情况。
- 确定双方定期沟通的会议制度，确保双方高效协作。

最后，我们可以通过展示与决策者公司规模和情况类似的成功案例，进一步缓解其顾虑。这些案例能够具体地展示我们的方案上线后所带来的积极变化和实际效益，从而增强决策者对方案成功实施的信心。

第五步：实现增购成交

与大 B 端类似，即使商机已转交给销售人员，服务人员的职责也没有完结，他们仍需协助销售人员实现最终的交易转化。

首先，服务团队必须将客户信息详尽地传递给销售团队，包括客户的基本情况、决策者的特点、商机的挖掘过程等。这有助于销售人员快速地建立对客户的深入了解，准确地把握客户的需求和期望，从而更有效地识别客户的问题和提出解决方案。

其次，服务人员应协助销售人员掌握商机客户的决策背景。虽然小 B 端客户的商机转化过程相对简单，但要成功地实现商机的转化，我们必须深入理解不同经营模式下客户的决策特点，并制定合适的销售策略。小 B 端客户包括个体户、夫妻店、合伙制和公司制四种模式，每种模式的决策过程和特点各不相同。

- 个体户模式：在这种模式下，对接人通常即为决策者，决策过程是快速直接的。然而，个体户可能缺乏对市场趋势的深入理解，因此销售人员需要提供详尽的市场分析和产品效益说明，以协助其全面地评估解决方案的价值。
- 夫妻店模式：夫妻店的决策过程较为复杂。有时表面上看似由一方进行沟通，但实际的决策权可能掌握在另一方手中。在这种情况下，销售人员需要识别出真正的决策者，并确保信息传递的准确性。
- 合伙制模式：合伙制的决策过程涉及多个合伙人的意见和利益。销售人员不仅要说服一位合伙人，还要协助该合伙人去说服其他合伙人。
- 公司制模式：公司制的小 B 端客户在小 B 端市场中属于战略客户。这类客户的决策过程类似于大 B 端客户，需要综合考虑多个层级的意见和需求。销售人员需要识别关键决策者、决策流程以及可能的反对者。

因此，待转化商机的客户属于哪一类，以及如何顺利地完成转化，都需要服务人员为销售人员提供支持。

最后，服务人员需协助销售人员消除客户顾虑。与大 B 端客户不同，小 B 端客户在采购时更关注购买风险。它们担心投资是否能够带来预期的回报，以及新系统实施后是否能满足其业务需求。

为了有效地消除这些顾虑，服务人员需要为销售人员提供有力的支持。这包括提供类似客户的成功案例以及详尽的服务方案，以协助销售人员说服客户。

此外，公司还应提供灵活的商务政策。

除了服务人员和销售人员的紧密合作外，公司层面提供灵活的商务政策也是消除客户顾虑、降低购买风险的有效手段。通过设计多样化的合作模式，我们能够更好地适应不同客户的业务特点和风险承受能力。

- **全风险合作模式**：在这种模式下，我们根据客户收入的一定比例收取产品服务费。这是一种重运营的合作方式，需要筛选具备潜力的客户，以确保合作的可行性和盈利性。全风险合作模式展现了我们对产品效果的信心，并与客户共享收益、共担风险。
- **半风险合作模式**：在这种模式下，我们采用固定费用加收入比例的收费方式，这里的收入比例会略低于全风险合作的比例。在前期，我们收取一定的成本费用以覆盖运营成本。在后期，根据客户的收入结果，我们收取一定比例的费用作为利润。半风险合作模式平衡了双方的风险，为那些对系统效果存疑并担心实现目标后支付更多费用的客户，提供了一个成本和收益相对可控的选择。
- **无风险合作模式**：这是我们当前最常用的商务策略。我们收取客户的固定费用，将风险转移至客户。在合同签订后，我们即收取全部费用，从而降低我们的财务风险。无风险合作模式适用于那些对产品效果有充分信心并愿意为确定性支付固定费用的客户。

7.4 本章小结

增购的销售方式
- 学习新签"市场＋销售"协作模式，采用"服务＋销售"方式，由服务人员挖掘商机，销售人员完成转化。
- 采用这种方式的原因：增购受过往服务的影响，因此，服务人员在挖掘商机方面优势明显。
- 这种方式的优点：迫使服务人员提升服务质量，降低营销成本。

如何实现增购模式的转型
- 尽管服务人员负责商机孵化有很多好处，但仍有一些公司担心服务人员欠缺商务能力而浪费机会。
- 服务团队转型的路径：愿意做（改变认知）—敢于做（转变思维）—知道如何做（改变行动）。

如何激励服务团队"愿意做"
- 管理团队成员的意愿需要运用两个心理学概念：从众心理与最小阻力法则。从众心理是通过树立标杆的方式，使一个人逐步地影响更多人。最小阻力法则是将目标拆解成易于达成的小目标，减少执行阻碍，使其对实现目标充满信心。首先，让服务团队成员意识到他们是挖掘商机的最佳人选。其次，让服务团队具备客户视角，了解客户每个行为背后的心理活动。最后，让服务团队知晓客户在接受服务时的内在需求。例如，客户期望供应商能够真诚地关心其利益，理解其所面临的困难，并为这些困难提供解决方案。
- 服务人员应使用一客一策表进行客户信息的结构化管理。

如何让服务团队"敢于做"
- 心态影响行为。服务人员应培养敬畏心，杜绝傲慢态度的出现。
- 服务人员可能因在为行业龙头客户服务后产生优越感而误以为自己比客户更了解业务，更清楚客户的业务问题。
- 优秀的服务人员应秉持"空杯心态"，保持学习热情，持续地提升专业水平。
- 结合"理论学习与实践"，通过系统化学习加深理解。理论学习的价值在于，通过练习深入地理解背后的规律，而不是机械地照搬执行。实践的价值在于，向客户学习，将客户的解决方案转化为自身的解决方案。
- 服务人员应积极地学习营销知识，因为客户最关注的就是营销。
- 聪明的供应商不仅仅将盈利目标放在客户身上，而是更进一步，思考如何与客户合作，共同赚取客户的客户的收益。

大 B 端客户如何挖掘商机
- 大 B 端客户与小 B 端客户的区别：大 B 端客户需要解决的问题多，能形成商机的问题少，这是因为大 B 端客户的流程复杂且需平衡多方利益。小 B 端客户的决策过程简单，但服务成本的限制导致许多商机无法在服务过程中被挖掘。
- 大 B 端客户商机挖掘五步法：了解客户内部情况—识别客户的问题—为客户提供解决方案—客户认可解决方案并立项—"服务＋销售"联合转化商机。
    - 了解客户内部情况：从客户员工、网络等多种渠道全方位获取客户信息。
    - 识别客户的问题：采用系统分析法与要素分析法识别问题。

- 为客户提供解决方案：寻找客户内部的"信息教练"，并根据客户决策者的特征（理性派或情绪派）制定不同的方案。
- 客户认可解决方案并立项：营造适宜呈现方案的现场氛围，由客户决策者界定问题的严重程度。
- "服务+销售"联合转化商机：服务人员为销售人员提供客户信息，并协助其赢得客户决策者的信任。

小 B 端客户如何挖掘商机

- 小 B 端客户的服务投产比难以计算，不能简单地将单个客户作为计算单元，而应将客户按一定金额归类为组。
- 小 B 端客户商机挖掘五步法：研究客户的目标市场—识别客户组的问题—为客户提供解决方案—获得客户决策者的认可—实现增购成交。
  - 研究客户的目标市场：分析小 B 端客户所面对的市场中消费者的行为和需求。
  - 识别客户组的问题：小 B 端客户的问题主要集中在营销效率和采购成本上，应在这两个方面下功夫。
  - 为客户提供解决方案：提供行业垂直整合的"产品+运营"解决方案，解决小 B 端客户的营销和采购问题。此外，对于小 B 端客户我们难以从产品费用上盈利，因此需要学会通过运营获利。
  - 获得客户决策者的认可：决策者在考虑采纳新方案时，往往会有超出方案本身的顾虑，因此需要设计简洁明了的方案，提供详尽的培训和支持计划，并展示成功案例以增强决策者信心。
  - 实现增购成交：服务人员需要详尽地将客户信息移交给销售人员，帮助其理解客户的决策背景，消除客户顾虑，支持成交转化。此外，企业还应提供灵活的商务策略。例如，全风险合作、半风险合作、无风险合作。

CHAPTER 8
第 8 章

增购业务的团队协作管理

在上一章中,我们深入地探讨了增购转化的方法论,并详细地分析了各种策略和技巧。然而,再好的理论若无法付诸实践,也只能是空中楼阁。为了提升团队的增购转化能力,我们必须利用管理策略在方法论与实际执行之间搭建一座桥梁,确保团队能够顺利地将理论知识应用于实际操作中。

第 5 章中提到,优秀的管理者不仅追求任务的完成,还追求以低成本完成任务。因此,我们不仅需要了解如何带领团队挖掘增购商机,还需掌握如何以低成本达成目标。

本章中将参照贝壳 ACN 模式,详细地介绍如何构建增购协作体系。

8.1 他山之石：向贝壳 ACN 模式学习

他山之石，可以攻玉。

在讨论如何制定服务人员和销售人员的协作机制之前，先介绍一下目前市场上公认较为优秀的团队协作机制——贝壳 ACN（Agent Cooperation Network，经纪人合作网络）模式。

贝壳的 ACN 模式是链家成功转型为贝壳的基石。它将数十万名房产经纪人汇聚在一起，将经纪人与经纪人之间原有的竞争关系转变为合作关系，并将经纪公司与房屋买卖双方之间的有限游戏转变为无限游戏。

8.1.1 贝壳 ACN 模式的成立背景

何谓 ACN 模式？

贝壳是在什么情况下建立 ACN 模式的？

在建立成功后，ACN 模式是如何对行业产生影响的呢？

在回答上述问题之前，我们先回顾并分析这一模式诞生前房地产中介行业的状况。

1. 中介公司的情况

中介公司的目标是通过增加房产交易来提高收入。中介公司是这个系统的组织者，也是该系统的众多节点之一，负责连接经纪人以协助房屋买卖双方完成交易。然而，当时市场上充斥着众多小型中介公司，零散地分布在城市的各个角落，自成一派，形成无数个小系统，进而进行激烈的恶性竞争，最终降低了整个大系统的效率。

2. 经纪人的情况

在 ACN 模式诞生之前，房产中介行业的经纪人作为独立的业务单元，负责完成房屋交易的全过程。他们的收入完全依赖于交易的成功，因而面临高风险与高回报的局面。这种全有或全无的收入模式导致经纪人承受巨大的工作压力，平均从业周期只有大约 6 个月。

由于收入与成交直接相关，经纪人为了确保收入，常常采取激烈的手段竞争，其中最为常见的就是抢单。例如，A 经纪人可能投入了大量时间和精力来搜寻房源并维护客户关系，可一旦 B 经纪人也获取了相关信息，B 经纪人可能会通过更低的手续费或其他优惠条件吸引买家，从而抢先完成交易，最终导致 A 经纪人失去全部收入。

3. 卖房人的情况

卖房者的目标是以最快的速度和最高的价格售出其房产。然而，房产交易本身频率较低，加之卖房者通常对市场行情关注不足，以及当时的市场信息不够透明，因而卖房者难以准确地估计自己房产的市场价值。

当时，一些中介公司为了获取最大利润，故意压低房产价格，随后自行购入，再以更高价格转售。因此，卖房人对中介行业普遍缺乏信任。

4. 买房人的情况

购房者的目标是以最低的价格购得心仪的房产。然而，由于房产交易的低频性质，加之经纪人欺瞒卖房人所面临的成本相对较低，因而极易发生一些不道德的商业行为。

比较常见的是，经纪人为吸引潜在买家，故意发布虚假的低价房源信息。他们深知不实地看房就很难达成交易，因此利用这些虚假信息作为诱饵，以期与买家见面。而当买家到达现场后，经纪人可能会尝试说服买家考虑其他房源。

这种做法常常引起买家的极大不满。买家原本基于对广告中房源的兴趣而来，但到达现场后却发现自己被引导去看其他并不感兴趣的房产。这种误导不仅浪费了买家的时间，还损害了他们对中介行业的信任。

另外，收费不透明也是常见的现象。购房者经常在最终成交时遇到额外收费要求，虽然这笔费用相对于房价不多，但对购房者来说，是一种被欺骗的感觉。此外，还有一些不法经纪人甚至可能骗取购房者的定金，这是一种违法行为。

因此，在过去，买卖房产对双方而言都是一个充满风险的过程，需要付出高昂的信任成本。

此时，行业的变革者出现了，他就是链家董事长左晖。左晖洞悉了行业问题的根源，首次在行业中提出了革命性的"真房源"与"阳光交易"。

2011 年，链家启动了具有颠覆性的"真房源"行动，确立了"真实存在、真实在售、真实价格、真实图片"四大标准。这一行动直指当时行业中假房源泛滥的顽疾，致力于提供真实可靠的房源信息，以提升消费者的找房体验，并推动行业朝更规范、更透明的方向发展。链家通过建立楼盘字典，为真房源管理提供了坚实的数据支撑。

同时，链家要求员工遵循透明原则，实施阳光交易模式。该模式要求不赚取差价，确保"买方、卖方、中介方"三方见面，并签订三方协议，进一步增强交易双方的信任，确保交易的透明度和公平性。

这一系列策略非常成功。在短短几年内，链家便构建了一套以信任为基础、以链家为连接点的交易网络。

然而，随着市场占有率的稳步提升，链家面临新的挑战：当市场占有率达到一个临界点后，内部竞争开始超越外部竞争。这种竞争不仅降低了企业的效率，也削弱了利润。

为了解决这一问题，链家迫切地需要制定一项策略，以便提升交易频次并降低内部消耗，实现效率和利润的双重增长。

正是在这种背景下，左晖引领了又一次颠覆性的创新——推出了 ACN 模式。该模式通过明确的分工与合作，对房地产中介行业进行了全面的升级与革新。

随后，链家在内部试行 ACN 模式。根据相关报道，在试行 ACN 模式后，链家的二手房交易量显著提升。当链家成功地将 ACN 模式应用于贝壳平台后，贝壳平台上其他经纪品牌的平均人效和平均店效也实现了超过 30% 的增长。

8.1.2 贝壳 ACN 模式的运营机制

简而言之，ACN 模式是一种以任务为核心的管理模式。这种模式颠覆了传统的"管人"的业务模式，转而通过"管事"来间接"管人"。ACN 模式的核心在于通过提升业务流程中各关键节点的质量，间接地塑造经纪人的行为标准。

ACN 模式的精髓在于明确的分工与密切的合作。它将房产交易拆分为多个关键环节，并对每个环节实施严格的质量管理。最终，根据各环节对交易成功的贡献程度，公平地分配佣金。

1. 贝壳 ACN 模式的角色与分工

如表 8-1 所示，ACN 模式将房产交易环节按照供需结构分为房源端与客源端。其中，房源端负责确保房源信息的准确性和可用性，而客源端则专注于理解客户需求并提供匹配的房源。

表 8-1 贝壳 ACN 模式的角色与分工

	角色	职责	分成比例（以某区域为例）	拿到分成的条件
房源端	房源录入人	将业主委托的房源录入系统	10%	信息录入准确
	房源维护人（最重要）	熟悉业主背景、房屋结构、物业管理以及周边环境，带客看房，并陪同讲解	15%	信息完备：5%。业主本人和房屋的信息全部掌握 价差控制：5%。业主挂牌价与成交价在一定范围内 陪看和陪签：5%。陪看、陪签全部做完才可以拿到
	房源实勘人	在贝壳平台上完成房源申请，并拍摄照片或录制 VR	5%	公司委派的摄影师占 3% 预约、陪同的摄影师占 2%
	房源备件人	获得业主委托、身份信息、房产证书信息，并上传至政府指定系统	5%	委托书：上传业主委托书得 2%，上传证件得 3%
	房源钥匙人	征求业主同意，并获得房源的钥匙	3%	保管好钥匙
客源端	客源推荐人	识别合适房源的客户并推荐给其他经纪人	成交人自由分配 62%	将客户推荐给经纪人并最终成交
	客源成交人（最重要）	向买房人推荐合适的房源并进行带看，与业主谈判协商，促成交易		完成最终成交
	客源合作人	辅助客源成交人，帮助匹配房源，并在带看和交易时协助准备文件等		陪同经纪人一起完成房屋销售的人员
	客源首看人	带客户首次看房的经纪人		首看保护：通过一定的时间周期的保护，维护首看人的利益

（1）房源端的角色介绍

房源端共有五个角色，这五个角色分别负责成交过程中房源信息的准确性和完整性的 5 个不可或缺的环节。

- 房源录入人。第一个将房源录入系统的经纪人。此人通常是首先与业主接触的经纪人，负责将房源的基本信息录入系统，使其成为系统中的正式房源。录入人的工作不可小觑。他不仅需要核实业主的基本信息和出售意愿，还需与业主沟通，确定合适的看房时间，并协商获取房屋钥匙的方式等细节。这样可以防止因未提前与业主达成一致而影响客户的看房体验。

- 房源维护人。这是房源端最重要的角色。在房屋销售的过程中，他是业主最信任的人。他需要持续地更新和维护房源信息，以确保信息的准确性和时效性。这些信息涵盖房屋状况的变化、价格调整等。这个角色通常可以获得佣金的 15%，但要获得全部佣金，必须完成房源信息完备、价差控制、陪看和陪签三项任务。
- 房源实勘人。负责房源的信息展示工作，包括拍摄房源照片、录制视频、撰写房源描述等，以便客户更直观地了解房源。获取房源的主要方式是门店，而门店中的经纪人通常不具备拍摄能力。通常，每个区域都有专业的拍摄团队，由其统一完成拍摄。因此，实勘人通常分为两个角色：一个是门店实勘预约人，他负责预约并协助拍摄团队；另一个是实地拍摄的团队。当房源最终成交后，双方共同分享这部分的佣金。
- 房源备件人。负责准备房源所需的各类法律文件和资料的经纪人，例如房屋所有权证、土地使用证等，确保交易过程中文件齐全无缺。
- 房源钥匙人。负责管理房源钥匙，便于其他经纪人和客户查看房屋，确保看房过程的顺利进行。

（2）客源端的角色介绍

客源端包含四个角色，这四个角色代表了成交过程中可能遇到的各参与方，包括客户的获取与推荐方、客户的成交方以及相关法律事务方。

- 客源推荐人。负责向系统推荐潜在客户，这些客户可能来自他们自己的客户网络或其他渠道。推荐人制度是各门店、各区域乃至各城市间合作的基础。例如，如果 A 经纪人负责 H 区市场，但获取了一位有 F 区购房需求的客户信息，那么他可以将该客户推荐给负责 F 区的 B 经纪人。如果 B 经纪人成功成交，那么 A 经纪人将根据合作协议获得相应佣金。
- 客源首看人。客源首看人是首次带领客户看房的经纪人。设立这一角色是为了防止出现抢单行为，保障首看经纪人的权益。例如，如果客户在首看保护期内通过其他经纪人成交，那么首看经纪人仍有权获得相应的佣金。例如常见的情况是，A 经纪人离职后，客户在 B 经纪人的协助下完成交易，那么 B 经纪人就需要向 A 经纪人支付佣金分成。还有一种情况是，一直由 A 经纪人陪同看房并提供服务的客户，最终因与 B 经纪人的私人关系，通过 B 经纪人完成交易，那么 B 经纪人也需将业绩与 A 经纪人共享。
- 客源成交人。与房源端的维护人类似，客源成交人是客源端最重要的角色。他负责最终促成交易，需具备出色的谈判技巧和交易能力。
- 客源合作人。一名有经验的经纪人通常会与一到两位新人共同协作，经验丰富的经纪人负责带看和成交，新人则负责准备资料或维护房源信息。这个角色体现了 ACN 模式下的合作精神，通过资深经纪人的指导和帮助，新人能够快速地成长并为团队贡献力量。

以上是 ACN 模式下的分工情况。贝壳通过分工实现专注，再通过专注提升专业能力，最终以专业能力形成竞争优势，从而成为行业龙头。

在实际操作中，这些角色可以由一名经纪人全部承担，也可以由多名经纪人分别承担。在 ACN 模式下，参与人数并不是关键，关键在于每个环节的工作质量。通过标准化的作业流程和严格的质量管理，确保所有参与者对结果负责、对质量负责，最终实现了"1+1>2"的效果。

另外，为了使每个角色的佣金比例更加合理，贝壳采取了一城一策的方式，根据各城市的具体情况进行适当的调整，以实现最佳激励原则。

2. 贝壳 ACN 模式中的角色协作

贝壳的内部人员常说，如果没有合作的分工，还不如不进行分工。

在 ACN 模式中，合作共赢除了具有明确的分工之外，还是确保其成功的另一关键要素，甚至比分工更为重要。它将各个个体的专长和努力融为一体，使那些原本互不相识的人为共同的目标而努力奋斗。

许多公司之所以在模仿 ACN 模式时遭遇失败，并不是因为它们不理解分工或不愿共享利益，而是未能激发团队成员的合作意愿。在缺乏合作精神的环境中，即使分工再明确，团队成员也可能各自为战，无法凝聚成强大的团队。

在 ACN 模式下，合作精神融入每一个环节。从房源的录入、实地考察、维护，到客户的推荐、初次看房、成交，每个角色都为交易的成功贡献力量。这种合作不是简单的共同努力，而是一种深层次的相互依存与互助，每个角色都认识到自己工作的重要性。

贝壳为何能够做到这一点？贝壳又是如何在团队中培养这种合作精神的呢？

（1）改变经纪人的认知

贝壳在改变经纪人的认知方面主要采取了三个措施：企业文化、员工培训及成功案例展示。

在企业文化的塑造中，合作共赢不仅是一句口号，还体现在公司的运营、领导决策和员工行为中。通过持续的实践与相应的奖惩制度，员工逐渐将合作习惯内化为一种本能。

贝壳的经纪人实行积分制。每位经纪人初始拥有 12 分，当分数被扣完后，贝壳将对其予以解聘。在众多扣分项中，如果违反价值观中强调的"客户至上、诚实可信、合作共赢、拼搏进取"精神，那么将会被扣 6 分。

在员工培训方面，不仅贝壳平台会对经纪人进行入职培训，其一线门店也会在每日会议、每周会议和每月会议上不断地强调合作的重要性。

此外，贝壳还定期地展示成功的合作案例，帮助经纪人直观地了解合作带来的实际效益。这些案例展示了不同角色如何在交易过程中相互配合、共同解决问题，并最终实现共赢。通过学习这些案例，经纪人能够更好地理解合作的价值和方法。

（2）合作关系与经纪人的切身利益息息相关

如果没有切实的利益作为支撑，那么即使有再多的培训和教育也难以激发经纪人的动力。

在 ACN 模式出现之前，经纪人的房源和客源大多局限在周边的几个小区，他们能够促成的交易也仅限于此。即使遇到特别信任他们的街坊，如果客户的需求是购买其他区域的房产，那么他们也会因为房源限制而无法实现交易转化。

然而，在采用 ACN 模式后，这种因房源限制而导致客户流失的现象将不再存在。此时，即使他们持有的房源和客源集中在附近小区，他们也能够通过平台获取更广泛的房源信息，从而扩大交易的可能性。只要能够吸引到有购房需求的客户，经纪人就可以利用平台的房源信息共享，快速地匹配并促成交易。

除了满足客户的需求外，ACN模式还为经纪人提供了房源与客户需求的精准匹配。他们可以利用手中的房源，与平台上其他区域的经纪人共享资源，达成互利共赢的合作。

这种跨区域的服务能力极大地拓展了经纪人的业务范围和客户基础。他们不再受物理空间的限制，可以通过线上平台接触到更多的客户和房源，实现业务的增长和多元化。

（3）合作使某些经纪人找到了生存空间

在ACN模式出现之前，房产经纪公司对经纪人的唯一要求就是完成交易。这是一种结果导向的管理方式。在这种模式下，经纪人的生存之道也只有一个：成为出色的销售人员。

然而，这种单一的人才需求对行业的发展极为不利。它不仅限制了行业创新和服务质量的提升，也将许多具备其他优势的人才拒之门外。

但是ACN模式的出现彻底改变了这一现象，它为那些可能不具备传统销售才能的人提供了成为出色房产经纪人的机会。

在ACN模式中，经纪人的职业路径变得更加多样化。基于房地产中介交易的核心原则——"获得的房源信息越多，匹配客户需求的可能性也就越大，交易成功率也就越高"，他们可以选择专注于某一关键领域，如房源信息获取或业主维护。这样的专业化分工使每位经纪人能够在其擅长的领域中最大限度地发挥潜力。

对于那些不擅长或不愿与客户直接互动的经纪人来说，他们可以专注于房源信息的收集。通过录入周边小区的所有在售房源信息，他们能够为平台贡献宝贵的房源数据，从而获得市场优势和相应的经济回报。

对于擅长与业主建立信任关系的经纪人来说，他们可以充当客源推荐人。在业主的信任加持下，他们在交易过程中能更高效地促成成交，提高整个交易链的效率。

最后，对于那些天生具备销售才能的经纪人来说，在ACN模式的支持下，他们可以专注于客户开发和成交转化，无须为寻找房源而烦恼。

因此，在 ACN 模式下，合作不再是一个可有可无的选项，而是经纪人生存和发展的基石。每个经纪人都必须与其他角色协作，共同为客户提供全面的服务，实现交易的成功。

（4）利用信息化手段，使经纪人对合作无后顾之忧

"凡是行动，就有记录；凡是记录，就有奖惩。"这一原则在 ACN 模式中得到了充分体现。贝壳技术团队专门开发了一套强大的信息系统，以保障每位经纪人的权益，并降低彼此的合作成本。

在保障经纪人权益方面：这套系统会详尽地记录经纪人的每一次行为，以确保规则对所有人都公平透明。这些记录不仅是奖惩的依据，更是一种监督和震慑，促使每位经纪人遵守规则，维护整个行业的诚信与秩序。

系统掌控着每位经纪人的行为，并保护每位经纪人的工作成果及客户资源。它为经纪人营造了一个公平透明的工作环境。在这样的环境中，经纪人无须担心自身利益受损，只需专注于提供高质量的服务即可。

在降低合作成本方面：经纪人利用系统的信息共享优势，可以迅速地完成客户需求和相应房源的匹配，然后通过简便的操作，联系房源维护人进行合作带看。这种高效的信息对接不仅降低了经纪人之间的沟通成本，还加快了合作效率。

此外，系统还充当"裁判员"的角色，保障每位经纪人的个人权益。例如，为了防止抢客户等行为的发生，系统应用了多种屏蔽措施和制度规则，以消除各方在合作过程中的顾虑。

贝壳 ACN 模式的核心在于确立了"以客户为中心"的服务理念，彻底颠覆了传统中介市场"以销售为中心"的做法。将销售与服务紧密结合，确保客户在每一个交易环节都能获得高质量的服务体验，这种转变不仅提升了客户的满意度，也为房地产中介行业树立了全新的服务标准。

在 ACN 模式下，服务不再是销售的附属，而是成为推动销售、创造价值的核心因素，确保业主与购房者在从寻找房源到成交的整个过程中都体验到高质量的贴心服务。

同时，ACN 模式促进了经纪人之间的高效协作，以客户需求为连接点，实现资源共享和优势互补。这种协作不仅提升了服务效率，也确保了全国数十万经纪人的服务质量与专业水平。

最后，贝壳通过 ACN 模式整合了整个房地产中介行业，实现了客户、经纪人与平台的共赢。

8.2 构建适合自己的增购协作体系

贝壳 ACN 模式吸引我的原因在于它颠覆了旧秩序，建立了新标准。这与当前软件行业非常相似，特别是在老客户增购管理方面。我们必须对销售与服务分离管理的低效做法说"不"，对过去"以自我为中心"的做法说"不"。

我们需要"以客户为中心"构建全新的协作机制，使服务人员与销售人员以解决客户问题为目标，形成紧密的合作关系。

然而，这种紧密的合作关系该如何建立呢？

8.2.1 体系建设的关键：优秀的建设者与优质的体系模型

首先，我们需要一个优秀的建设者来引导这个体系高效地运转。在识别什么样的人是优秀的建设者时，有一个重要的理念。这一理念对于 CEO 选拔人才、职业经理人构建全新体系都具有深远的影响。

1. "建"过体系的人与"见"过体系的人

在构建管理体系时，有两种类型的人：一种是成功"建"过体系的实践派，另一种是"见"过体系的参与派。

那些亲手成功构建过体系的人都深知两个道理：

一是每个体系都有其特定的适用范围。盲目地模仿他人的做法往往会有东施效颦之弊。

二是构建体系时应以现有资源为基础进行拓展。

因此，在构建新体系时，应先盘点现有资源的情况，并基于此进行新体系的搭建。这里的关键词是"现有资源"。要知道公司的资源总是有限的，更多时候管理者需要因材施教，利用现有的人才模型、资源条件来升级管理体系。

瓜迪奥拉是当今最优秀的足球教练之一，曾执教巴萨、拜仁、曼城三家俱乐部。在执教每家俱乐部时，他都采用了不同的战术体系。在巴萨时，瓜迪奥拉以"Tiki-Taka"战术著称，帮助巴萨实现了六冠王的伟业。"Tiki-

Taka"是一种以短传、控球和高位逼抢为特点的战术，强调队员之间的默契配合和对空间的掌控。然而，"Tiki-Taka"之所以能取得成功，是因为当时球队中有梅西、哈维、伊涅斯塔、布斯克茨等球星。

在拜仁担任主教练时，瓜迪奥拉不再固守过去成功的"Tiki-Taka"战术，而是根据穆勒、里贝里、罗本等球星的特点创造了"位置足球"战术。瓜迪奥拉将球队的进攻策略扩展到整个球场，使得球队拥有更多的进攻方式和机会。他凭借这样的战术在他的首个赛季中打破了提前夺冠的纪录。

到了曼城后，瓜迪奥拉的战术体系是更加多变且富有创新的。他将球场划分为 20 个区域来组织训练，特别强调"半空间"的概念，即在右后卫和中后卫之间形成连接走廊，这是曼城发起进攻的关键区域。此外，瓜迪奥拉在曼城的战术还包括利用场地宽度和边锋的个人能力，以及通过控球和进攻瞬间的人数、位置、个人能力三个优势的结合来创造机会。最终，他凭借这一战术实现了曼城 8 年内 6 次夺得英超冠军。

瓜迪奥拉的管理哲学值得每一位职业经理人借鉴。他不会抱怨他的前锋不是梅西，也不会抱怨俱乐部不投入资金让他得到梅西。他会因材施教，以现有球员为基础进行全新的战术设计，从而夺得冠军。

另外，那些仅"见"过体系的人可能会沉迷于一种理想化的幻想。他们往往会试图生搬硬套某个在其他地方成功的管理模式，而不深入地分析公司各个人才的特点，也不思考如何优化并利用现有资源。这些人倾向于一味地向公司索取资源，或将问题归咎于团队成员的执行力欠佳，很少反思自己所采用的管理方式是否真正适用。

如果你是 CEO，当你决定将管理升级的责任交给某个人时，你一定要辨别他属于哪一类型。

如果你是职业经理人，此时你正为服务团队的升级而烦恼，那你必须迅速地跳过"纯理论"阶段，懂得如何根据现有资源进行体系构建。

2. 协作体系三要素：目标统一、相互理解、公正透明

在搭建协作体系时，我们可以借鉴贝壳 ACN 模式的经验，利用其高效协作的三个关键因素，构建属于自己的协作机制。协作体系的三要素如图 8-1 所示。

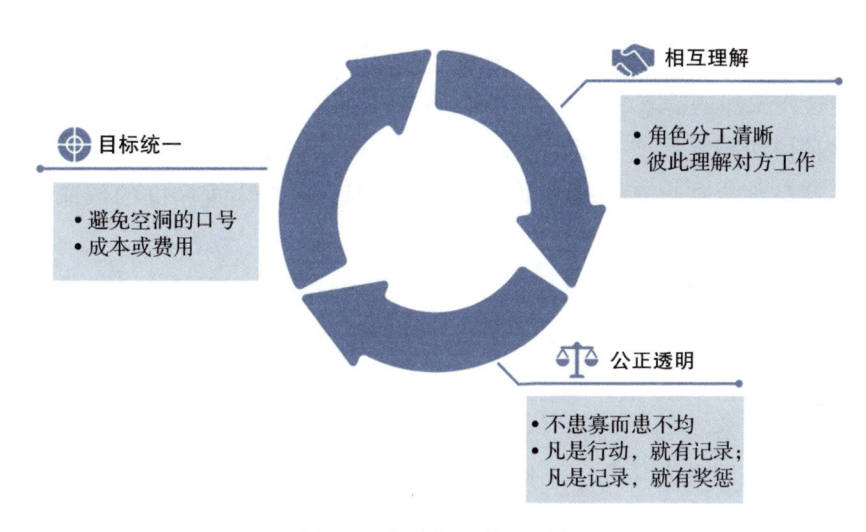

图 8-1 协作体系的三要素

（1）目标统一

目标统一是协作的基础，即员工个人目标与公司目标高度一致。贝壳的成功正是因为实现了数十万名经纪人的个人目标与公司目标的统一，将经纪人从原本单打独斗的"由我完成交易"转变为统一行动的"共同完成交易"。这种转变不仅消除了个人主义，还有效地消除了庞大经纪人群体中的恶性竞争。

目标统一是一项挑战个人自我意识的管理策略。它要求管理者通过制度的设立，使团队的每位成员都意识到只有公司实现了目标，个人目标才能达成。

（2）相互理解

相互理解是高效协作的催化剂。这使得分工不再是束之高阁的文字，而是拥有灵魂的行动指南。相互理解必须建立在相互信任的基础上。在小规模的团队中，这种信任需要依靠管理者的管理艺术与技巧来实现。而在较大规模的团队中，这种信任则只能通过制度来实现。

贝壳拥有数十万名经纪人。很多时候，在合作过程中，经纪人之间甚至彼此都不认识，更不用说相互信任。然而，为了解决这一问题，贝壳通过目标一致性的制度来化解经纪人之间的信任问题，并通过自由的角色切换解决了经纪人之间难以相互理解的困境。在交易中，贝壳经纪人可以自由地转换不同的角色，使每位经纪人都能够全面地认识到所有角色的目标和需求。这种深入的相互理解不仅减少了误解和冲突的可能性，还使每个人都能够预见到其他合作伙伴的需求和期望，从而更有效地规划和执行任务。

这种协作精神类似于足球运动中倡导的团队合作。在足球比赛中，只有当每位球员都清楚自己和队友的职责与需求时，才能实现精准的传球和默契的配合，最终共同赢得比赛。

（3）公正透明

公正透明是高效协作的安全保障，这使得所有遵守规则的人都能够勇往直前。

贝壳真正落实了"对事不对人"的管理理念。在此理念的指导下，所有人的工作均以结果为导向，以价值创造作为衡量标准。这种明确的价值导向为有志之士营造了一个公平公正的环境，使他们能够专注于根据工作要求实现目标，而无须在复杂的人际关系上耗费精力。

接下来，我们来探讨如何利用这三个关键因素，构建增购管理的协作体系。

8.2.2 目标统一：最大的挑战在于公司是否敢于投入

在系统思考理论中，目标被认为是决定系统性质与效率的最重要因素。

贝壳 ACN 模式通过将交易主体从个人转换为集体，重新定义了链家的性质，使其从房产中介演变为房产交易平台——贝壳平台。当进一步将平台的目标转化为数十万名经纪人的共同目标时，贝壳便崛起成为全国最大的房产交易平台。

因此，若想实现从被动服务团队转变为能够挖掘增购商机的主动服务团队，并实现与销售团队的联合作战，就必须首先确保其工作目标的一致性。

1. 达成共识是实现目标统一的基础

目标统一的第一步是达成共识，其中，管理层的共识尤为重要。特别是对于需要密切合作的部门负责人来说，彼此之间是否达成共识对最终结果具有深远影响。如果他们之间缺乏共识，那么整个团队可能会面临指令与任务不明确、反复讨论难以决策、浪费时间错失商机等问题。

许多公司跨部门协作失败的根本原因通常在于管理层未能真正地达成共识。这种分歧不仅会在管理层内部引发矛盾，还会向下扩散，影响整个团队。即便管理层之间的分歧很小，传递到一线人员时也可能被放大，最终影响分工与协作。

同时，管理层是否真正地达成共识往往不易察觉。即便是经验丰富的CEO，也难以从表象中窥见真相。许多时候，CEO可能并未意识到管理层之间存在意见上的分歧，或者即使有些CEO知道这些问题的存在，也选择推迟处理，期望随着时间的推移和自身不断的强调，管理层在共识问题上会自然地达成一致。

然而，这种被动的等待通常不会带来积极的变化。如果管理层的共识问题未能及时解决，那么不仅会影响变革的执行，还可能影响团队的整体氛围。因此，CEO必须主动应对问题，通过观察和分析管理者的行为识别潜在的分歧。一旦发现分歧，应立即采取措施，通过深入的沟通和协调解决根本问题，确保团队目标的一致性与协作效率。

2. 避免空洞的口号，让员工明确感受到改变的决心

在某些公司，高管或企业主可能由于长期处于高位而误以为自己的言论或政策能迅速地改变员工行为。他们可能未意识到，随着地位的提升，他们得到的奉承会增多，这使洞察事物的本质变得愈发困难，尤其是在长期收到经过修饰的反馈后，他们可能会高估自己的影响力和员工的忠诚度。

此外，一些中层管理者为了迎合领导，常在公司内部喊出各种空洞的口号，却未能制定相应的政策来支持这些口号。这不仅不能推动实际变革，反而可能导致一种不良的企业文化，即高层空谈转型，中层积极务虚，基层因缺乏实际支持而不得不编造虚假数据。这种文化与公司真正的发展和进步背道而驰。

以我所了解的某家公司为例，尽管领导多年来积极地倡导变革，推动从被动服务转向主动服务，然而数年间，公司在这方面并未有实质性的进展。除市场环境和其他客观因素的限制外，管理层在服务转型方面缺乏系统化设计也是一个重要原因。管理层过分地倚重服务人员的自我觉醒，而忽视了为员工提供明确的动力和利益激励。

对于员工而言，由于公司缺乏系统性的制度和激励机制，他们既不了解主动服务的意义及标准，也不清楚公司在这方面的决心，最终普遍持观望态度，缺乏积极参与变革的动力。

3. 将服务客户的支出从"成本"改为"费用"

在系统思考理论中,"连接"的作用被认为仅次于"目标"本身,它是确保整个系统实现目标一致的关键。

将这一理论应用于服务团队的管理,我们可以看出,服务投入的性质是一种重要的"连接"因素。如果公司上下都将服务投入视为成本,那么基于所有公司普遍存在的成本控制要求,客户的服务策略就会自然演变成以降低成本为主导的模式,从而导致一线人员不敢投入精力为客户服务。

然而,如果我们转变思路,将服务投入视为销售费用,那么整个公司的协作方式和行为模式将经历一次根本性的转变,并朝着以结果为导向的方向发展。

在传统观念中,服务成本通常被视为利润的减少项,因此企业会尽可能地削减这部分成本。然而,当我们将服务投入视为对未来收入的投资时,便开启了一条通往商机拓展和收入增长的新路径。这种投资不受严格的成本限制,因为其目标是实现长期的增长和盈利。

举个例子,同样是支出 1 万元,如果这笔钱被视为成本,那么公司通常会尽量节省;但如果这笔钱被看作销售费用,那么公司就会考虑如何合理使用,以期望其带来超过 1 万元的回报。

这种变革性的视角转变将促使公司更积极地看待服务投入,并视其为推动业务发展和实现长期收益的重要手段。公司不仅在管理方式上会进行调整,在考核方式上也将有所倾斜。

管理者会将服务行为视作销售费用,因而像管理销售人员的客户拜访一样,严格地把控每次服务行为的效果。服务人员也会为了彰显自身的价值,不断地寻求将服务价值具体化的方法。

至于哪些投入被视为成本,哪些被视为费用,每个公司的情况不同,适用的策略也各有差异。以下是几种可能的分类方式:

1)全部计入销售费用:适用于产品线丰富且只有通过服务才能促进增购的公司。

2)部分计入销售费用:除去产品交付成本,其他均计入销售费用。这种方法适用于所有公司,它强调了服务在销售过程中的重要作用。

3)仅将主动服务视为销售费用:将产品交付和基础客户服务视为成本,

而将主动服务投入定义为销售费用，这特别适用于重视大客户关系和服务质量的企业。

4. 利用合理的激励机制促进团队目标一致

为了确保服务团队感受到公司变革的决心并积极投身其中，公司需建立一套合理的激励与评估制度。

然而，一些企业管理者在推动员工将公司目标转化为个人目标时，倾向于使用负向激励策略。他们可能是出于成本考量或个人管理习惯，在激励团队成员时，常以不达标即罚款、解雇等负面手段来推动团队行为的改进。例如，在宣布重大变革时，可能会使用威胁性语言来警示员工，传达出不改变即被淘汰的信息。尽管这种方法有时可以在不增加成本的情况下改变员工的行为，但从长远来看，往往效果有限。

负向激励旨在鼓励避免落后，而非追求卓越。因此，员工在面对负向激励时，往往会本能地先观察同事的反应，采取一种只要不是最后一名就安全的心态，这与正向激励中只有成为第一名才有奖励的策略存在本质的不同。因此，负向激励可能导致员工仅仅做出表面上的努力，而未能真正地投入变革。

为此，在制定制度之前，公司需洞悉员工的个人利益，尤其是他们对短期利益的期望。因为相比于长期利益，短期收益（如职位或职级的晋升、收入的提高等）往往更能迅速地激发员工的积极性，从而促使他们采取行动。

（1）先宽后紧的考核方式

在制度建立初期，公司可以设定一个 3 至 6 个月的过渡期，在此期间使用简单且易于实施的考核标准，激励服务团队积极地挖掘商机。随着服务团队能力的提升，公司可以逐步提高考核标准，直至恢复到合理的水平。

同时，在推动服务人员与销售人员协作的初始阶段，公司需兼顾销售人员的利益，维持销售人员的提成比例不变，以增强销售团队的协作意愿。随着协作的深入，当销售人员真正地意识到服务人员的参与可以提升其收益而非削弱其利益时，公司可以逐步地调整提成比例，确保公司利益与员工利益的平衡。

另外，在设定挖掘商机的考核目标时，可以采用金额或客户数量的量化方式。比如，在每 100 万元或 20 个客户中，便要求服务人员在一个季度内至少挖掘出一个商机。当初我在推动团队成员挖掘商机时，就采用了这种分阶段的激励策略。

起初我为团队设定了一个基础目标：每季度至少挖掘一个商机。我们为达成这一目标的客户成功经理设计了奖励机制，而对于未能达到目标的成员，我们选择了不施加惩罚的宽容政策。这种无风险的激励策略迅速地获得了团队成员的认同，并有效地激发了他们投身于商机挖掘的积极性。通过这种方式，我们创造了一个鼓励尝试和创新的环境，让团队成员感受到他们的努力会被认可和奖励，同时也减轻了未能立即成功的团队成员的压力。

当然，随着客户成功经理逐渐地适应并开始稳定地产生商机，我们也适时地提高了目标难度，并调整了奖励机制，引入更高额度的奖励，以吸引团队成员迎接更大的挑战。

最终，通过这种先打基础再逐步增加挑战的管理措施，我们不仅实现了每个团队成员每季度至少挖掘一个商机的目标，还培养出一批能够在一个季度内挖掘多个商机的高绩效客户成功经理。这不仅提升了团队的整体业绩，也为其他成员树立了榜样。

（2）鼓励团队合作的激励机制

现实中确实存在许多不关注公司利益的人。相比公司的利益，他们更关心个人的得失。例如，他们可能更加注重升职或自己主管的部门盈利等个人需求。

在面对这一问题时，可能有些管理者会建议招聘一些具有奉献精神且眼光长远的员工，使他们认识到团队的成功是个人成功的基础。这种观点并无不妥。对于初创公司而言，通过美好的愿景确实有可能改变员工的心态，实现将公司目标置于个人目标之上的效果。然而，对规模较大或已经趋于稳定的团队而言，这种策略就难以奏效。这样的团队较难被愿景感染，也很难对公司产生忠诚感。

因此，如果我们是一个规模较大或稳定的团队，那么就需要调整策略。通过明确集体的工作目标，并采取激励措施让员工为集体目标做出贡献来改变大家的行为。例如，提高团队协作完成增购的人员的奖励比例、给予协作签约最多的人员额外奖励等。

8.2.3 相互理解：服务人员与销售人员高效协作的前提

在服务团队与销售团队的目标统一后，管理者需要构建一个促进双方协作的高效机制。该机制应将销售人员的人脉经营与服务人员的专业能力相结合,以实现协同增效,从而达到"1+1>2"的整体效果。

1. 角色分工的目的:增进相互理解

为了实现服务团队与销售团队的高效协作,我们可以借鉴贝壳的 ACN 模式,根据增购流程将角色细分为产品服务人、业务服务人、商机推荐人、方案讲解人和增购成交人,如表 8-2 所示。

表 8-2 增购业务分工(佣金分配比例仅供参考)

角色	职责	任务目标	佣金分配比例
产品服务人	• 提供及时响应的被动服务 • 解答客户使用产品时的疑问	• 响应速度未被客户投诉 • 定期输出产品使用分析报告	5%
业务服务人	• 提供专业的主动服务 • 熟悉客户业务以及客户所面对的市场 • 分析客户业务问题并提供解决办法	• 保证客户产品应用深度与黏性 • 定期向客户提供业务分析报告 • 定期更新客户内部信息	15%
商机推荐人	• 挖掘客户增购商机 • 获得客户项目推动人或决策者的认可	• 推动商机在客户公司立项 • 提供客户内部"信息教练"的支持(5%,谁提供谁得) • 陪同签约、协助回款	20%
方案讲解人	• 制作售前方案	• 方案获得客户方认可	20%
增购成交人	• 完成销售转化,签订销售合同	• 完成签约和回款	40%

(1)产品服务人

产品服务人指大多数专注于被动服务的客户服务或运维人员。在原产品的合作中,他们负责保障客户的使用体验;在增购突破时,他们为业务团队提供客户产品使用报告或一线信息,协助业务团队分析客户的各类问题。

不要低估产品服务人,很多时候我们未能察觉他们的价值,是因为未将他们纳入增购的业务中。如果我们能够突破传统思维的局限,让他们参与到增购过程中,那么我们将会发现他们所创造的巨大价值。

他们不仅可以根据客户的使用习惯提供精准的客户洞察,还能够利用日常互动收集的数据,协助业务团队识别客户的痛点和需求。特别是在提供报价时,他们甚至可以基于掌握的信息提供建议。

(2)业务服务人

业务服务人多数是专注于主动服务的业务顾问,或是小 B 端的运营人员。

业务服务人不仅是服务质量的第一责任人，也是挖掘增购商机的主力军。

业务服务人通过多种积极的服务措施赢得客户的信任和满意。他们准确地识别客户的业务问题，并了解这些问题产生的根源。同时，他们还熟悉客户内部的各种信息，比如支持者、反对者、业务流程、采购预算等对增购至关重要的信息。

（3）商机推荐人

对于大 B 端而言，商机推荐人是负责项目立项的负责人。此角色可能是销售人员，也可能是负责主动服务的顾问。

对于没有商机立项环节的小 B 端客户而言，这个角色可以单独设定，也可以与业务服务人合并。如果是单独设定，那么角色的目标就是促成客户决策者与销售人员进行商务对接。如果是与业务服务人合并，那么该角色的目标将整合为提高客户对产品的黏性、挖掘客户商机并促成客户决策者与销售人员的对接。

（4）方案讲解人

此角色可以是售前顾问，也可以是销售人员，甚至在某些情况下，由业务顾问担任。该角色的目标是完成方案编写并获得客户的认可。

（5）增购成交人

此角色是最终完成交易的人。他需要在增购过程中管理销售进程，并获得客户方各决策者的认可。遇到招投标情况时，还需负责投标相关事宜。

与贝壳 ACN 模式相似，在具体执行过程中可以由一人担任多个角色，成交后根据相应的贡献获得应有的佣金比例即可。

以上分工方法是一种启发性建议，并非固定不变的规则，也不一定适用于所有公司。分享这一方法的目的是帮助读者理解分工协作的基本原则，即每位团队成员在履行自身职责时，都应深刻地理解最关键的三件事：

1）自己的任务内容和目标。

2）每个角色的职责如何与其他团队成员的工作相互关联，并如何为其他角色提供支持。

3）每个角色的职责与收益的关系。

2. 增进团队相互理解的方法

一些公司在引入 ACN 模式时失败的原因之一是它们过于简化了协作的内

在复杂性。这些公司错误地认为，只需要明确的职责划分和激励机制就可以自动激发团队成员之间的协作精神。但这些公司的管理者没有意识到，真正的高效协作是基于团队成员之间深层次的相互理解、坚实的信任基础和相互支持的。

因此，当公司完成角色分工和利益分配机制后，需要让团队中的每个成员相互理解彼此的工作。

（1）最有效的相互理解是亲身体验

具备条件的公司可以为服务人员创造体验销售工作的机会，但这种机会应遵循限量与筛选的原则。

- **限量原则**：控制服务人员参与销售项目的数量，确保他们能够专注于自身专业领域，避免过度地分散精力。
- **筛选原则**：精心选择成交可能性高、客户信任度强且竞争较低的项目，作为服务人员体验销售流程的契机。

我曾在某次机缘巧合之下带领客户成功团队顺利地完成了一款新产品从开发到销售的全流程，让他们深刻地体验了一次销售工作中的艰辛与挑战。

当时，公司推出了一款新产品——佣金代支付。按常规来说，这类产品的推广应由销售人员负责，其他分公司也都是这样做的。然而，我们分公司的管理层经过讨论后认为，由客户成功经理负责这款产品的销售更为合适。具体理由如下：

- **客单价考量**：新产品客单价偏低，导致销售人员的积极性不高。
- **业务问题匹配**：新产品所解决的是发展与管理自由人渠道的问题，这正是客户成功经理一直在服务的业务问题。因此，他们在挖掘商机和展示解决方案时更具优势。
- **决策者的信任基础**：客户决策者通常对客户成功经理具有较高的信任度，这为他们在销售过程中提供了"人"和"事"上的优势。

这次尝试虽然在初期遇到了一些困难，但最终的结果是非常好的。客户成功经理不仅高标准地达成了目标，而且在产品增购数量上超越了绝大多数由销售人员负责该产品销售的分公司，这使我们分公司成为全集团学习的标杆。

（2）体验虽佳，但不可"贪杯"

尽管这次经历非常成功，但不建议服务人员参与太多销售转化的工作。

具体原因如下：
- **成本优势丧失**：相比与销售人员联合作战，服务人员单独作战失去了低成本优势。比如，联合作战时，服务人员可以在服务客户的同时完成许多其他任务。而如果单独作战，服务人员就需要处理很多与服务不直接相关的事项。
- **性格与技能不匹配**：大多数服务人员的性格更适合服务而非销售，强行转变角色可能会影响他们的工作表现和心态。
- **时间与资源占用**：服务人员参与销售工作会耗费大量时间，这可能导致服务质量下降和对业务研究的忽略。
- **在利益驱动下的心态变化**：当销售收入显著地高于服务工作时，服务人员的心态和行为可能会发生变化，从而影响服务的专业性。

（3）增进理解的常见策略

尽管亲身体验是增进理解的最有效途径，但在软件行业中，角色间的专业门槛较高，自由切换角色存在挑战，因此，大多数情况下，我们需要采取以下措施来促进服务人员和销售人员之间的相互理解：
- **交叉培训**：通过培训，使服务人员和销售人员学习彼此的基本知识和工作流程。这有助于双方理解彼此的工作难点和关键点。
- **定期交流**：安排定期的会议，鼓励团队成员分享他们的工作经验和见解。这种交流可以打破信息壁垒，提高工作流程和决策过程的透明度，让所有团队成员都能清晰地了解彼此的贡献和影响。
- **共同参与项目**：让服务人员参与销售人员的销售过程，通过实际合作增进彼此的了解与协作。

8.2.4 公正透明：解决团队信任问题

协作体系的第三个要素是公正透明。公正透明旨在解决团队成员之间的信任问题。在协作管理中，无论是促进团队目标的一致性，还是增进相互理解，均以相互信任为基础。要在团队内部实现相互信任，就必须以公正透明的制度作为保障。

1. 凡是行动，就有记录；凡是记录，就有奖惩

在建立公正透明的制度时，首先要建立一线人员对公司的信任，使他们

感受到公司对协作机制的重视以及对每位团队成员权益的保护。这是激发工作积极性、提升团队整体士气和凝聚力的关键。

其次，要在一线人员之间建立彼此信任，确保每个人都能感受到，无论与公司内的谁进行协作，都能目标统一地完成任务，同时，彼此间不会损害对方的利益。如果团队成员之间无法相互信任，那么代价将是巨大的。他们将不得不把大量的时间和精力浪费在管理个人行为和促进相互沟通上，恐惧开会，也不愿主动地向他人寻求帮助。

因此，我们可以借鉴贝壳 ACN 模式的原则——凡是行动，就有记录；凡是记录，就有奖惩。

通过对协作过程的详细记录，以及对工作目标和标准的明确，使每个人都能信任公司、信任同事，敢于向公司提意见，不必因过分小心或相互戒备而隐藏自己的想法。

在研究贝壳 ACN 模式时，首先需要考虑的是成本问题。如果公司的客户数量或服务人员较少，那么只需安排一名兼职人员对协作过程进行记录即可。该兼职人员与每位服务人员和销售人员对接，详细地记录每一条商机线索的来源、报备时间、挖掘过程、签约流程等信息，以确保每位员工的工作成果都能得到公正的评价。

如果公司存在大量跨区域协作的情况，比如有总公司与分公司等二级以上组织机构的团队，那么就可以根据公司的复杂程度选择适当的信息化工具，通过线上报备的方式确保每个人的权益得到保障。

最终，无论是选择兼职人员记录，还是采用系统管理的方式，我们都要明白，当人们在协作中开始担心辜负同事的期望时，事情便会朝好的方向发展，因为这种内在驱动力比任何规定和制度更能激励大家努力工作。

2. 不可忽视的"法官"

我曾遇到过一个由于缺乏商机判断，导致内部争抢订单的案例：

某 SaaS 公司的某个集团客户由于分支机构众多，因此特别安排了 A 区域公司的 OP 部门对接客户总部 IT 部，B、C 区域公司的 SaaS 部门分别服务客户对应区域分公司。某次，B 区域公司的 SaaS 部门在服务分公司时，挖掘出一个商机，并根据这一商机向客户提供了一份年费用为 100 万元的 SaaS 服务报价（根据客户业务的趋势，项目周期至少为4年）。当这份报价方案被客户分公司上报至总部后，总部IT部联系了长期对接的A区域公司的OP部门咨询具体情况。为完成业绩目标，OP部门的销售人员向客户表示："SaaS方案的成本过高，每年都需支付大笔资金，不如我为你们提供一个OP方案，这可以一次性结清费用。"最终，A区域公司的OP部门以200万元的合同价获得了这个项目。

当我第一次听到这件事时，十分惊讶，同一家公司竟然还能发生自己人砸自己人饭碗的行为。然而，当我深入地了解了其中的情况后，便明白了导致这种情况发生的缘由。

首先，A区域公司的OP部门与B区域公司的SaaS部门在服务这个客户时没有一个共同的领导。A区域公司的OP部门向A区域公司的总经理汇报，B区域公司的SaaS部门向B区域公司的总经理汇报。而对他们来说，自己的业绩明显高于公司整体的利益。当A区域公司的销售人员向上级报告时，A区域公司的管理层不会询问B区域公司任何与客户相关的事宜。因此，即便销售人员隐瞒B区域公司已经报价的行为，A区域公司也无人在意并且不会追问。其次，总部采用的是以业务线而非客户为单位的管理模式。因此，当A区域公司的OP部门的产品出库申请到达总部OP管理条线后，总部业务线也只关注自身业务条线的利益，立刻安排产品出库与交付，而不考虑是否存在更有利于公司的报价方案。最后，一线服务人员之间平常缺乏沟通也是导致此事发生的原因之一。由于没有共同的领导，也没有统一标准的考核方式，导致跨区域的一线服务人员之间缺乏必要的信任与沟通，以至于即使抢了同事的单，也不会产生任何心理上的内疚与自责。

尽管这个案例看似极端，但对于许多拥有多个分支机构的ToB公司而言，这样的情况可能并不陌生。尤其是在服务集团型客户时，各区域公司之间在客户增购商机的挖掘与转化过程中，往往会出现大小不一的争论。在这样的情况下，轻则损失几十万元的利润，重则可能给客户留下不诚信的印象，这会使客户对我们的每一个方案报价产生怀疑。

因此，许多大公司会设计一个"法官"的角色。这位"法官"既是协作机制的监管者，负责监督商机的产生与转化，确保每个商机的协作过程公正透明，同时也是公司利益最大化的保护者，确保一线的每一次方案报价都能体现公司利益的最大化。

而对于服务小 B 端的公司而言，由于不涉及客户的跨区域合作，"法官"这个角色可以简化，由公司市场部门或人力资源部门的同事兼任即可。其职责也是确保公司利益最大化，并确保增购商机挖掘过程的公正透明。

8.3　本章小结

学习贝壳 ACN 模式的团队管理方式
- 贝壳 ACN 模式汇聚了数十万名房产经纪人，将彼此间原本的竞争关系转化为合作关系。
- 贝壳 ACN 模式是一种以任务为核心的管理模式，是真正关注"事"而非"人"的管理方式。
- 贝壳 ACN 模式的第一个核心理念是明确的分工。贝壳依据房产交易的流程将经纪人划分为多个角色，并将每个角色的职责与交易流程中的关键节点逐一对应，最终实现通过控制节点质量来提升整体质量的目标。
- 贝壳 ACN 模式的第二个核心理念是合作共赢。贝壳通过企业文化、员工培训、真实的成功案例，使每一位经纪人意识到合作共赢对自身的积极影响。
- 贝壳 ACN 模式的第三个核心理念是公正透明。贝壳通过信息化手段，让数十万名房产经纪人在系统平台上进行业务管理和操作，实现了"凡是行动，就有记录；凡是记录，就有奖惩"。

增购时的团队管理策略
- "建"过体系的人与"见"过体系的人有显著区别。"建"过体系的人清楚如何根据现有资源和业务现状进行量身定制。
- 增购业务的协作体系三要素：目标统一、相互理解、公正透明。
- 目标统一需要做好四件事：所有参与者达成共识、管理者避免使用空洞的口号、公司将服务支出归类为"费用"科目、制定合理的激励政策以鼓励彼此协作。
- 相互理解需要做好两方面工作：首先，通过明确的角色划分、责任分配和权益分担，让每个人清楚自己的工作内容及其对应的收益。其次，通过交叉培训、实际体验、定期交流等方式提升默契。
- 公正透明需要做好两方面工作：首先，运用过程管理来增进相互信任以及员工对公司的信赖。其次，通过设立"法官"这一角色确保公司利益与员工利益的平衡。

推荐阅读